ISBN 978-0-483-71706-0
PIBN 10590422

QUESTIONS

SUR

LES PRIVILÉGES

ET HYPOTHÈQUES,

SAISIES IMMOBILIÈRES, ET ORDRES.

QUESTIONS

SUR

LES PRIVILÉGES

ET HYPOTHÈQUES,

SAISIES IMMOBILIÈRES ET ORDRES,

Faisant suite au *Régime Hypothécaire*;

Contenant la Solution des difficultés qui se présentent habituellement devant les Tribunaux, ou sur lesquelles l'Auteur a été consulté;

Terminées par une Table Alphabétique des Matières contenues dans cet ouvrage et dans le Régime Hypothécaire;

Par J.-C. PERSIL,

Avocat à la Cour Impériale de Paris, et Docteur en Droit.

TOME SECOND.

A PARIS,

CHEZ P. GUEFFIER, IMPRIMEUR-LIBRAIRE, RUE DU FOIN-SAINT-JACQUES, N° 18.

QUESTIONS

SUR

LES PRIVILÉGES

ET HYPOTHÈQUES,

SAISIES IMMOBILIÈRES, ET ORDRES.

~~~~~~

CHAPITRE X.

De l'Extinction des Hypothèques, et de la Radiation des Inscriptions.

§. I.

Le tiers-acquéreur prescrit-il, par dix ans, contre l'hypothèque, encore que le créancier soit absent ?

En d'autres termes, doit-on appliquer l'article 2265 à la prescription de l'hypothèque comme à la prescription de la propriété, en telle sorte que le délai soit de vingt ans lorsque le créancier n'habite pas dans le ressort de la Cour Impériale ?

Parmi les diverses manières dont s'éteint l'hypothèque, on remarque principalement la prescription, laquelle s'acquiert, d'après l'article 2180, dans un délai plus ou moins long, suivant que

II.   1

l'immeuble hypothéqué se trouve entre les mains du débiteur ou dans celles d'un tiers.

S'il est en la possession du débiteur, la prescription ne peut lui être acquise que lorsqu'il a prescrit l'action qui donnoit lieu à l'hypothèque. En interrompant la prescription à l'égard de l'action principale, le créancier l'a nécessairement interrompue à l'égard de l'hypothèque qui n'en étoit que l'accessoire.

Mais lorsque l'immeuble est passé entre les mains d'un tiers, les moyens qui lui faisoient prescrire la propriété doivent aussi le conduire à la prescription de l'hypothèque, en telle sorte que s'il a titre et bonne foi, la prescription lui est acquise par le temps réglé pour la prescription de la propriété.

Ce temps est, à l'égard de la propriété, de dix ans, si le véritable propriétaire habite dans le ressort de la Cour Impériale dans l'étendue duquel est situé l'immeuble, et de vingt ans, s'il est domicilié hors de ce ressort.

Le même délai sembleroit s'appliquer à la prescription de l'hypothèque, mais avec cette modification, qu'il devroit être déterminé non par le domicile du propriétaire, débiteur personnel de la dette, mais par le domicile du créancier hypothécaire.

En effet, ce n'est pas contre le débiteur que

s'exerce la prescription, ce n'est pas à lui qu'on
l'oppose, mais au créancier, qui doit s'imputer
de ne l'avoir pas interrompue.

Il semble donc que le délai pour l'interrompre
doive être plus ou moins long, suivant les moyens
que le créancier a pu avoir ; s'il est domicilié
dans le ressort de la Cour, dix ans lui ont suffi ;
et s'il les a laissé passer, c'est à lui seul qu'il
doit l'imputer : s'il est domicilié dans le ressort
d'une autre Cour, vingt années passées par le
tiers acquéreur sans trouble et sans inquiétude
doivent seules devenir un obstacle à l'exercice
de son action hypothécaire. En un mot, les
raisons qui font accorder vingt ans au débiteur
domicilié dans un autre ressort que celui de la
situation de l'immeuble, s'appliquent avec une
égale force au créancier à qui l'on oppose la
prescription.

Cependant cette opinion n'est pas partagée
par tout le monde. Le délai de la prescription
doit être, dit-on, à l'égard de l'hypothèque, ce
qu'il est à l'égard de la propriété, et l'on ne peut
pas supposer que le tiers puisse prescrire la
propriété par un délai plus court que celui qu'on
exigeroit pour l'hypothèque. C'est toutefois ce
qui arriveroit, si on exigeoit une possession de
vingt années pour prescrire l'hypothèque, alors
qu'on se contenteroit de dix ans pour la pro-

priété. Un exemple rendra la chose plus sensible.

Un tiers avoit acheté un immeuble qui n'ap-
partenoit pas à son vendeur ; le véritable propriétaire avoit son domicile dans le ressort de
la Cour dans l'étendue duquel étoit situé l'immeuble : dix années de possession devront être
suffisantes pour la prescription de la propriété ,
il doit en être de même pour la prescription
de l'hypothèque , encore bien que le créancier ait
son domicile dans le ressort d'une autre Cour,
parce qu'en prescrivant la propriété on l'acquiert pleine et entière, c'est-à-dire libérée des
charges dont elle étoit grevée. En un mot , il
paroît impossible de prescrire la propriété , sans
prescrire en même temps l'hypothèque, qui n'est
qu'un démembrement de la propriété.

Cette assertion est visiblement erronée. L'hypothèque est tellement distincte de la propriété,
qu'il existe pour chacune d'elles des moyens particuliers de la conserver. Ainsi rien n'empêche
que le créancier ne fasse des actes conservatoires
lorsque le véritable propriétaire laisse écouler
le temps de la prescription sans troubler le
possesseur. Dans ce cas, la prescription lui sera
bien acquise à l'égard du propriétaire, sans qu'il
puisse pour cela s'en prévaloir à l'égard du créancier hypothécaire : donc il est possible de pres-

crire la propriété sans prescrire l'hypothèque ;
donc la prescription de l'une n'entraîne pas nécessairement la prescription de l'autre.

Au surplus, on ne verroit pas pourquoi on
feroit dépendre les droits du créancier de la
présence ou de l'absence du propriétaire ; et de
même qu'il seroit mal fondé à exiger vingt années
de possession lorsqu'il seroit sur les lieux, mais
que le propriétaire habiteroit dans le ressort
d'une autre Cour Impériale, de même on ne
pourroit restreindre la prescription à dix ans ,
lorsque, demeurant à une distance considérable
du lieu de la situation de l'immeuble , il a pu
en ignorer l'aliénation.

C'est ce que tous nos auteurs paroissent établir.
Soulatges, particulièrement, dans son *Traité
des Hypothèques*, ne balance pas à le regarder
comme une maxime constante : car, voulant
indiquer comment se compte le temps de la
prescription, il dit : « *à l'égard de l'absence du
» créancier,* qui fait porter à vingt ans les dix
» ans de l'action hypothécaire , etc. »

Le Code Napoléon nous semble avoir voulu
s'expliquer dans le même sens ; et quand il a
prolongé la durée de la possession en faveur
de ceux qui habitoient dans un autre ressort, il
a entendu disposer pour tous ceux à qui seroit
opposée la prescription, et conséquemment aux

créanciers hypothécaires comme aux véritables maîtres de l'immeuble.

§. II.

Lorsqu'il y a deux créanciers ayant une même hypo-
thèque, la minorité de l'un empêche-t-elle la pres-
cription de courir contre l'autre ?

Tout le monde connoît la maxime, *contra non volentem agere, nulla currit præscriptio,* et le Code Napoléon lui-même en fait l'application dans l'article 2252, en établissant que la prescription ne court pas contre les mineurs et les interdits, en sorte que si leurs propriétés étoient possédées par des tiers, même de bonne foi, la prescription seroit nécessairement suspendue pendant la minorité et l'interdiction.

Les mêmes principes s'appliquent nécessairement à l'hypothèque, et le créancier mineur ne peut pas plus être écarté par la prescription qu'on prétendroit avoir couru contre lui, qu'on ne pourroit la lui opposer lorsqu'il revendiqueroit un immeuble dont il auroit perdu la possession.

Mais en seroit-il de même à l'égard du co-créancier majeur, et celui-ci pourroit-il profiter de l'exception de minorité que l'autre feroit valoir ?

Cette question est décidée contre le majeur par la loi unique au Code : *Si in communi eademque causa in integ. restit. postul.*, dont voici les expressions : *Quamvis illa minor proportione sua restitutionis auxilium implorare possit, vobis tamen ad communicandum edicti perpetui beneficium ejus ætas patrocinari non potest.*

On trouve dans les recueils d'arrêts des décisions conformes à cette loi. Catellan, liv. V, chap. XII, en rapporte notamment deux, qui ont jugé que l'exception établie pour le mineur ne pouvoit pas profiter au majeur ; que, par conséquent, la prescription de l'hypothèque court contre celui-ci, encore qu'elle soit suspendue à l'égard de l'autre. A la vérité, Brodeau, sur Louet, L. H., n°. 20, rapporte un arrêt qui a jugé le contraire ; mais en le rappelant, cet auteur ajoute que cela reçoit beaucoup de difficulté, parce qu'il y a de grandes différences à faire entre les choses indivisibles et incorporelles, et celles indivises, mais corporelles.

Ces mots de cet auteur me semblent donner la clef de la difficulté. Quand il s'agit de choses corporelles indivisibles, ou seulement indivises, la minorité de l'un des co-propriétaires arrête toujours le cours de la prescription, même à l'égard des majeurs. La raison en est, que le mineur, avant le partage, ayant droit sur toutes les parties de la chose, ce seroit visiblement prescrire contre lui que de laisser courir la prescription pour quelque partie de la chose.

Il en seroit de même si la chose étoit incorporelle et essentiellement indivisible. Comme elle ne peut pas s'acquérir par parties, et qu'en prescrivant contre le majeur on nuiroit nécessairement au mineur, il en résulte que l'exception introduite pour le mineur profite forcément au majeur. Ainsi, en matière de servitude, si parmi les co-propriétaires il s'en trouve un contre lequel on ne puisse pas prescrire à cause de sa minorité, il conservera le droit de tous les autres. C'est ce qu'établit l'article 710 du Code Napoléon.

On dira peut-être que l'hypothèque rentre dans cette classe, puisqu'elle est indivisible par elle-même ; mais pour écarter cette objection, il suffira de faire remarquer que l'hypothèque n'est indivisible que dans ce sens seulement, qu'elle subsiste toute entière sur la totalité, sur chaque partie des fonds hypothéqués ; mais cette indivisibilité n'empêche pas que l'exercice de l'action ne puisse être divisé sur chacun des créanciers. Par exemple, un créancier meurt laissant deux héritiers, dont l'un seulement est mineur ; sa créance, divisée de plein droit entre

les deux héritiers prend dans chacun un nouveau caractère ; en sorte qu'on pourroit dire
qu'il y a deux créances absolument distinctes
et sujettes à des modifications différentes.

Aussi rien n'empêche que la prescription de
l'action personnelle ne s'accomplisse contre
l'héritier majeur ; et l'exception introduite'dans
ce cas, pour le mineur, ne peut certainement
pas profiter au majeur.

D'après cela, je ne vois pas comment on lui
permettroit d'user de cette exception pour l'hypothèque qui n'est que l'accessoire, lorsqu'on
le lui interdiroit pour l'action principale : il y
auroit dans cette opinion quelque chose de
trop contradictoire, pour craindre qu'elle soit
défendue.

On peut donc conclure que si le majeur a
laissé écouler le temps de la prescription sans
l'interrompre, il ne pourra pas ensuite profiter de
la minorité dans laquelle se trouvoit son co-créancier. *Voyez* Soulatges, *Traité des Hypothèques*,
pag. 306, édit. in-12, et l'Arrêt rapporté dans
le Journal des Audiences, tom. 2, liv. III,
ch. XVI.

§. III.

Comment le créancier peut-il interrompre la prescription ?
Lorsque l'immeuble hypothéqué est passé entre les mains
d'un tiers qui pourroit prescrire contre l'hypothèque ,
le créancier peut-il l'assigner en déclaration ou recon-
noissance d'hypothèque , afin d'interrompre la pres-
cription?

Il résulte de l'article 2244, que le créancier
peut interrompre la prescription , à l'égard de
l'acquéreur de l'immeuble, par un commandement ou une saisie qu'il lui feroit signifier ;
mais cette voie ne peut être employée que
lorsque le droit est ouvert et que la créance est
exigible.

Autrefois il pouvoit l'interrompre également ,
en assignant l'acquéreur en déclaration d'hypothèque ; en sorte que le jugement qui déclaroit
l'hypothèque sur le fonds vendu , empêchoit
la prescription de dix et vingt ans , et prorogeoit
l'action à trente ans à compter du jugement.
On peut voir Catellan, liv. VII, chap. XXI, et
Soulatges dans *son Traité des Hypothèques ,*
chap. V, *in fin.*

Aujourd'hui, quoique régulièrement on n'assigne plus en déclaration d'hypothèque, je ne
verrois pas pourquoi on ne laisseroit pas au
créancier ce moyen d'interrompre la prescrip-

tion. Aucune disposition, au titre des Hypothèques, ne s'y oppose ; et l'article 2244 paroît
textuellement la lui accorder, en décidant qu'une
citation en justice interrompt la prescription :
ajoutez que c'est la seule manière de se soustraire à la prescription , lorsque la créance n'est
pas exigible.

On opposera peut-être un arrêt de la Cour
de Cassation , par lequel la Cour rejette le
pourvoi dirigé contre un arrêt de la Cour de
Paris , qui avoit jugé qu'on ne pouvoit pas agir
contre le tiers détenteur par l'action en déclaration d'hypothèque. Mais en lisant attenti-
vement cet arrêt , qui est sous la date du
6 mai 1811 , on se convaincra facilement que
la Cour n'a jugé autre chose , sinon que l'action
en déclaration d'hypothèque ne pouvoit être
jointe à l'action personnelle contre un tiers
détenteur non obligé personnellement.

§. IV.

Pour que le Conservateur des hypothèques opère la radia-
tion des inscriptions, suffit-il de lui représenter un juge-
ment contre lequel on ne se soit pas encore pourvu ;
ou faut-il absolument que ce jugement soit passé en
force de chose jugée ?

L'ARTICLE 2157 du Code Napoléon est ainsi
conçu : « Les inscriptions sont rayées du con-

» sentement des Parties intéressées et ayant
» capacité à cet effet, ou en vertu d'un juge-
» ment en dernier ressort ou passé *en force*
» *de chose jugée.* »

Nous avions dit, dans le *Régime Hypothécaire*, pag. 299, qu'un jugement étoit passé
en force de chose jugée, lorsqu'étant d'abord
attaquable soit par opposition ou appel, soit par
l'une et l'autre voie, l'opposition ou l'appel n'é-
toient plus recevables ; d'où nous avions inféré
que le Conservateur devoit se refuser à opérer
la radiation, tant qu'on ne lui présentoit qu'un
jugement susceptible d'être attaqué par l'une
de ces voies.

Cependant cette opinion n'est pas partagée
de tout le monde, et l'on peut même citer de
puissantes autorités pour le sentiment contraire.

On dit, pour l'établir, qu'un jugement dont
on peut appeler est passé en force de chose
jugée, tant que l'appel n'est pas interjeté ; que
l'ordonnance de 1667, sous l'empire de laquelle le Code Napoléon a été promulgué,
l'établissoit ainsi, puisque l'art. 5 du tit. 27
portoit : « Les sentences et jugemens qui doivent
» passer en force de chose jugée sont ceux
» rendus en dernier ressort, *et dont il n'y a*
» *appel*, ou dont l'appel n'est pas recevable,
» soit que les Parties y eussent formellement

» acquiescé, ou qu'elles n'en eussent interjeté
» appel dans le temps, ou que l'appel ait été
» déclaré péri. » Or un jugement *dont il
n'y a appel*, est un jugement dont on peut
appeler, et qui, d'après cet article, est passé
en force de chose jugée tant que l'appel n'est
pas interjeté.

On confirme ce sentiment par l'autorité de
Pothier, qui, dans son *Traité des Obligations*, tom. II, pag. 440, n°. 3, pense que
» l'ordonnance unit dans un article aux juge-
» mens rendus en dernier ressort *ceux dont
» il n'y a pas encore d'appel interjeté*, parce
» que, tant qu'il n'y a pas encore d'appel, ils
» ont, de même que ceux rendus en dernier
» ressort, une espèce d'*autorité de chose ju-
» gée*, qui donne à la Partie en faveur de qui
» ils ont été rendus, le droit d'en poursuivre
» l'exécution, et forme une espèce de présomp-
» tion *juris et de jure*, qui exclut la Partie contre
» qui ils ont été rendus, de pouvoir rien pro-
» poser contre, tant qu'il n'y a pas d'appel in-
» terjeté. »

Depuis le Code de Procédure, ajoute-t-on,
ce sentiment doit d'autant mieux prévaloir, que
l'article 548 porte que les jugemens qui prononcent *une main-levée*, *une radiation d'inscription hypothécaire*, ou quelqu'autre chose

à faire par un tiers ou à sa charge, ne sont exécutoires par les tiers ou contre eux, *même
après les délais de l'opposition ou de l'appel*,
que sur le certificat de l'avoué de la Partie pour-
suivante, contenant la date de la signification
du jugement, et sur l'attestation du greffier,
constatant qu'il n'existe contre le jugement ni
opposition, ni appel. Or, il résulte de là que
les Conservateurs doivent opérer la radiation,
*même avant l'expiration des délais de l'oppo-
sition ou de l'appel*, si on justifie, par les certificats exigés par cet article, qu'il n'y a encore ni opposition, ni appel.

Enfin, on confirme ce sentiment par une lettre
du Grand-Juge, sous la date du 13 mars 1809,
dans laquelle S. Exc. paroît reconnoître que
depuis le Code de Procédure le Conservateur
doit procéder à la radiation, *même* avant l'expiration des délais de l'opposition ou de l'appel,
et dès qu'on lui représente les certificats exigés
par l'article 548.

Il y a peut-être de la témérité à persister dans
l'opinion que j'avois d'abord émise; mais comme
S. Exc. le Ministre de la Justice observe
dans la lettre déjà citée, que c'est aux tribunaux à régulariser ce point de forme, j'ai cru
pouvoir encore développer le sentiment qui

résulte de la combinaison des dispositions de la loi.

D'abord, il ne me semble pas exact de soutenir que d'après l'art. 5 du tit. 27 de l'ordonnance de 1667, un jugement fût passé en force de chose jugée, par cela seul qu'on n'en avoit pas encore interjeté appel. Cet article dit bien que les jugemens qui doivent passer en force de chose jugée sont ceux *dont il n'y a appel*; mais ces expressions doivent s'interpréter autrement qu'on ne le fait. Elles expliquent les mots qui précèdent, ainsi qu'il est facile de le faire voir.

En effet, cet article regarde comme passés en force de chose jugée, 1°. les jugemens en dernier ressort, 2°. ceux dont l'appel n'est plus recevable. Après avoir nommé les jugemens en dernier ressort, il ajoute ces mots, *et dont il n'y a pas appel*, non pas pour indiquer que ceux dont l'appel n'est pas encore interjeté, sont passés en force de chose jugée, mais pour expliquer qu'il entend par jugemens en dernier ressort ceux dont il n'a jamais pu y avoir d'appel ; la conjonctive *et*, placée au commencement de cette périphrase, semble l'indiquer suffisamment.

On peut encore expliquer ces mots d'une autre manière. On peut dire que l'ordonnance n'a

pas voulu indiquer par là que les jugemens dont l'appel étoit recevable, mais non encore interjeté, seroient absolument passés en force de chose jugée, mais qu'ils seroient exécutoires tant qu'on n'en auroit pas encore appelé. C'est ainsi que Rodier, dans ses Questions sur cette ordonnance, explique l'article 5. Après avoir rapporté ces mots, *dont il n'y a appel*, cet auteur ajoute : « L'ordonnance n'entend par là dire autre
» chose, sinon que, tandis qu'il n'y a pas d'ap-
» pel, ces jugemens ou sentences peuvent être
» mis à exécution, ainsi qu'il a déjà été observé
» sur l'art. 1er., quest. 2 ; *car d'ailleurs on ne*
» *peut pas dire qu'un jugement est passé en*
» *force de chose jugée, lorsqu'il est sujet à*
» *l'appel et que cette voie est ouverte.* »

Pothier, dans le passage ci-dessus rapporté, loin de contredire cette explication, semble au contraire l'adopter, car il ne dit pas formellement que les jugemens dont il n'y a pas encore d'appel sont passés en force de chose jugée, mais qu'ils ont *une espèce* d'autorité de chose jugée ; c'est-à-dire qu'à l'égard des choses qui peuvent être réparées en définitif, et rétablies sans inconvénient dans le même état, le jugement qui n'est pas encore attaqué par appel doit être exécuté comme s'il étoit inattaquable. Mais ce n'est pas décider que le jugement est par cela même, et dans toute la force de cette expression, passé en force de chose jugée.

Ainsi il nous paroît que l'art. 5 du titre 27 de l'ordonnance n'est pas contraire à l'opinion que nous avons émise, et que, sous son empire, le jugement n'étoit véritablement passé en force de chose jugée que lorsqu'il étoit en dernier ressort et non susceptible d'être attaqué par une des voies ordinaires.

D'après cela, l'article 2157 doit avoir été conçu dans ces vues, puisque c'est sous l'empire de l'ordonnance de 1667, et lorsqu'elle étoit encore en vigueur, que le Code Napoléon a été promulgué.

Il faut voir maintenant si l'art. 548 du Code de Procédure a pu déroger à ces principes, et si lorsqu'une radiation ne pouvoit être obtenue qu'en vertu d'un jugement qui n'étoit plus attaquable, il a pu ou entendu la permettre en vertu de jugemens qui pouvoient encore être réformés par la voie de l'opposition ou de l'appel.

On se persuadera difficilement qu'en rédigeant cet article 548, le Législateur ait entendu modifier ou même rapporter l'article 2157 du Code Napoléon. C'est un principe que tout le monde reconnoît aujourd'hui, que le Code de Procé-

dure (si l'on en excepte l'art. 834) n'abroge ou
ne modifie aucune des dispositions du Code
Napoléon : destiné à faire connoître son mode
d'exécution , il ne peut contenir aucune disposition législative sur une matière déjà fixée
par ce Code.

A la vérité, la rédaction de cet article 548
sembleroit bien indiquer qu'il ne faut pas un
jugement passé en force de chose jugée , dans
le sens de l'article 2157, pour opérer la radiation;
car il y est dit que le jugement qui prononcera
une main-levée d'inscription , ou une radiation,
ne pourra être exécuté , *même* après les délais
de l'opposition ou de l'appel , que sur un certificat de l'avoué et du greffier. Ce mot *même* ,
n'indiqueroit-il pas assez clairement que le jugement pourra être exécuté avant l'expiration des
délais de l'opposition ou de l'appel ?

Cette objection est de la plus grande force ,
et j'avoue qu'on ne peut y répondre qu'en
disant que l'art. 548 réunissant plusieurs cas,
sa disposition doit s'appliquer d'une manière
distributive à chacun de ceux qui peuvent s'exécuter même avant l'expiration des délais de l'opposition ou de l'appel. Ainsi un jugement qui
ordonne un paiement , celui qui ordonne à un
sequestre ou un dépositaire de vider ses mains
en celles de l'une des Parties , ne pourra être

exécuté, même avant de passer en force de chose jugée, que sur le certificat de l'avoué et l'attestation du greffier. Mais lorsque, par sa nature, le jugement ne peut pas s'exécuter avant d'être passé en force de chose jugée (et nous avons vu que tel étoit, suivant l'article 2157, le caractère du jugement qui ordonnoit une radiation), on ne peut pas lui appliquer l'induction qu'on tire du mot *même*, ni en faire résulter une exécution prématurée et toujours nuisible à des tiers.

En effet, s'il arrivoit que le jugement qui ordonne la radiation vînt à être infirmé, mais après avoir été exécuté, ce ne seroit pas le débiteur qui en souffriroit, mais des tiers qui dans l'intervalle auroient traité avec lui. Supposons qu'après avoir fait opérer la radiation, le débiteur ait vendu sa propriété, que l'acquéreur ait fait faire la transcription, et ensuite requis un certificat du Conservateur, qui a dû lui en délivrer un négatif, puisque l'inscription étoit rayée : aux termes de l'article 2198, l'immeuble doit être affranchi dans ses mains, et aucun recours ne peut être donné aux créanciers. Cependant, que deviendra l'inscription qui d'abord aura été rayée en vertu d'un jugement, et qui, en vertu de l'arrêt infirmatif, devra être rétablie ? Grevera-t-elle

l'immeuble entre les mains du tiers - acquéreur ? L'article 2198 s'y oppose formellement ; et si on ne lui donne pas cet effet,
on se met en opposition avec tous les principes, qui veulent que l'arrêt qui infirme un
jugement, rétablisse les choses dans l'état où
elles auroient été si l'appelant eût d'abord
gagné sa cause.

Comme on le voit, si on se permettoit de rayer
ou de radier en vertu d'un jugement qui pourroit
encore être infirmé, tout seroit incertain ; et
il arriveroit que ceux qui auroient contracté
sans connoître l'inscription qui a été rayée,
mais qui peut être rétablie, seroient toujours
les dupes de leur bonne foi.

Ainsi tout porte à exiger, même depuis
le Code de Procédure, un jugement passé en
force de chose jugée.

§. V.

*Pour que l'adjudicataire puisse requérir la radiation
des créances non utilement colloquées par un jugement d'ordre, ou un arrêt qui a terminé les contestations qui s'étoient élevées à ce sujet, suffit-il de signifier à avoué ce jugement ou cet arrêt, ou doit-on exiger
la signification au domicile réel ?*

C'est un principe consacré par le Code de
Procédure, que toutes les fois qu'il s'agit de

l'exécution d'un jugement définitif, la signification doit en être faite au domicile réel. L'article 147 le dit formellement : et nous avons
rapporté, dans le *Régime Hypoth.*, pag. 304,
une décision de LL. EE. les Ministres de la
Justice et des Finances, qui applique ce principe aux jugemens qui prononcent une radiation d'inscription.

Mais en est-il de même à l'égard du jugement ou de l'ordonnance du juge-commissaire
qui ordonne la radiation des créances non utilement colloquées?

Non. L'article 763 du Code de Procédure
décide que les jugemens d'ordre devront être
signifiés au domicile de l'avoué ; et, quoiqu'on
puisse dire que ce n'est que pour faire courir le
délai de l'appel, il est néanmoins plus exact
de penser que c'est également pour rendre le
jugement, ou l'ordonnance du juge - commissaire, exécutoire.

L'appel et la signification du jugement sont
deux choses corrélatives. Le délai de l'appel
ne peut pas être expiré sans qu'on puisse aussitôt
exécuter le jugement. C'est ce qu'a jugé la Cour
de Cassation, le 8 août 1809, en décidant précisément que dans la procédure *spéciale* de
l'ordre il n'étoit pas nécessaire de signifier le
jugement au domicile réel.

§. VI.

L'article 548 du Code de Procédure est-il applicable aux radiations poursuivies en vertu de jugemens d'ordre ?

En d'autres termes, l'adjudicataire qui veut faire faire la radiation des inscriptions, doit-il, indépendamment du jugement d'ordre ou de l'ordonnance portée au procès-verbal, représenter les certificats de l'avoué et du greffier, constatant, l'un, que la signification a été faite ; l'autre, qu'il n'existe pas d'appel ?

L'AFFIRMATIVE est incontestable, et les motifs qui ont fait exiger les certificats de l'avoué et l'attestation du greffier s'appliquent même avec plus de force aux jugemens d'ordre qu'aux autres décisions. Il importe, en effet, de savoir si la signification du jugement a fait courir les délais de l'appel, ou si après la signification on s'est pourvu contre le jugement. Si l'on pouvoit rayer les inscriptions sans avoir des renseignemens positifs, il arriveroit qu'on exécuteroit un jugement dont la Partie n'auroit peut-être jamais eu connoissance, ou contre lequel elle se seroit déjà pourvue ; en un mot, on s'exposeroit à faire une radiation en vertu d'un jugement qui ne seroit pas encore passé en force de chose jugée : ce qui seroit contraire aux principes que nous avons développés dans le §. IV de ce chapitre.

§. VII.

Lorsque dans les trois mois de l'aliénation faite par un comptable, le Trésor n'a pas déposé au greffe le certificat de situation exigé par l'article 9 de la loi du 5 septembre 1807, l'hypothèque est-elle tellement éteinte de plein droit, que le Conservateur puisse rayer sans exiger la représentation d'un jugement ou d'un acte portant consentement?

L'ARTICLE 9 de la loi du 5 septembre 1807 décide que, faute par le Trésor de fournir et déposer au greffe, dans les trois mois de la notification, un certificat constatant la situation du comptable, la main-levée des inscriptions par lui requise aura lieu *de droit*, et sans qu'il soit besoin de jugement.

Il résulte de là que si le Trésor n'a pas accompli la formalité que lui prescrit cette loi, son hypothèque est éteinte de plein droit, et que la radiation doit être effectuée aussitôt, sans jugement, sans acte portant consentement à la radiation.

Toutefois, comme le Conservateur ignore si le Trésor n'a pas déposé l'état de situation du comptable, c'est à celui qui requiert la radiation à en administrer la preuve; ce qu'il ne peut faire qu'en représentant un certificat du greffier, constatant qu'il n'a pas été fait de dépôt de la part du Trésor Public.

§. VIII.

Lorsque l'hypothèque judiciaire ou légale ne porte que sur un domaine, mais que ce domaine est d'une va-leur bien supérieure à la créance hypothécaire, le débiteur pourra-t-il obtenir la réduction ?

L'AFFIRMATIVE paroîtroit résulter de la nature des choses. Il semble, en effet, que, lorsqu'un domaine vaut cent mille francs, et qu'il est hy-pothéqué pour une créance de quatre mille, le débiteur doive être aussi favorablement traité que lorsque cette créance est hypothéquée sur deux domaines différens, mais qui, réunis, ne sont pas d'une valeur plus considérable.

Cependant l'opinion contraire est littérale-ment écrite dans l'article 2161 du Code Na-poléon, qui porte que toutes les fois que des inscriptions seront portées *sur plus de domaines différens* qu'il n'est nécessaire à la sûreté des créances, l'action en réduction sera ouverte au débiteur.

Et cette décision se rattache parfaitement à l'esprit de la législation hypothécaire. Quand l'hypothèque porte sur deux ou plusieurs do-maines, et que le débiteur vient à les aliéner, il seroit obligé, s'il ne pouvoit demander la réduction, ou de rembourser la créance, quoique non encore exigible, ou de laisser entre les mains de chaque acquéreur le montant de la créance; ce qui multiplieroit ses obligations., et le forceroit de laisser autant de fois la somme due qu'il y auroit d'acquéreurs.

Au contraire, quand il n'y a qu'un domaine hypothéqué à la dette, le débiteur ne peut pas demander la réduction, parce que, quelle que soit la valeur de cet immeuble, s'il vient à l'aliéner, il n'est jamais obligé de laisser entre les mains de l'acquéreur qu'une fois la somme due. Cette considération seroit donc seule suffisante pour ne laisser au débiteur le droit de demander la réduction que lorsqu'ayant plusieurs domaines, tous hypothéqués à la dette, il auroit été obligé de laisser entre les mains des acquéreurs tout autant de fois la somme due qu'il auroit de domaines différens.

CHAPITRE II.

Des Moyens de purger les Propriétés des Priviléges et Hypothèques, et particulièrement de la Transcription.

§. I.

La transcription prescrite par l'article 939 du Code Napoléon tient-elle à la substance de la donation, ou n'est-elle qu'une formalité hypothécaire?

Les créanciers chirographaires du donateur, et ceux qui n'ont acquis d'hypothèque sur l'immeuble qu'après la donation qui en a été faite, peuvent-ils opposer le défaut de transcription?

Quid *des héritiers du donateur?*

Il semble que presque tous les Législateurs se soient entendus pour prévenir la fraude que les donateurs et donataires pouvoient trop facilement commettre. Ils ont employé tous leurs efforts à démasquer leurs secrettes trames et à donner aux donations ce caractère de publicité qui écarte toute idée de fraude, ou au moins qui donne les moyens d'arrêter les effets de celle qui auroit été commise.

Voilà pourquoi, en remontant au droit romain, l'on trouve que les donations qui par
leur valeur pouvoient encourager à commettre
quelque simulation, étoient assujetties à la formalité de l'insinuation, formalité de l'essence
de la libéralité, et dont l'omission entraînoit
toujours la nullité de ce qui excédoit le taux
légitime. (Voyez le §. II, *Instit. de Donatio-*
nibus, et les LL. 34 *princ.*, et 39, §. *ult.*, Cod.
de Donationib.)

Dans notre droit, on adopta la formalité de
l'insinuation dans toute son étendue. On la re-
garda aussi comme de l'essence de la donation, et l'on permit à tous ceux qui y auroient
intérêt, *même aux héritiers du donateur*, d'en
opposer l'omission. On peut consulter à ce sujet
les articles 20 et 27 de l'ordonnance de 1731.

Mais cette législation dut changer de face à la
promulgation de la loi du 11 brumaire an 7.
Cette loi, en adoptant un système de publicité
pour tous les actes translatifs de propriété, assujettit les donations à la formalité de la transcription, et abolit tacitement l'usage de l'insinuation. Cependant on continua à la requérir
dans quelques parties de la France, comme si
la transcription n'avoit pas rempli à elle seule
l'objet qu'on s'étoit proposé par l'insinuation.
Quoi qu'il en soit, il résultoit de l'esprit de la loi

du 11 brumaire, ainsi que de son énoncé, que
la transcription de la donation n'étoit qu'une
formalité purement hypothécaire requise dans
l'intérêt des tiers, mais étrangère au donateur
et à sa famille; en un mot, la transcription étoit
à la donation ce qu'elle étoit à l'égard de la
vente, c'est-à-dire un mode imaginé pour mettre
les tiers à l'abri des piéges que leur tendroit
la mauvaise foi, soit en aliénant à titre gratuit,
soit à titre onéreux. Si l'on pouvoit douter de
cette assertion, il suffiroit de lire l'article 26
pour se convaincre de son exactitude.

Ainsi, sous cette législation, le défaut de
transcription ne pouvoit être opposé que par
les tiers qui avoient acquis, lors de la donation
ou depuis, quelques droits sur l'immeuble,
c'est-à-dire par les donataires ou acquéreurs subséquens qui avoient fait transcrire, ainsi que
par les créanciers hypothécaires. Mais les créanciers chirographaires qui étoient dans l'impossibilité d'acquérir hypothèque, comme lorsque
le débiteur venoit à faire faillite, ne pouvoient
attaquer la donation sous le prétexte du défaut
de transcription.

Il en étoit de même des héritiers du donateur, en faveur desquels cette formalité n'avoit
certainement pas été imaginée.

Depuis la promulgation du Code Napoléon

on étoit en quelque sorte divisé d'opinion pour savoir si ; en exigeant la transcription de la donation , on avoit voulu se référer à l'ordonnance de 1731., et prescrire, sous un autre nom, ce que cette ordonnance exigeoit sous le titre d'*Insinuation* , ou si , au contraire , on avoit purement et simplement renouvelé les dispositions de la loi du 11 brumaire.

Quelques Jurisconsultes crurent remarquer, dans plusieurs articles du Code , l'intention d'attribuer à la transcription les mêmes effets qu'à l'insinuation. Ils ne virent donc , dans ce mode de publicité , qu'une formalité de l'essence de la donation, dont tout le monde , à l'exception du donateur , pouvoit opposer l'omission.

Mais cette opinion est visiblement erronée. Il résulte des discussions qui ont eu lieu au Conseil d'Etat sur l'article 939 , qu'en empruntant de la loi du 11 brumaire la formalité de la transcription, on n'a voulu en changer ni la nature ni les effets, et qu'on l'a regardée moins comme une formalité de la donation que comme se liant intimement au régime hypothécaire.

Cela résulte encore de ce que la transcription n'est exigée qu'à l'égard des donations d'immeubles ; ce qui est d'autant plus extraordinaire , que si on eût voulu assimiler la transcription à l'insinuation, on n'eût pas manqué

de l'exiger également pour les donations d'objets mobiliers.

On dit, pour toute réponse, que la transcription étoit impraticable à l'égard des meubles. Mais on se trompe, elle étoit tout aussi
facile que l'insinuation. Celle-ci se faisoit au
domicile du donateur; la transcription auroit
pu y être requise, si elle eût réellement tenu à
la substance de la donation.

Ainsi ce n'est donc pas la difficulté de remplir
cette formalité qui a empêché de l'adopter pour
les meubles, mais son inutilité ; car les meubles
n'ayant aucune suite par hypothèque, les tiers
n'ont pas pu compter raisonnablement sur des
effets pour lesquels la possession seule vaut titre.

On argumente aussi de l'article 941, qui
porte que le défaut de transcription peut être
opposé *par toutes personnes ayant intérêt*, et
l'on en conclut qu'il peut être opposé, non-seulement par les créanciers inscrits et hypothécaires, mais aussi par les créanciers chirographaires et mobiliers. Donc cette formalité tient
aux donations elles-mêmes, et nullement au
régime hypothécaire.

Quand il seroit vrai que les créanciers chirographaires pussent opposer le défaut de transcription, je ne crois pas qu'il en résultât que
la transcription est une formalité de la subs-

tance des donations. Mais, au reste, cette règle est inexacte. Les créanciers chirographaires ne peuvent pas opposer le défaut de transcription, ainsi que je vais le démontrer.

La donation est parfaite par le seul consentement des Parties, et la propriété des objets donnés est transférée au donataire sans qu'il soit besoin d'autre tradition. (Art. 938.)

En supposant que depuis la donation le donateur ait vendu l'objet qu'il avoit précédemment donné, l'acquéreur ne pourra pas opposer le défaut de transcription, puisqu'aux termes de l'article 2182 le vendeur ne transmet à l'acquéreur que la propriété et les droits qu'il avoit lui-même.

Il en est donc de la donation comme de la vente : le premier acquéreur ne peut pas être privé de ses droits par une aliénation subséquente.

Or, si un acquéreur subséquent ne peut pas opposer le défaut de transcription, comment supposer qu'un créancier qui n'a jamais acquis de *jus in re*, de droit sur l'immeuble aliéné, puisse le suivre entre les mains du donataire ?

Mais poursuivons : on peut supposer que le donataire ait aliéné l'immeuble donné, que l'acte d'aliénation indique tous les précédens propriétaires, et qu'après avoir fait transcrire, l'acquéreur ait obtenu du Conservateur un certificat des inscriptions existantes sur la tête du donateur et du donataire : en payant les divers créanciers inscrits, jusqu'à concurrence de son prix , l'acquéreur affranchit l'immeuble , le purge à l'égard de tout le monde , et devient propriétaire incommutable. — Après cela , il peut l'aliéner , le faire passer successivement dans une infinité de mains, sans que les créanciers hypothécaires qui n'ont pas été payés puissent le suivre ni troubler les possesseurs.

Si donc les créanciers hypothécaires ne peuvent pas troubler l'acquéreur, s'ils ne peuvent opposer le défaut de transcription de la donation qu'autant que leur hypothèque n'est pas purgée , la conséquence qu'on doit naturellement en tirer , c'est que le droit d'opposer le défaut de transcription est attaché à leur hypothèque et non à leur créance toute nue ; au droit réel qu'ils peuvent avoir sur l'immeuble donné, et non à leur action purement personnelle, chirographaire ou mobiliaire.

L'article 834 du Code de Procédure met le dernier sceau à cette démonstration : il veut que les créanciers antérieurs *aux aliénations* puissent suivre l'immeuble entre les mains des tiers, et requérir la mise aux enchères , s'ils ont fait inscrire leurs titres au plus tard dans la quinzaine de la transcription.

Ces mots, *antérieurs aux aliénations,* prouvent que la disposition de cet article 834 s'applique tant aux aliénations gratuites qu'à celles faites à titre onéreux, car ils sont généraux et présentent le même sens que ceux employés dans la loi du 11 brumaire. Or, personne n'a douté que cette loi n'ait entendu comprendre dans sa disposition toute espèce d'actes translatifs de propriété, et par conséquent la donation comme la vente.

D'où il résulte, 1°. que les créanciers postérieurs à la donation ne peuvent jamais (suivant l'art. 834) opposer le défaut de transcription ; 2°. que les créanciers antérieurs qui n'ont pas pu devenir hypothécaires à cause de la faillite du donateur, par exemple, ou ceux qui, étant hypothécaires, n'ont pas requis à temps leur inscription, ne peuvent jamais opposer le défaut de transcription ; 3°. que ce droit est réservé aux seuls créanciers hypothécaires qui, par leurs inscriptions utilement prises, ont conservé sur l'immeuble leur droit de suite.

Toutes ces assertions se justifieront encore davantage par l'arrêt que nous rapporterons bientôt.

Quant à présent, nous nous bornerons à en tirer cette conséquence, que les articles 938

et 941 adoptent sans restriction les principes
de la loi du 11 brumaire : ce qui nous autorise
à établir, comme un principe invariable, que
la transcription ne tient pas à la substance de la
donation ; qu'elle n'est qu'une formalité extrinsèque de l'acte, totalement puisée dans le régime hypothécaire.

Or, si ce principe est exact, ce dont nous
ne doutons pas, comment concevoir que les
héritiers du donateur puissent opposer le défaut
de transcription : naturellement chargés de toutes
les obligations de leur auteur, *cujus personam
sustinent*, ils sont obligés d'exécuter la donation
comme le donateur lui-même.

Il est vrai que l'article 941 n'exclut du droit
d'opposer le défaut de transcription que ceux qui
étoient chargés de la faire faire, et le *donateur* ; ce
qui prouveroit que les héritiers sont du nombre
de ceux qui peuvent l'opposer.

Mais il est à croire que si on n'a pas formellement désigné les héritiers, c'est parce qu'on a
pensé qu'en indiquant le donateur, c'étoit naturellement s'expliquer sur tous ceux qui le représentent, puisque, succédant à ses droits, ils
succèdent à toutes ses obligations, et particulièrement à celle d'entretenir et d'exécuter la
donation.

C'est ce qu'a jugé la Cour de Cassation,

le 12 décembre 1810. Comme son arrêt renferme tout ce qu'il est possible de dire contre la prétention des héritiers, nous allons le transcrire.

« Considérant, 1°. que la transcription prescrite par l'article 939 du Code Napoléon ne tient, *sous aucun rapport, à la substance de la donation ; qu'elle n'est qu'une formalité extrinsèque à l'acte qui la contient ;* que cela résulte de l'article 938 du même Code, qui porte que la donation est parfaite par le seul consentement des Parties, et que la propriété des objets donnés est transférée au donataire sans qu'il soit besoin d'autre tradition, pourvu, toutefois, qu'aux termes de l'article 932 la donation ait été acceptée expressément et par acte authentique, du vivant du donateur ;

» 2°. *Que la formalité établie par la loi du 11 brumaire an 7, dans l'intérêt des créanciers et des tiers-acquéreurs, et non dans l'intérêt des héritiers des donateurs, a été de nouveau requise par le Code Napoléon*, PAR LE MÊME MOTIF ET SANS MODIFICATION ;

» 3°. Que de-là il suit que lorsque l'art. 941 du Code a dit que le défaut de transcription pourroit être opposé par *toutes personnes ayant intérêt*, il est impossible de supposer que le Législateur ait voulu, par ces mots

» *toutes personnes ,* désigner les *héritiers du*
» *donateur;* qu'il est évident, au contraire,
» qu'il a entendu parler de ceux qui auroient
» traité avec le donateur, dans l'ignorance des
» donations qu'il auroit pu faire, et qui ne se-
» roient pas *responsables de ses faits;* c'est-à-
» dire les créanciers envers lesquels il se seroit
» obligé , les tiers aux quels il auroit vendu ou
» transféré à titre onéreux le tout ou partie
» des biens dont il se seroit précédemment dé-
» pouillé par une donation ;

    » 4°. Que ces mots , *toutes personnes ,* ne
» peuvent évidemment pas désigner les héri-
» tiers du donateur, puisque ces héritiers le
» *représentant,* sont *tenus* de ses faits, et sont
» censés n'être avec lui qu'une seule et même
» personne ; que, pour soutenir avec succès le
» contraire, il faudroit trouver dans la loi une
» exception précise et telle que celle qui avoit
» été insérée dans l'ordonnance de 1731 ;

    » 5°. Que ceux qui voudroient opposer les
» dispositions des articles 939 et 941 du Code
» Napoléon, et prétendre qu'on y remarque
» une ressemblance parfaite entre la transcrip-
» tion au bureau des hypothèques et l'insinua-
» tion, pour en conclure que la transcription
» remplace l'insinuation voulue à peine de
» nullité par l'ordonnance de 1731, tombe-

» roient dans une erreur évidente ; qu'en effet,
» en rapprochant toutes les dispositions du
» Code sur la transcription, et les combinant
» avec celles des articles 1069, 1070, 1072, on
» sera forcé de reconnoître que l'insinuation
» n'est pas remplacée par la transcription dans
» l'intérêt des héritiers des donateurs, mais
» seulement dans l'intérêt des créanciers et des
» tiers-acquéreurs desdits donateurs ; de ma-
» nière qu'il doit demeurer pour constant, que
» les héritiers de ces mêmes donateurs ne
» peuvent pas être reçus à demander la nullité
» des donations par eux faites, sous prétexte
» qu'elles n'auroient pas été transcrites du vivant
» desdits donateurs ;

» Considérant enfin que de tout ce qui vient
» d'être dit il résulte que la transcription est
» une formalité essentiellement différente de
» l'insinuation et par son objet et par ses con-
» séquences ; d'où il suit que la nullité qui ré-
» sultoit autrefois du défaut d'insinuation pen-
» dant la vie du donateur ne peut être invoquée
» contre une donation faite à une époque où la
» formalité de l'insinuation étoit abrogée ; et
» par voie de conséquence, que la Cour d'Ap-
» pel de Montpellier, en décidant que les hé-
» ritiers d'Antoine Baldeyron n'étoient pas
» recevables, depuis les dispositions du Code

» Napoléon citées, à opposer à son donataire
» la nullité de la donation faite à son profit, à
» raison du défaut de transcription du vivant
» du donateur, a fait une juste application des
» dispositions de ce même Code, dont elle a
» parfaitement saisi le sens et l'esprit..... »

Après un arrêt aussi bien motivé, il seroit difficile de donner quelque nouveau développement aux principes que nous avons voulu exposer. Nous terminerons donc, en rappelant que déjà plusieurs arrêts avoient consacré la même doctrine. On peut notamment citer celui de la Cour d'Appel de Toulouse, du 29 mai 1808, celui rendu par la Cour d'Angers le 8 avril 1808, et enfin celui de la Cour d'Appel de Colmar.

§. II.

Dans le cas de deux ou plusieurs ventes successives, le dernier acquéreur qui veut purger est-il obligé de faire transcrire les titres de ses vendeurs, ou peut-il se borner à la transcription de son acte d'acquisition ?

Dans le cas où il devroit faire transcrire, sans distinction, tous les actes de mutation, seroit-il assujetti à cette obligation, lorsque l'immeuble n'auroit pas été hypothéqué par les vendeurs antérieurs, mais que ceux-ci y auroient quelque privilége à l'occasion du prix de la vente ?

La première question peut se présenter dans l'hypothèse suivante. *Primus* a vendu une maison à *Secundus*, qui lui-même l'a vendue à *Tertius.* Cette maison étoit déjà hypothéquée aux dettes de *Primus*, lorsque celui-ci l'a vendue. Néanmoins *Secundus*, premier acquéreur, n'a rien fait pour purger ces hypothèques, mais en a imposé de nouvelles sur la même maison. Après son acquisition *Tertius* qui veut purger ces différentes hypothèques, demande s'il doit faire transcrire les deux actes de vente ou si la transcription du dernier l'autorisera à purger même les hypothèques consenties par *Primus*, ainsi que le privilége que celui-ci pouvoit avoir sur la maison par lui vendue ?

Une première réflexion qui se présente naturellement, c'est qu'on ne conçoit guère que la transcription d'un acte étranger aux créanciers du premier vendeur, et dans lequel ce vendeur n'est pas même désigné, puisse conduire à les dépouiller de leurs hypothèques.

Le doute qui naît de cette réfexion se convertit en certitude, par le rapprochement des principes consacrés par le Code Napoléon.

En effet, l'art. 2182 décide que le vendeur ne transmet à l'acquéreur la propriété de l'immeuble, que sous l'affectation des mêmes priviléges et hypothèques dont il étoit chargé.

Ce qui prouve que par son acquisition *Se-cundus* a reçu l'immeuble avec la charge des hypothèques créées par son vendeur, et *Ter-tius* tant avec celles créées par *Secundus*, que celles imposées par le vendeur originaire, puisque *Secundus* n'avoit rien fait pour purger celles-ci.

A la vérité l'article 2198 semble modifier ces principes. Il décide que lorsqu'après la transcription, et actuellement après la quinzaine de cette transcription, l'acquéreur obtient un certificat du Conservateur, l'immeuble demeure affranchi dans ses mains de toutes les charges qui y auroient été omises.

Mais cet article s'explique nécessairement par le dernier n°. de l'art. 2197. Ou l'omission que le Conservateur a faite d'une ou plusieurs inscriptions provient de sa négligence, et alors l'immeuble en demeure libéré, sauf la responsabilité du Conservateur envers les créanciers ; ou c'est des désignations insuffisantes, transmises par l'acquéreur, que provient cette erreur : dans ce cas l'immeuble ne peut pas en être affranchi, puisque c'est par la faute de l'acquéreur que le Conservateur n'a pas compris dans ses certificats toutes les inscriptions qui le grevoient.

Les désignations à fournir par l'acquéreur

qui réclame le certificat des inscriptions, ont deux objets. Il doit faire connaître au Conservateur l'immeuble grevé d'hypothèques, et ensuite les individus qui ont pu l'affecter ; autrement le Conservateur ne peut délivrer aucuns certificats.

Par la transcription du dernier contrat, c'est-à-dire de la vente consentie par *Secundus* à *Tertius*, celui-ci a fait connaître au Conservateur l'immeuble qu'il vouloit purger, et par conséquent le bien sur lequel frappoient les hypothèques dont il réclamoit le certificat.

Mais a-t-il également mis à même le Conservateur de connaître les débiteurs, c'est-à-dire ceux sur qui les inscriptions avoient été prises? Non : par la transcription de l'acte de vente consenti par *Secundus*, il n'a fait connaître au Conservateur que les hypothèques créées par *Secundus* lui-même. Or, ce Conservateur n'a pu délivrer dans les certificats que les inscriptions prises sur *Secundus*, puisqu'il ne pouvoit pas deviner qu'il existoit d'autres débiteurs qu'on ne lui faisoit pas connaître. Dans ce cas l'immeuble n'est pas donc libéré des hypothèques omises, et l'acquéreur doit s'imputer de n'avoir pas donné au Conservateur les renseignemens qui lui étoient nécessaires pour connaître toutes les inscriptions qui grevoient l'immeuble.

Au reste , il résulte de l'article 2198 que les créanciers ne peuvent jamais perdre leurs créances : ou c'est le Conservateur qui en demeure responsable , ou c'est l'immeuble qui continue d'être affecté à leur paiement. Ici la responsabilité du Conservateur est entièrement dégagée , puisqu'en délivrant certificat de toutes les hypothèques inscrites sur le débiteur désigné, c'est-à-dire sur *Secundus*, il a fait tout ce qu'il lui étoit possible de faire. C'est donc l'immeuble qui demeure soumis à ces hypothèques , parce que , encore une fois , les créanciers ne peuvent pas perdre leurs hypothèques par des faits qui leur sont étrangers , par des réticences , qui le plus souvent seroient calculées.

Ainsi, la transcription de tous les actes de propriété, c'est-à-dire tant de celui de *Secundus* que de celui de *Tertius*, doit être requise ; autrement on ne purge que les hypothèques créées du chef de celui dont l'acte est transcrit.

Cependant nous proposerons une restriction : il arrive souvent, sur-tout à Paris , que les contrats de vente désignent les précédens propriétaires. Ainsi , dans notre hypothèse , on auroit dit que *Tertius* avoit acquis de *Secundus*, qui lui-même tenoit de *Primus*. Dans ce cas la transcription du dernier contrat de vente nous sembleroit suffisante pour purger tant

les hypothèques créées du chef de *Secundus*
que celles déjà établies par *Primus*. La raison
en est, que le Conservateur, trouvant dans l'acte
transcrit les renseignemens nécessaires pour
chercher les hypothèques qui grèvent l'immeuble, il ne devra imputer qu'à lui-même de
n'avoir pas compris dans ses certificats celles
prises sur *Primus*, comme celles consenties par
Secundus.

C'est ce que nous paroît avoir jugé la Cour
de Cassation dans une espèce régie, à la vérité,
par l'édit de 1771, mais dont on peut extraire
les principes pour les appliquer à notre Législation actuelle.

Dans le fait, la terre de Maumont, située
dans le département de la Charente, avoit
été vendue d'abord par le sieur Havas, à la
demoiselle Raucour, et par celle-ci au sieur
Giro, qui lui-même la vendit aux sieurs Tes-
sières, Dumonteil et Vigneras. Dans ce dernier
contrat on avoit rappelé et le propriétaire
originaire et tous les acquéreurs subséquens.

Le 29 messidor an IV, les derniers acquéreurs déposèrent leur acte d'acquisition entre
les mains du Conservateur, pour obtenir des
lettres de ratification.

Ce Conservateur expédia ces lettres, et les
scella, mais à la charge des oppositions qui

auroient pu être faites entre les mains d'un nouveau Conservateur, qui avoit été nommé dans
l'arrondissement du district où étoient situés
les biens. Ensuite, on obtint la certitude qu'il
n'avoit été fait aucune opposition à ce bureau.

Toutes ces formalités étoient déjà remplies,
lorsqu'il se présenta des créanciers hypothécaires du propriétaire originaire, qui avoient
formé opposition dès 1791 sur ce dernier. Ces
créanciers intentèrent l'action hypothécaire contre le nouveau possesseur, et prétendirent que
les lettres de ratification obtenues contre celui-
ci n'avoient pu purger leur créance.

De son côté, l'acquéreur soutint que l'immeuble étoit passé entre ses mains franc et
quitte de toutes charges et hypothèques; mais
ce fut inutilement devant le Tribunal de Première Instance, qui jugea que, malgré les lettres
de ratification, les hypothèques avoient continué d'exister. Il appela de cette décision; et
par arrêt de la Cour d'Appel de Bordeaux
l'immeuble fut déclaré libre de toute affectation, mais sous la responsabilité du Conservateur, qui fut condamné à garantir les créanciers
des oppositions par lui omises.

Les créanciers se pourvurent en Cassation,
mais inutilement; car la Cour confirma l'arrêt
attaqué; elle considéra que l'art. VI, ni aucune

autre disposition de l'édit de 1771 , n'avoit soumis l'acquéreur d'un immeuble, qui veut le purger des hypothèques qui le grevoient, entre les
mains du vendeur et des précédens propriétaires, à déposer au greffe tous les contrats de
vente non ratifiés, et à prendre sur chacun
d'eux séparément et successivement des lettres
de ratification ; que cette voie, longue et em-
barrassante, seroit sans objet, dès que ce dernier
contrat déposé feroit une mention exacte de
la filiation de toutes les précédentes ventes ou
mutations, et indiqueroit tous ces divers actes,
avec les noms et prénoms des précédens propriétaires ; — que ce mode, plus simple,
plus expéditif, atteint le même but dans l'intérêt des acquéreurs comme dans celui des
créanciers opposans , les recherches à faire par
le Conservateur ne pouvant être ni difficiles
ni longues; que ce mode est conforme à l'intention bien manifestée par le Législateur dans
le préambule de l'édit ; qu'il est dans son esprit
comme dans son texte; qu'il résulte notamment des articles 7 , 26 et 27; qu'il se trouve
aussi indiqué comme le plus conforme à cette
loi par la généralité des commentateurs; qu'il
a été suivi dans la pratique et maintenu par
les tribunaux ; — que dans l'espèce toutes
les indications nécessaires voulues par la loi

se trouvoient tant dans l'acte déposé au greffe
que dans l'esprit dudit acte, affiché, ainsi qu'il
a été justifié et qu'il a été reconnu constant
par l'arrêt attaqué ; que le Conservateur Behogle auroit dû d'autant moins se dispenser de
faire les recherches, que les lois des 21 nivose
et 17 prairial an 4, en mettant les registres de la
Conservation de Barbesieux supprimée à sa disposition, lui en rappeloient formellement l'obligation ; qu'il suit de - là que l'arrêt attaqué
n'a pas violé l'article VI précité, et qu'il a fait
une juste application des art. XVII et XLVII
de l'édit de 1771.

Quant au pourvoi des créanciers Despriez
et consorts, contre ce même arrêt, au chef
qui leur a refusé leur recours direct contre les
acquéreurs Tesnières et consorts ; — la Cour a
considéré que ces acquéreurs ayant obtenu
des lettres de ratification sur leur contrat, ainsi
qu'il a été dit, les hypothèques se sont trouvées
purgées ; qu'ils ont valablement payé, par suite,
le prix de leur acquisition, et que par conséquent ils n'ont pu être passibles du recours
demandé contre eux ; qu'il suit de-là que l'arrêt,
en n'accordant à ces créanciers que celui subsidiairement demandé contre le Conservateur
Behogle, pour raison de l'omission, est parfaitement conforme aux art. VII et XXVII de l'édit.

On peut conclure de cet arrêt, que si la question se présentoit sous la Législation actuelle, la Cour feroit encore l'application de ces principes ; car on retrouveroit dans la transcription du dernier acte (dans la supposition où il contiendroit la filiation de tous les précédens propriétaires) tout ce qu'on trouvoit , sous l'Édit de 1771, dans le dépôt du contrat , sur lequel étoient obtenues les lettres de ratification. Le Conservateur pourroit donc délivrer les inscriptions prises sur chacun des propriétaires. Il auroit tous les renseignemens qu'auroit pu lui fournir la transcription de toutes les ventes. Il seroit donc responsable s'il omettoit quelques inscriptions dans ses certificats.

Nous croyons même, dans ce cas particulier, que la transcription du dernier contrat qui énonce tous les précédens propriétaires, auroit également l'effet de purger le privilége du premier vendeur; car celui-ci ne conservant son privilége que par la transcription de son titre particulier (1), et le Conservateur ne trouvant aucune inscription du chef de ce vendeur, est autorisé à délivrer le certificat des inscriptions existantes. Ce certificat aura néces-

---

(1) Voyez ce que nous avons dit au mot *Privilége.*

sairement l'effet de purger l'immeuble, et le premier vendeur devra s'imputer de n'avoir pas fait faire son inscription au plus tard dans la quinzaine de la transcription du dernier acte de vente.

Toutefois ce n'est pas que le vendeur perde la propriété de son immeuble sans espoir d'en avoir le prix. Nous avons déjà établi dans le Liv. I, Chap. V, §. I, que, privé d'un des droits que la loi lui accorde, il conserve néanmoins celui d'obtenir la résolution de la vente par lui consentie.

Mais ceci nous conduit à la seconde question proposée en tête de ce paragraphe. Nous avons dit que la transcription d'un contrat de vente dans lequel ne se trouveroient pas désignés les précédens propriétaires, n'autoriseroit pas à purger contre ceux-ci.

On suppose que ces précédens propriétaires n'aient consenti aucune hypothèque, mais qu'ils aient eux-mêmes des priviléges à raison du prix qui leur est encore dû. La transcription du dernier acte, dans lequel ne sont pas même nommés les précédens propriétaires, purgera-t-elle contr'eux, alors qu'ils n'auront pas fait faire d'inscription dans la quinzaine ?

S'il n'y a eu que deux ventes, comme lorsque *Primus* a vendu à *Secundus*, et celui-ci à

Tertius, la transcription requise par *Tertius* a nécessairement purgé les créances contre *Secundus*, et par conséquent le privilége de *Primus*, puisque celui-ci n'étoit que créancier de *Secundus*.

Primus ne peut donc conserver son privilége, après cette transcription, qu'en inscrivant dans la quinzaine, conformément à l'art. 834 du Code de Procédure. — Telle est l'opinion émise dans le *Répertoire*, v°. *Transcription*, §. 3, n°. 3 et 6.

Mais s'il y avoit un plus grand nombre de ventes ; si, par exemple, dans la même hypothèse, *Tertius* avoit revendu à *Quartus*, et que celui-ci n'eût fait transcrire que son acte d'acquisition, il ne purgeroit pas le privilége de *Primus*, parce que le Conservateur ne trouvant désigné que *Tertius*, seroit obligé de ne faire des recherches qu'à l'égard des créanciers de celui-ci : ce qui pourroit l'engager à donner un certificat négatif au préjudice de *Primus*. Ainsi le défaut de désignation, de la part de l'acquéreur, retomberoit sur lui-même, et laisseroit l'immeuble affecté au privilége de *Primus*.

De tout ce que nous venons de dire, il faut conclure que, hors le cas où le contrat désigne tous les précédens propriétaires, l'acquéreur

II. 4

ne peut purger qu'en faisant transcrire tous les
actes de propriété.

§. III.

Dans le cas de deux ou plusieurs ventes successives ,
l'acquéreur qui veut purger l'immeuble des hypothèques
légales non assujetties à l'inscription , doit-il déposer
au greffe les titres de ses vendeurs , ou peut-il se
contenter de déposer son acte d'acquisition seulement ?

CETTE question est la même que celle que
nous venons d'examiner dans le paragraphe
précédent ; car le dépôt du contrat au greffe
est aux hypothèques légales dispensées de l'inscription ce que la transcription est aux hypothèques assujetties à cette formalité. Aussi n'en-
trerons-nous pas dans de nouveaux détails, et
nous contenterons-nous de renvoyer à ce que
nous venons de dire sur la question précédente.

§. IV.

La transcription et les autres formalités prescrites pour
purger les hypothèques, sont-elles applicables aux alié-
nations des biens des mineurs , des interdits , aux lici-
tations , etc. ?

CETTE question ne peut être élevée d'une
manière bien sérieuse à l'égard des licitations
ou des ventes qui ont. lieu entre majeurs ,
et qui pourroient se faire autrement que par

autorité de justice; ce sont là, comme nous l'avons fait remarquer ailleurs, des ventes pure_ ment volontaires, pour lesquelles on s'est présenté à la justice sans y être forcé. C'est pour quoi on juge tous les jours que l'action en rescision, pour cause de lésion, est admise contre ces sortes d'aliénations, comme si elles avoient été faites devant un notaire. (*Voy.* l'arrêt rendu par la Cour d'Appel de Paris, le 1er. décembre 1810.)

· Il ne peut donc pas y avoir de difficulté sur le mode de purger les immeubles ainsi aliénés. Si l'aliénation avoit été faite volontairement, l'acquéreur devroit transcrire et ensuite notifier : il est soumis aux mêmes formalités lorsqu'il s'est rendu adjudicataire, puisqu'il n'y a aucune différence entre les ventes ou les licitations volontaires, et celles qui ont eu lieu en justice, mais qui pouvoient aussi être faites par le ministère d'un notaire.

Cette question ne peut donc être problématique que pour les ventes ou les licitations qui devoient nécessairement se faire d'autorité de justice, telles que celles des biens des mineurs, des interdits, des biens dépendans d'une succession vacante, et autres de cette nature. Ces aliénations sont assimilées aux ventes forcées, aux adjudications sur saisies immobilières ;

comme elles, elles ont lieu en justice, elles sont rendues publiques par affiches, par la voie des journaux ; elles sont précédées et suivies de toutes les formalités prescrites pour la saisie immobilière. Enfin l'article 965 du Code de Procédure, relatif à la vente des biens des mineurs, renvoie au titre de la saisie immobilière, et applique à celle-là les suites de celle-ci. C'est pourquoi nous avons décidé ailleurs, que la surenchère autorisée par l'article 710 du même Code, pour l'adjudication sur saisie immobilière, étoit applicable à la vente des biens des mineurs.

Or, s'il existe un aussi grand rapprochement entre l'adjudication des biens des mineurs et l'adjudication sur saisie immobilière, pourquoi assujettir la première à la transcription, tandis qu'on en dispense la seconde ? pourquoi refuser à l'une ce qu'on accorde à l'autre ?

Malgré ces raisons, nous donnerons la préférence à l'opinion contraire. La vente des biens des mineurs et des interdits n'est pas une vente forcée : elle se fait, à la vérité, en justice, mais seulement dans l'intérêt des mineurs, et pour assurer que les immeubles seront portés, par la chaleur des enchères, à leur véritable valeur ; à l'égard des créanciers, c'est une vente ordinaire, une vente qui leur est tout aussi étran-

gère que si elle avoit été faite devant notaire.

Le rapprochement ou la comparaison que
l'on fait entre la saisie immobilière et la vente
des biens des mineurs, l'application à celle-ci
des règles introduites pour celle-là, sont totalement inexactes. Les formalités relatives à
l'affiche, au mode de publicité de la saisie
pour amener des enchérisseurs, conviennent
sans doute à la vente des biens des mineurs. La
disposition de l'article 710 leur est également
applicable, puisqu'elle sert à augmenter le prix
qu'on retire de l'immeuble ; mais c'est tout : les
autres formalités introduites dans la saisie, pour
l'intérêt des créanciers, ne se trouvent pas dans
la vente des biens des mineurs ; on n'appelle
point ces créanciers, on ne leur fait aucune
notification ; et c'est cependant leur présence,
nécessaire à la vente, qui fait que l'adjudicataire
sur saisie immobilière est dispensé de faire
transcrire et de suivre les formalités indiquées
pour purger.

Ces différences doivent avoir quelque résultat, elles doivent établir la ligne de démar-
cation entre la saisie immobilière et la vente des
biens des mineurs, et sans doute que leur premier
effet est de faire regarder celle-ci comme étrangère aux créanciers.

Ces créanciers ont un droit réel ; ils ne peuvent le perdre que par une des manières indiquées par la loi, et nulle part on ne verra que l'adjudication des biens des mineurs, vendus volontairement, ait naturellement cet effet.

D'où nous concluons que les hypothèques existent encore après l'adjudication, et que le seul moyen de les effacer, c'est de faire transcrire le jugement d'adjudication et de le notifier aux créanciers inscrits, comme s'il s'agissoit d'une vente purement volontaire ; que si les mineurs ou les interdits étoient mariés, et qu'il n'y eût pas d'inscription du chef des femmes, l'adjudicataire devroit déposer le contrat au greffe et certifier ce dépôt par acte signifié tant à la femme qu'au Procureur-Impérial.

§. V.

La transcription et les autres manières de consolider la propriété et de la purger, s'appliquent-elles à la saisie immobilière ?

En adoptant le systême de publicité, la loi du 11 brumaire an 7 n'avoit admis aucune exception ; et de même qu'elle exigeoit l'inscription des hypothèques et des priviléges qui frappoient sur des immeubles, de même elle avoit imaginé un mode de rendre publiques toutes les aliénations.

En effet, l'article XXVI vouloit qu'une aliénation volontaire ne transmît de propriété incommutable à l'acquéreur que du jour de la transcription qui en seroit faite au Bureau des Hypothèques de la situation ; en sorte que, dans le concours de deux acquéreurs successifs, dont l'un seulement auroit fait transcrire, la préférence étoit accordée à celui-ci.

La même formalité de la transcription étoit prescrite à l'égard des adjudications par suite d'expropriation forcée ; l'article XXII de la loi sur les expropriations, après s'en être expliquée d'une manière fort claire, attachoit divers effets au défaut de transcription ; elle vouloit d'abord que l'adjudication ne purgeât aucune des créances hypothécaires, et ensuite que chaque créancier eût la faculté de faire procéder contre l'adjudicataire, et à sa folle-enchère, à la revente et adjudication des biens expropriés.

Cette législation ne s'est maintenue que jusqu'à la publication des nouveaux Codes. Dès l'émission du premier la transcription des aliénations volontaires est devenue facultative ; et la vente, parfaite par le seul consentement des Parties, a tellement dépouillé le vendeur,

qu'il n'a plus tenu à lui de transmettre postérieurement des droits sur l'immeuble aliéné.

A l'égard des hypothèques, la vente n'a porté
aucune atteinte à celles déjà inscrites ; mais suivant le Code Napoléon on ne pouvoit plus en
faire inscrire de nouvelles, même quand le
principe auroit existé antérieurement à l'aliénation. A la vérité, le Code de Procédure a
modifié ce principe, et depuis l'émission de
l'article 834 on peut utiliser les hypothèques
antérieures à l'aliénation, en les faisant inscrire
dans la quinzaine de la transcription.

Tels sont les principes à l'égard des aliénations volontaires. Pour ce qui touche les adjudications sur saisie immobilière, aucun de nos
Codes n'a retracé la formalité imaginée par
la loi du 11 brumaire, et le Code de Procédure, au contraire, prouve qu'on a eu l'intention de l'abroger.

D'abord, aucun de ses articles ne fait dépendre la mise en possession de l'adjudicataire
(ainsi que le faisoit la loi de brumaire) de
la formalité de la transcription. Il résulte, au
contraire, de l'article 715, qu'il suffit que l'adjudicataire rapporte au greffier quittance des
frais ordinaires de poursuite, et la preuve
qu'il a satisfait aux conditions de l'enchère,
pour qu'il lui délivre le jugement d'adjudica-

tion, et conséquemment le titre qui l'autorise à se mettre en possession.

L'article 757 prouve aussi que le défaut de transcription n'autorise pas, comme sous la loi de brumaire, à faire revendre l'immeuble à la folle-enchère de l'adjudicataire ; car cet article établit que ce n'est que faute d'exécuter les clauses de l'adjudication que le bien doit être revendu à la folle-enchère. Ainsi voilà deux effets attachés par la loi de brumaire au défaut de transcription , et qui ne pe uven se rattacher à l'omission de cette formalité. Ce qui indique que le Code de Procédure a changé en cette partie le systême de la loi de brumaire.

Mais , d'ailleurs , à quoi pourroit servir la transcription du jugement d'adjudication ? Ce ne seroit pas pour autoriser les créanciers antérieurs à requérir leurs inscriptions dans la quinzaine de l'adjudication. L'article 834 du Code de Procédure ne leur donne cette faculté que lorsqu'il s'agit d'une aliénation volontaire, qui ne peut réellement purger l'immeuble des hypothèques qui le grèvent , qu'autant qu'elle est transcrite; et en cela cet article est en harmonie avec la disposition de l'article 2181 du Code Napoléon , qui n'exige la transcription qu'à l'égard *des contrats translatifs de propriété.* Mais, encore une fois , la contexture de cet article 834 prouve que sa disposition est étrangère aux adjudications sur saisie immobilière.

La transcription de cette adjudication ne pourroit pas non plus être nécessaire pour donner lieu à la surenchère. Cette faculté n'est autorisée par l'article 2185 du Code Napoléon, que lorsqu'il s'agit d'aliénations volontaires, et tant qu'on peut craindre que l'immeuble n'a pas été porté à sa juste valeur ; mais dans la saisie immobilière tout a été fait publiquement, la saisie a été transcrite au Bureau des Hypothèques, elle a été notifiée aux créanciers ; des placards, des adjudications préparatoires, de nouvelles annonces , l'insertion sur les journaux, tout a contribué à la rendre publique ; et si l'immeuble saisi n'a pas été porté à sa véritable valeur, c'est à eux-mêmes que les créanciers doivent l'imputer ; ils pouvoient, tant que les enchères étoient ouvertes, faire porter l'immeuble à la valeur qu'ils lui donnent, et ce n'est pas par une procédure aussi tardive qu'ils peuvent revenir sur une adjudication déjà consommée.

S'il en étoit autrement, non-seulement l'adjudicataire seroit obligé de faire faire la transcription et le dépôt au greffe , pour purger les hypothèques légales, mais encore les notifica-

tions prescrites par l'article 2183 du Code Napoléon. De cette manière on iroit plus loin que
la loi du 11 brumaire, et souvent les délais ne
seroient pas encore expirés, lorsque, par la clôture du procès-verbal d'ordre et la délivrance
des bordereaux de collocation, l'adjudicataire se
verroit forcé de payer le prix de son adjudication.

Mais, dit-on, la surenchère est utile à la
masse des créanciers et au débiteur lui-même ;
elle ouvre à ceux qui craignent de perdre leur
créance un moyen de la conserver, et au débiteur la facilité d'éteindre le plus de dettes
qu'il est possible.

Cela est vrai ; mais les moyens de faire porter
l'immeuble à sa véritable valeur existoient déjà
avant l'adjudication, les créanciers connois-
soient la saisie, le jour de l'adjudication étoit
indiqué ; c'étoit à eux d'intervenir, d'offrir
l'excédent de valeur ; et s'ils ne l'ont pas fait,
ils n'ont de reproches à adresser qu'à eux-mêmes.
D'ailleurs, tout peut être réparé, si l'immeuble
a réellement été adjugé pour un prix modique.
On peut, aux termes de l'article 710, faire
encore, dans la huitaine, une surenchère du
quart, et par-là faire porter l'immeuble à sa
véritable valeur.

Cet article 710 du Code de Procédure
prouve donc que les créanciers ne peuvent pas

surenchérir dans les quarante jours ; car, en restreignant à huitaine le délai, en exigeant une surenchère du quart, au lieu du dixième exigé par l'article 2185 du Code Napoléon, cet article prouve combien on a entendu établir de différences entre les aliénations volontaires et l'adjudication sur saisie immobilière.

Ainsi, pour établir la nécessité de la transcription, on ne peut pas se faire un argument de l'intérêt qu'ont les créanciers de surenchérir. Ils pouvoient user de cette faculté tant que l'adjudication n'étoit pas consommée, et même depuis ; et dans la huitaine qui a suivi ils ont encore pu surenchérir, sans qu'il fût besoin de faire transcrire le jugement d'adjudication. et de le leur notifier.

On fait encore deux autres objections : on dit que les hypothèques légales ne peuvent être purgées que conformément au Code Napoléon, c'est-à-dire en notifiant l'adjudication aux femmes, aux Procureurs-Impériaux, etc. : ce qui prouve que les manières ordinaires de purger les hypothèques s'appliquent aux adjudications sur saisie immobilière comme aux autres aliénations ; 2°. que s'il résulte du jugement d'adjudication qu'une partie du prix reste due au saisi ou aux précédens vendeurs, le privilége ne pourra pas être conservé.

La première de ces objections disparoît devant cette considération, que la femme, que les mineurs prévenus par la notification des placards, peuvent requérir toutes inscriptions, et veiller par eux-mêmes, ou ceux qui agissent pour eux, à ce que l'immeuble soit porté à sa véritable valeur.

Et vainement diroit-on que cette notification des placards ne doit pas leur être faite, puisque, d'après l'article 695, elle ne concerne que les *créanciers inscrits.* Il résulte, au contraire, de l'esprit qui a dicté cet article, que le Législateur a entendu parler indifféremment de tous les créanciers en état d'exercer leur hypothèque. Il en est de sa disposition, comme de l'art. 2166 du Code Napoléon, qui, voulant déterminer l'effet de l'hypothèque, dit textuellement que les créanciers n'ont le droit de suite qu'autant que l'hypothèque *est inscrite ;* et cependant jamais l'on ne douta que les hypothèques et les priviléges dispensés d'inscription ne fussent compris dans sa disposition.

La seconde objection est, s'il se peut, encore plus futile. On dit que s'il est dû quelque chose aux précédens vendeurs, ils n'auront aucun moyen pour conserver leur privilége. Mais on se trompe : les précédens vendeurs ont pu requérir la transcription de leurs actes

particuliers d'aliénation, ils ont pu aussi prendre une inscription ; et s'ils ne l'ont pas fait,
ils doivent s'imputer à eux seuls la perte de
leur privilége. D'ailleurs , ils ont un autre
moyen de recouvrer ce qui leur est dû, en
obtenant la rescision de la vente. (*Voyez* ce
que nous avons dit, liv. I, chap. V, §. I, p. 64.)

D'après toutes ces considérations, il est donc
permis de croire que l'adjudication sur saisie
immobilière n'a jamais besoin d'être transcrite ;
qu'elle arrête toute seule le cours des inscriptions, et qu'elle purge les hypothèques déjà
inscrites , lorsque le prix en est passé aux créanciers utilement colloqués.

§. VI.

Comment peut-on purger les priviléges de l'article 2101 ,
lorsqu'à défaut de mobilier ils frappent sur les im-
meubles ?

La loi ne semble indiquer aucun mode particulier pour la purgation de ces priviléges ;
au contraire, elle paroît les placer dans le
rang des hypothèques et priviléges ordinaires,
puisqu'après avoir donné cette rubrique au
chap. 8, *du Mode de purger les propriétés*
des priviléges et hypothèques , elle n'ajoute aucune formalité particulière pour purger cette
espèce de privilége.

Cependant il seroit difficile de les assimiler aux hypothèques ou priviléges ordinaires. Dispensés par l'article 2107 dé la formalité de l'inscription, ces priviléges ne peuvent pas être purgés par la voie indiquée par l'article 2183 et suiv., parce que, restant inconnus, on ne pourroit pas faire aux créanciers qui en seroient nantis, les notifications prescrites par ces mêmes articles.

Toutefois il faut bien trouver un moyen de purger ces priviléges; la faveur qu'ils présentent ne peut pas aller jusqu'à mettre l'acquéreur dans l'imposeiblité de les effacer : c'est pourquoi l'on avoit proposé d'appliquer à ces priviléges les règles établies pour la purgation des hypothèques légales non incrites.

Mais ce seroit sans doute étendre la loi d'un cas à un autre; le chap. IX n'est relatif qu'aux hypothèques qui frappent les biens des maris et tuteurs, et l'on ne peut l'appliquer aux priviléges énoncés dans l'article 2101. Il faut donc chercher un autre moyen qui se concilie mieux avec l'esprit de la loi.

Nous croyons que M. Tarrible, dans son article inséré au *Répertoire*, v°. *Transcription*, a trouvé le véritable mode, le seul qu'il soit possible de mettre en usage. C'est la transcription du titre de propriété. Cette formalité, en effet, est suffisante pour libérer l'acquéreur des priviléges énoncés en l'article 2101, puisqu'elle met en demeure les créanciers qui en jouissent et qu'elle rentre parfaitement dans l'esprit de l'article 834 du Code de Procédure Civile.

Cet article, en effet, exige que tous les créanciers ayant hypothèque ou *Privilége* antérieurement aux aliénations, fassent inscrire leurs titres au plus tard dans la quinzaine ; à défaut d'accomplir cette formalité , ils sont déchus de leurs hypothèques ou priviléges. Cet article ne contient d'exception qu'en faveur des vendeurs et des cohéritiers ; ce qui prouve que tous les autres privilégiés sont compris dans la règle générale.

Si donc les créanciers énoncés en l'art. 2101 ne font pas inscrire leurs priviléges dans la quinzaine de la transcription, ils sont définitivement déchus de leurs droits, et l'immeuble en reste affranchi entre les mains du nouveau propriétaire.

On opposera, sans doute, qu'aux termes de l'article 2107 ces priviléges sont dispensés de l'inscription ; mais on pourroit faire la même objection pour les femmes et les mineurs : leurs hypothèques sont aussi indépendantes de l'inscription ; et cependant l'article 2195 déclare que si, dans les deux mois de l'exposition du contrat il n'a été pris aucune inscription, les hypothèques demeurent définitivement purgées. Or l'article 834 a fait pour les priviléges originairement indépendans de l'inscription, ce que l'article 2165 a fait pour l'hypothèque des femmes et des mineurs ; dans l'un et l'autre cas l'hypothèque et le privilége ne sont pas assujettis à l'inscription à l'égard des autres créanciers ; mais lorsqu'il s'agit de l'intérêt d'un tiers-acquéreur qui manifeste l'intention de purger, il faut lui donner les moyens de libérer sa propriété.

Nous concluons de ces observations, que la seule manière de purger les priviléges énoncés en l'article 2101, c'est de faire transcrire l'acte de propriété ; que cette transcription a seule l'effet de libérer les immeubles lorsqu'on ne les a point fait inscrire dans la quinzaine de la transcription.

§. VII.

La notification faite par l'acquéreur est-elle nulle, si le prix déclaré n'est pas identiquement le même que le prix convenu dans le contrat ?

L'ARTICLE 2183 du Code Napoléon exige que l'acquéreur qui veut purger l'immeuble des hypothèques qui le grèvent, fasse notifier aux créanciers inscrits un extrait de son titre. Cet extrait doit contenir particulièrement l'indica-

tion du prix et l'énonciation des charges qui
en font partie., afin que les créanciers jugent si
l'immeuble a été porté à sa véritable valeur., et
s'ils ont ou non intérêt à surenchérir.

Si cet extrait ne faisoit pas mention du prix,
il est indubitable que la notification seroit
nulle, parce que, n'ayant pas été à portée de
surenchérir, les créanciers pourroient se plaindre de n'avoir pas été légalement mis en demeure. Il en seroit de même si l'énonciation
relative au prix étoit inexacte, parce que la faus-
seté d'une déclaration, ou l'omission absolue
qu'on en auroit faite, doivent nécessairement
produire le même effet.

Il y a d'ailleurs des raisons bien puissantes
pour prononcer, dans ce dernier cas, la nullité
de la notification. Ou le prix déclaré est porté
à un taux plus élevé que celui désigné dans le
contrat de vente, et alors il est possible que
les créanciers n'aient pas fait de surenchère,
précisément parce que le prix déclaré leur a
paru équivaloir à la valeur de l'immeuble; ou,
au contraire, le prix est inférieur à celui pour
lequel l'aliénation a été consentie, et dans ce
cas il est à craindre que les créanciers ne ha-
sardent une surenchère à laquelle ils n'eussent
jamais pensé, si le prix leur eût été exactement
notifié.

Cette considération a déterminé la Cour
d'Appel de Turin à prononcer la nullité d'une
notification faite par la demoiselle Allemandi
dans l'espèce suivante :

Cette demoiselle avoit accepté l'abandon de
quelques immeubles fait par son père en paiement de ce qu'il lui devoit.

Après avoir fait transcrire l'acte d'abandon,
la demoiselle Allemandi le fit notifier aux
créanciers inscrits, avec déclaration que le prix
de son acquisition étoit de 3,090 fr.: dans la
réalité il avoit été porté à 3,365 fr.

Un des créanciers inscrits requit la mise
aux enchères, mais d'une manière irrégulière.
On en demandoit la nullité, et toute ressource
étoit désormais interdite, lorsqu'on s'aperçut
que la notification contenoit une énonciation
inexacte relativement au prix. Aussitôt on en
demanda la nullité, et l'on parvint à la faire
prononcer par le tribunal de première instance.

La demoiselle Allemandi interjeta appel,
mais inutilemeut; car la Cour de Turin, par
arrêt du 2 mars 1811, dit qu'il avoit été bien
jugé.

Il résulte de cette décision que la notification
étant nulle, le délai de la surenchère fixé par
l'art. 2185 n'a pas pu courir, et que les créanciers ne peuvent être mis en demeure que par
une nouvelle notification.

§. VIII.

Dans la notification prescrite par les art. 2183 *et* 2184,
*au lieu de déclarer qu'il est prêt à acquitter toutes les
dettes et charges, l'acquéreur peut-il se contenter de
dire qu'il est prêt à se conformer à la loi?*

Après avoir fait transcrire son contrat d'acquisition, l'acquéreur doit notifier aux créanciers
inscrits plusieurs pièces désignées dans les divers paragraphes de l'article 2183; dans le
même acte il doit déclarer qu'il est prêt à
acquitter sur-le-champ les dettes et charges
hypothécaires, jusqu'à concurrence du prix de
son acquisition. Mais cette déclaration, quoique
rigoureusement exigée, peut être faite autrement qu'en se servant des expressions employées
par le Code. Rien n'indique, en effet, qu'elles
soient sacramentelles, et qu'on ne puisse les
remplacer par des expressions équipolentes.
Il suffit que l'intention de satisfaire les créanciers jusqu'à concurrence du prix soit assez
clairement manifestée, pour qu'on ne puisse
adresser de reproche à l'acquéreur.

Ces premières idées une fois adoptées, il ne
s'agit que d'examiner si, en déclarant qu'il
est prêt à se conformer à la loi, l'acquéreur
a rempli le vœu de l'article 2184.

L'affirmative nous a toujours paru indubitable. Le vœu de la loi est , que l'acquéreur qui a transcrit, et fait des notifications, se soumette au paiement des dettes hypothécaires jusqu'à concurrence du prix de son acquisition : or , en déclarant qu'il est prêt à se conformer à la loi , c'est comme s'il déclaroit qu'il consent à payer toutes les dettes.

C'est ce qu'a jugé la Cour d'Appel de Turin dans l'espèce suivante :

Un sieur Ferro avoit abandonné à sa femme plusieurs immeubles en paiement de ce dont il étoit débiteur.

Après la transcription de l'acte d'abandon , et dans l'acte de notification que la dame Ferro en fit faire aux créanciers inscrits , elle déclara qu'elle entendoit se garantir de leurs poursuites et *s'uniformiser à la disposition de la loi.*

On demanda la nullité de cette notification , et l'on prétendit que l'on n'avoit pas rempli le vœu de l'article 2184, qui exige que l'acquéreur se soumette au paiement de toutes les dettes hypothécaires jusqu'à concurrence du prix.

Cette nullité fut accueillie par le Tribunal de Première Instance ; mais la dame Ferro en ayant interjeté appel, la Cour de Turin infirma le jugement , et par arrêt du 2 mars 1811 déclara valable la notification.

CHAPITRE XII.

Du Droit de surenchérir accordé aux Créanciers hypothécaires.

§. I.

Suffit-il d'avoir une hypothèque inscrite, même indu-
ment, pour avoir le droit de surenchérir ?

L'AFFIRMATIVE sembleroit résulter d'un arrêt
de la Cour de Cassation, que nous avons déjà
rapporté, et dans lequel on dit *qu'un titre ap-*
parent, *quel qu'il soit*, donne le droit de
surenchérir.

Mais ces expressions ne doivent pas être
prises isolément; on doit les rapporter à la
cause sur laquelle l'arrêt a prononcé, et juger
par-là de leur sens véritable. En effet, il s'a-
gissoit de l'enchère requise par la dame Trebos
en vertu d'une inscription régulièrement prise,
mais dont cette dame avoit promis de rapporter
la main-levée lorsque son hypothèque auroit
été transférée sur une propriété nouvellement
acquise par son mari.

On demanda la nullité de cette mise aux enchères, et c'est en la refusant que la Cour em-

ploya les expressions que nous avons rapportées. Mais, encore une fois, la Cour n'a
voulu dire autre chose, sinon, qu'il suffisoit
que la dame Trebos eût eu originairement une
hypothèque, et que cette hypothèque eût été
légalement inscrite, pour qu'elle dût, jusqu'à
sa radiation, produire toute son efficacité.

Et, en effet, comment la Cour eût-elle pu
reconnoître qu'un titre apparent, qu'un titre
nul, qu'une inscription illégale, suffisoit pour
requérir la mise aux enchères ?

La mise de l'immeuble aux enchères est
une conséquence du droit de suite accordé au
créancier hypothécaire ; c'est une partie du
droit réel lui-même auquel l'hypothèque donne
naissance, puisque l'aliénation étant parfaite
par le seul consentement des Parties, elle transfère la propriété absolue à l'acquéreur. Autant
vaudroit-il dire que les créanciers chirographaires peuvent suivre l'immeuble entre les
mains de l'acheteur et en poursuivre la vente
sur sa tête, que de soutenir que le créancier
qui n'a qu'une hypothèque informe, qu'une
inscription indument requise, peut troubler le
nouveau propriétaire et réclamer la mise de
l'immeuble aux enchères.

Ce créancier qui se dit hypothécaire, n'est
qu'un simple créancier cédullaire ; car autant

vaut-il n'avoir pas d'hypothèque que d'en avoir une informe ou illégale , dont tous les intéressés peuvent obtenir la radiation.

. C'est , au reste , ce qu'a jugé la Cour de Cassation elle-même , dans l'espèce suivante :

En 1774 les sieur et dame Rohan-Guémenée constituèrent plusieurs rentes viagères , pour la sûreté desquelles ils donnèrent hypothèque *sur tous leurs biens présens et à venir.*

Les actes de constitution furent passés à Paris.

Quelque temps après ces actes , la dame de Guémenée acquit à titre de succession de riches propriétés dans la Belgique , pays de nantissement , où l'hypothèque ne pouvoit s'acquérir que par déshéritance et adhérence.

Après la loi du 11 brumaire , ceux au profit desquels les rentes avoient été constituées, requirent des inscriptions sur les biens situés en Belgique. Mais ces inscriptions n'empêchèrent pas la dame de Guémenée d'aliéner ces propriétés. Elles furent acquises par le sieur Lefebvre , qui requit la transcription et fit faire la notification.

Un des créanciers des rentes constituées , le sieur Bouret , crut pouvoir requérir la mise aux enchères , et mettre ainsi en usage les inscriptions par lui faites; mais on lui opposa qu'il

étoit non recevable, parce qu'il n'avoit pas d'hypothèque sur les biens situés en Belgique.

Le Tribunal de Première Instance proscrivit
en effet sa réclamation ; mais ayant interjeté
appel, il parvint à faire juger par la Cour de
Bruxelles, que s'il étoit vrai que lors de la
passation des actes de constitution il n'eût pas
hypothèque sur les biens situés en Belgique ,
il en avoit néanmoins acquis une par la promulgation de la loi du 11 brumaire ; que dans
tous les cas le droit de requérir la mise aux
enchères étoit favorable , puisqu'il empêchoit
l'acquéreur de s'enrichir au détriment des créanciers légitime s.

L'acquéreur dénonça cet arrêt à la Cour de
Cassation, qui, après avoir jugé, le 28 décembre 1808, que Bouret n'avoit réellement
pas acquis d'hypothèque sur les biens situés
en Belgique, ajouta qu'il résultoit de l'article 31 de la loi du 11 brumaire an 7, que la
faculté de requérir la surenchère ne pouvoit
être exercée que par les créanciers ayant hypothèque inscrite ; d'où il suivoit que l'arrêt dénoncé avoit contrevenu aux articles précités
de la loi du 11 brumaire, en autorisant Bouret
de Vezesay à provoquer la surenchère des biens
dont il s'agit. Par ces motifs la Cour cassa et
annulla.

§. I I.

Le créancier inscrit, mais dont l'inscription a été omise
dans le certificat délivré par le Conservateur, peut-il
requérir la mise aux enchères ?

Il faut voir sur cette question ce que nous
dirons dans le §. II du Chapitre suivant.

§. I I I.

Le débiteur solidaire, qui, par le paiement de la dette
commune, est subrogé de plein droit à l'hypothèque du
créancier, a-t-il, comme celui-ci, le droit de suren-
chérir ?
Le peut-il, encore qu'il n'ait pas fait inscrire l'acte de
subrogation ?

On ne conçoit guères comment cette question
a pu se présenter. En payant la totalité de là
dette, le débiteur solidaire ne l'éteint que pour
sa part; il est subrogé de plein droit au lieu
et place du créancier qui, suivant l'expression
des lois romaines, *non in solutum accepit,*
sed quodammodo nomen creditoris vendidit.

Par la subrogation le co-débiteur solidaire
devient donc créancier des parts que ses co-
obligés avoient dans la dette ; il succède aux
droits du créancier ; il jouit, comme lui, des
hypothèques dont il étoit nanti, sur les biens
personnels des autres co-obligés. C'est ce
qu'établit le §. 3 de l'article 1251.

D'où il suit que ce co-débiteur qui a payé la totalité de la dette solidaire, jouit aussi du droit de surenchérir, puisque c'est une suite de l'hypothèque, puisque souvent c'est la seule manière de l'utiliser.

A la vérité, l'on fait une objection. On prétend que s'il est vrai que le co-débiteur puisse surenchérir, ce ne peut être qu'autant qu'il a fait inscrire son acte de subrogation; car, ajoute-t-on, ce droit n'est accordé par l'article 2185 qu'au créancier inscrit.

Cette objection est vraiment puérile. Si l'hypothèque prenoit naissance dans l'acte de subrogation, si elle n'avoit pas encore été rendue publique, on conçoit qu'il fût possible de refuser au subrogé le droit de surenchérir, le droit de faire porter l'immeuble à sa véritable valeur. Mais l'hypothèque prend son origine dans l'acte primitif, mais l'hypothèque a été rendue publique par l'ancien créancier, et c'est au nom de celui-ci que le co-débiteur solidaire qui a payé, vient surenchérir. Si le créancier avoit ce droit, le co-débiteur peut l'exercer, ou autrement il n'est pas vrai de dire qu'il soit subrogé dans tous ses droits.

Au reste, c'est dans ce sens que l'a jugé, le 2 mars 1809, la Cour d'Appel de Paris. Voici le texte de son arrêt :

« Attendu que, par l'acte du 27 avril 1808,
» signifié le 11 juillet suivant au curateur de
» la succession vacante de Baltazard Heintz,
» le sieur Bigle a été subrogé en tous les droits
» résultans, au profit de la dame de Rouhault,
» tant de l'obligation du 28 mars 1807, que de
» l'inscription prise par celle-ci le 11 mai sui-
» vant; qu'ainsi Bigle avoit droit et qualité
» pour user de la faculté accordée par l'ar-
» ticle 2185 du Code Napoléon ;

» Attendu que nulle disposition de la loi
» ne prescrivoit à Bigle l'obligation de faire
» inscrire sur les registres des hypothèques
» l'acte par lequel il avoit été subrogé aux
» droits de la dame Rouhault; et que par la
» réquisition d'enchères, signifiée par acte
» du 11 octobre dernier, la partie de Lavigne
» a suffisamment fait connoître sa qualité et
» ses droits tant à l'acquéreur qu'à l'ancien
» propriétaire, etc. »

√§. I V.

Lorsque les syndics des créanciers ont fait vendre les immeubles d'un failli, à qui appartient le droit de surenchérir ?

Dans quel délai les créanciers hypothécaires du failli doivent-ils faire leur surenchère ?

RÉGULIÈREMENT le droit de surenchérir n'appartient qu'aux créanciers hypothécaires ou privilégiés. Les créanciers chirographaires n'ayant pas de droit de suite, ne peuvent pas tracasser l'acquéreur et faire augmenter le prix de son acquisition.

Mais il en est autrement quand il s'agit des biens d'un négociant en faillite. Comme la confiance est l'ame du commerce, il est rare qu'on prenne des précautions ; et presque toujours la réputation et le crédit du négociant forment l'unique garantie de ses créanciers. Aussi dans une faillite il y a plus de créanciers chirographaires que de créanciers privilégiés ou hypothécaires, et ce ne pourroit être que par une rigueur peu méritée qu'on leur interdiroit les moyens de faire porter les immeubles du failli à leur véritable valeur.

Cette considération a donc porté les auteurs du Code de Commerce à accorder à tout

créancier, sans distinction, le droit de surenchérir. Voici le texte de l'article 565, il ne
peut qu'être utile d'en avoir les expressions
sous les yeux.

« Pendant huitaine, après l'adjudication, *tout*
» *créancier* aura droit de surenchérir. La sur-
» enchère ne pourra être au-dessous du dixième
» du prix principal de l'adjudication. »

Il est facile de juger, par les expressions
de cet article, que la surenchère qu'il permet
n'a pas les mêmes caractères que celle autorisée par l'article 2185 du Code Napoléon ; elle
en diffère, 1°. en ce qu'elle peut être exercée
par tout créancier, par les hypothécaires
comme par ceux qui n'ont aucune cause de
préférence ; 2°. en ce que l'article 2185 ne
donne le droit de surenchérir que lorsque c'est
le débiteur lui-même qui a aliéné, et que le
Code de Commerce accorde cette faculté aux
créanciers, encore que ce soit eux qui, par le
ministère des syndics de l'union, aient exproprié le failli.

Cette dernière différence est principalement
à remarquer. Il en résulte que si, par un texte
formel, le Code de Commerce n'eût pas accordé, même aux créanciers hypothécaires,
le droit de surenchérir, ils se seroient trouvés
privés de ce droit et assimilés aux créanciers

dont le gage auroit été définitivement fixé par une adjudication sur expropriation forcée.

En effet, la disposition de l'article 565 du Code de Commerce est à l'égard des créanciers du failli, ce qu'est pour tout le monde l'article 710 du Code de Procédure Civile; il introduit un droit nouveau, une nouvelle faveur jusqu'alors inconnue. Avant ce Code la valeur de l'immeuble étoit irrévocablement fixée au prix de l'adjudication, et l'adjudicataire ne pouvoit être dépouillé que lorsque, refusant d'exécuter les clauses et conditions de l'adjudication, on faisoit revendre l'immeuble à sa folle-enchère. Mais quelque modique que fût le prix, on ne pouvoit sous ce prétexte offrir une surenchère et dépouiller ainsi l'adjudicataire.

En accordant ensuite le droit de surenchérir dans la huitaine seulement, l'article 710 du Code de Procédure et l'article 565 du Code de Commerce introduisent donc une faculté exorbitante du droit commun, que rien ne peut engager à étendre; et les créanciers hypothécaires, qui, dans le cas d'une simple vente volontaire, auroient eu quarante jours pour surenchérir, ne sont pas plus favorablement traités que les chirographaires; car ils doivent se présenter dans le même délai, sous peine d'être déclarés non recevables.

Et rien n'est plus équitable que cette disposition. Dans le cas où les syndics de l'union
font vendre l'immeuble du failli, la vente est
faite au nom des créanciers qui, connoissant
cette mesure, sont toujours à même de surenchérir et de faire porter l'immeuble à sa valeur. Si donc ils ne l'ont pas fait, si ensuite
ils ont négligé de faire une surenchère dans
la huitaine de l'adjudication, ils ne doivent
qu'imputer à eux-mêmes la perte qu'ils peuvent
en ressentir.

S'il en étoit autrement, l'adjudicataire ne
seroit jamais tranquille, et après avoir éprouvé
une première surenchère de la part d'un créancier chirographaire, il se trouveroit exposé à
être dépouillé par une seconde, qu'un créancier
hypothécaire viendroit offrir dans les quarante
jours de la notification qu'il faudroit lui faire faire.

Ces considérations nous portent donc à
penser que l'article 565 du Code de Commerce s'applique aux créanciers hypothécaires,
en cela qu'il restreint à huitaine le délai de
la surenchère.

Cependant on fait une objection qui mérite
d'être examinée. On dit qu'en principe le Code
de Commerce n'abroge pas le Code Napoléon ;
qu'il ne peut pas enlever un droit concédé par
le premier, etc.

La réponse est, que, sans abroger les dispositions du Code Napoléon, le Code de Commerce les modifie quelquefois d'une manière bien sensible. La matière des hypothèques et des expropriations nous en fournit plusieurs exemples. Suivant l'article 2135 du Code Napoléon, la femme a hypothèque légale, pour sa dot et ses reprises matrimoniales, *sur les biens présens et à venir* de son mari. D'après l'article 551 du Code de Commerce, cette hypothèque ne peut être exercée, par la femme dont le mari étoit commerçant à l'époque de la célébration du mariage, que sur les immeubles qui appartenoient au mari à cette époque.

Suivant les principes du Code Napoléon, tout créancier peut poursuivre la vente forcée des biens actuellement appartenans au débiteur. D'après l'article 532 du Code de Commerce, s'il n'y a pas d'action en expropriation formée avant la nomination des syndics définitifs, eux seuls sont admis à poursuivre la vente.

Voilà donc deux cas, et l'on pourroit en citer beaucoup d'autres, où le Code Napoléon modifie le Code de Commerce : ces modifications, si l'on peut s'expliquer ainsi, sont de l'essence de ce Code, puisque la loi commerciale n'est elle-même qu'une loi d'exception, une dérogation presque perpétuelle aux règles du droit commun.

Ainsi, en dérogeant, si l'on veut, à l'art. 2185, le législateur a pu fixer, pour la surenchère des biens d'un négociant en faillite, un délai de huitaine au lieu de celui de quarante jours; il l'a pu, sans cesser d'être conséquent avec lui-même, puisque ce ne seroit là qu'une exception introduite par la loi commerciale.

Mais disons mieux; ce n'est pas là une dérogation. Nous avons déjà montré que le droit de surenchérir dans les quarante jours n'étoit accordé aux créanciers hypothécaires, par l'article 2185, que lorsqu'il s'agissoit de ventes volontaires faites par le débiteur lui-même. Mais quand il s'agit d'expropriations poursuivies par la masse des créanciers, lorsque chacun a connu la procédure, lorsqu'il n'a tenu qu'à lui de surenchérir, de faire porter l'immeuble à sa véritable valeur, cet article 2185 ne peut plus être invoqué. Il faut alors recourir à la nouvelle faculté introduite par l'article 565; surenchérir, si l'on veut, dans la huitaine; mais après l'expiration de ce délai tout est consommé, et l'adjudicataire est devenu propriétaire incommutable.

_§. V.

Lorsque , sur le consentement de toutes les Parties , la vente a été faite en justice , mais que l'un des créanciers inscrits veut ensuite surenchérir , devant quel Tribunal doit-il porter la surenchère ? est-ce celui devant lequel s'est faite la vente , ou devant celui de la situation de l'immeuble ? Dans ce cas, la surenchère doit-elle être du quart du prix principal, ou seulement du dixième ?

Lorsqu'un immeuble a été aliéné par suite d'une expropriation forcée ou d'une saisie immobilière , on ne doit pas être embarrassé pour juger du Tribunal compétent pour recevoir et ordonner la surenchère. Saisi de la première expropriation , le même Tribunal l'est également de la seconde , parce que le même principe qui l'a rendu compétent pour l'une , doit nécessairement le rendre tel pour l'autre : ainsi lorsque , par suite des dispositions de l'article 2210 du Code Napoléon , l'expropriation est poursuivie devant un autre Tribunal que celui de la situation des biens, la surenchère doit aussi être poursuivie devant la même autorité.

Mais il en est autrement quand la vente est purement volontaire , quand elle n'a été portée devant un Tribunal que du consentement unanime des Parties , quand il a fallu ce consentement pour dessaisir le Tribunal de la situation. Tant que dure ce consentement, tant que les Parties persévèrent à reconnoître la compétence d'un autre Tribunal, la vente, l'aliénation volontaire est régulièrement poursuivie et obtenue; mais dès que les intéressés commencent à différer d'opinions, que ce n'est plus une vente volontaire qu'ils poursuivent, mais une aliénation forcée, une véritable expropriation, on retombe sous l'empire des règles ordinaires.

La vente volontaire faite par autorité de justice n'a pas un caractère différent de la vente consentie devant notaire, la justice remplace le fonctionnaire public que les Parties peuvent choisir pour recevoir l'adjudication volontaire; et de même que l'adjudication reçue par un notaire d'un arrondissement différent de celui de la situation des biens, ne change pas la compétence, de même l'aliénation volontaire faite en justice n'empêche pas que la surenchère doive être portée devant le Tribunal de la situation.

C'est ce que suppose nécessairement l'article 2187 du Code Napoléon, qui dispose que la surenchère doit avoir lieu suivant les formes établies pour les expropriations forcées.

Or, s'il s'agissoit d'expropriation forcée, si

un créancier vouloit suivre l'immeuble entre les mains de l'acquéreur et le faire saisir immobilièrement, ce seroit sans contredit devant le Tribunal de la situation qu'il devroit ordinairement porter son action. Il doit donc, d'après l'article 2187, agir aussi devant ce Tribunal toutes les fois qu'il veut surenchérir.

C'est ce qu'a jugé la Cour de Cassation sur une demande en réglement de juges, le 13 août 1807. Voici le texte de son arrêt :

« Attendu que la vente faite aux criées du » Tribunal de la Seine, le 4 brumaire an 14, » *n'est pas une vente judiciaire proprement* » *dite*, et ne peut être considérée que comme » une vente volontaire ; — Attendu que le bien » vendu est situé dans l'arrondissement de » Rhetel ; — la Cour renvoie l'affaire et les » Parties devant le Tribunal de Rhétel, pour » être par lui statué sur toutes les contestations » auxquelles la vente dont il s'agit a pu et » pourra donner lieu. ».

Cet arrêt décide encore, mais implicitement, la seconde question. Si la vente n'est pas une vente judiciaire ; si, comme on ne peut pas en douter, il n'est pas possible de l'assimiler à une vente forcée, on ne peut pas lui appliquer l'article 710 du Code de Procédure, qui veut que

la surenchère soit au moins du quart du prix
principal de la vente.

Il faut donc appliquer à cette vente judiciaire,
mais volontaire, le principe de l'article 2185,
et exiger seulement une enchère du dixième.

§. VI.

L'acquéreur peut-il se soustraire à la surenchère auto-
risée par l'article 2185 du Code Napoléon, en offrant
de payer tous les créanciers inscrits qui justifieront de
la validité de leur créance ?

CETTE question s'est présentée devant la Cour
de Cassation, dans l'espèce suivante :

Un échange avoit eu lieu entre les sieurs
Trebos et Dabernard. Celui-ci voulant purger
le domaine à lui cédé, avoit fait transcrire son
acte de propriété et notifier à tous les créanciers inscrits.

Parmi ces créanciers se trouvoit la dame
Trebos, qui, malgré la promesse qu'elle avoit
faite de rapporter la main-levée de son inscription, demanda la mise aux enchères de l'immeuble, et par suite offrit de donner caution.

Un jugement du Tribunal Civil de Toulouse
nomma un commissaire pour recevoir la caution de cette dame.

On y forma opposition, et l'on demanda, au
nom du sieur Dabernard, la nullité de la sur-

enchère. Cette nullité étoit fondée sur ce que
la dame Trebos ayant promis de rapporter
main-levée de son inscription, elle étoit sans
qualité pour surenchérir.

Durant l'instance le sieur Dabernard crut
mettre fin à toute discussion et arrêter le cours
de la surenchère demandée, en offrant de payer
l'intégralité des créances inscrites, en se réservant, toutefois, l'examen de leur légitimité,
et son recours contre Trebos, son vendeur.

Mais par nouveau jugement les offres du
sieur Dabernard ne furent pas accueillies, et
l'on renvoya de nouveau les Parties au greffe
pour y procéder à la réception de la caution.

Le sieur Dabernard appela de ce jugement.
Il soutint devant la Cour de Toulouse que ses
offres désintéressoient les créanciers inscrits ;
que l'objet de la surenchère étoit de donner
les moyens aux créanciers de faire porter l'immeuble à sa véritable valeur et d'assurer ainsi
le paiement intégral de leurs créances ;

Que dans la position où il plaçoit les créanciers, ceux-ci n'avoient aucun intérêt de surenchérir, puisqu'il offroit de payer leurs créances ;
qu'à la vérité il s'en réservoit la vérification,
parce qu'en payant aveuglément il s'exposeroit
à solder des créances déjà éteintes ou repoussées
par quelque voie légale, et pour lesquelles il

n'auroit aucun recours contre le débiteur principal.

Mais en embrassant cette défense, le sieur Dabernard où ses conseils n'avoient pas fait attention que, pour désintéresser un créancier, il ne suffit pas d'offrir vaguement ce qui lui est dû, mais qu'il faut le réaliser. En effet, si le sieur Dabernard se fût présenté chez chacun des créanciers, et qu'il eût fait des *offres réelles*, qu'il eût même consigné, si l'on eût persisté à refuser le paiement, la surenchère se fût nécessairement écroulée, et le prix de l'immeuble eût resté fixé au prix déclaré.

Cela résulte de l'article 693 du Code de Procédure, qui maintient l'aliénation faite par le débiteur après la saisie, si avant l'adjudication l'acquéreur consigne somme suffisante pour acquitter, en principal, intérêts et frais, les créances inscrites. Par-là, en effet, il désintéresseroit les créanciers et arrêteroit la surenchère.

Mais loin d'offrir réellement, loin d'offrir sincèrement de s'acquitter, le sieur Dabernard ne répond pas à plusieurs commandemens qui lui sont faits; il fait même sa déclaration d'une manière assez obscure, puisqu'en se réservant l'examen des créances, il assure à chacun des créanciers la perspective d'un procès sur la sincérité ou la légitimité de ce qui peut lui être dû.

Aussi la Cour d'Appel rejeta-t-elle ses moyens de défense ; elle confirma purement et simplement le premier jugement, et admit la surenchère.

Le sieur Dabernard se pourvoit en cassation. Il fait valoir les mêmes moyens ; il argumente d'une fausse application de l'article 2185, mais inutilement. Par arrêt en date du 23 avril 1807 la Cour considéra qu'aux termes de l'art. 2185 du Code Civil, lorsque l'acquéreur a fait notifier son contrat, avec offre d'acquitter sur-le-champ les dettes et charges hypothécaires, jusqu'à concurrence du prix porté au contrat, tout créancier dont le titre est inscrit peut requérir la mise de l'immeuble aux enchères, en donnant caution ; — que, dans l'espèce, le titre de la dame Gayral, quel qu'il fût, lui donnoit d'autant mieux le droit de surenchérir, que ledit Dabernard lui avoit signifié à elle son contrat comme créancière, avec déclaration qu'il n'entendoit rien payer au-delà du prix convenu, — que les offres postérieures dudit Dabernard, de payer la totalité des créances inscrites, sauf la discussion préalable de la validité ou invalidité desdites créances, *n'offroit aux créanciers que la perspective d'autant de procès, pendant les-*

quels ledit Dabernard auroit joui de l'immeuble sans en payer le prix.

§. VII.

Lorsque la vente a été faite pour un prix déterminé, et en outre à la charge par l'acquéreur d'acquitter une rente foncière, le créancier doit-il faire porter la surenchère sur le prix convenu et sur le capital de la rente, de manière que la surenchère soit d'un dixième en sus du capital de la rente réuni au prix convenu ?

CETTE question paroît avoir embarrassé tous les jurisconsultes : les uns la rapportent, mais sans donner de solution ; les autres indiquent seulement un arrêt de la Cour d'Appel de Nismes, qui l'a jugée *in terminis.* Nous partageons l'embarras qu'elle a fait naître, et nous devons nous confier à l'indulgence de nos lecteurs.

Voici les principes auxquels il nous a paru qu'il falloit se rattacher.

Autrefois la rente foncière étoit un démembrement de la propriété. Semblable en quelque sorte à l'emphytéose, le créancier de la rente conservoit le domaine direct, et ne transmettoit à l'acquéreur que le domaine utile, le droit de retirer toute l'utilité du fonds.

Si donc la question devoit se résoudre par les principes de cette législation, elle ne nous sembleroit pas très-difficile ; car de même que lorsqu'on a vendu la nue propriété et qu'on s'est réservé l'usufruit, la surenchère ne devroit comprendre que le prix promis pour cette nue propriété, de même la vente faite avec réserve d'une rente foncière ne comprendroit que la vente de l'utilité du fonds, et dès-lors ne pourroit donner lieu à la surenchère que pour un dixième au-dessus du prix convenu, sans avoir besoin d'y comprendre le capital de la rente.

C'est ainsi que la Cour de Cassation paroît l'avoir pensé en l'an 10, sur une question analogue à celle-ci. Il s'agissoit de savoir si la rente foncière dont un acquéreur avoit été chargé faisoit partie du prix de la vente pour la fixation du droit d'enregistrement; et la Cour décida la négative, attendu que la propriété du fonds se divisoit entre le bailleur qui conservoit la directe, et le preneur qui ne recevoit que la propriété utile ; *qu'il étoit impossible d'exiger du cessionnaire de ce dernier des droits pour le transport d'une propriété qui ne lui est réellement pas transmise.*

Ainsi, en regardant la rente foncière comme une partie du fonds que le vendeur semble s'être réservée, on doit décider qu'elle ne doit jamais entrer en considération pour le montant auquel la surenchère doit s'élever.

Mais est-il bien exact de prétendre aujour-
d'hui que la rente foncière soit un démembrement de la propriété, une partie intégrante
du fonds ; que celui qui la constitue conserve
le domaine direct et qu'il ne transmet que la
propriété utile ? Non : dans le droit nouveau,
dans la législation établie par le Code Napoléon, la rente n'existe plus dans l'immeuble,
elle n'est plus une partie de l'immeuble, elle
n'est qu'une rente sur l'acquéreur.

Cela résulte de l'article 529 du Code Napoléon, qui regarde comme meubles toutes les
rentes-perpétuelles sur particuliers, et de l'article 530, qui déclare essentiellement rachetable
toute rente établie à perpétuité pour le prix
de la vente d'un immeuble.

C'est par suite de ces principes que la Cour
de Cassation a jugé, depuis le nouveau systême,
que les rentes foncières faisoient partie du
prix de la vente, et qu'il falloit fixer le droit
d'enregistrement sur le pied du prix convenu
et du capital de la rente. La raison qui a déterminé sa décision, est prise de ce que les
rentes foncières sont, dans la nouvelle législation, essentiellement rachetables.

Il résulte de-là que depuis le Code Napoléon les rentes établies lors de la vente d'un
immeuble, ou comme condition de la cession

à titre onéreux d'un fonds immobilier, constituent le véritable prix de l'immeuble; et au demeurant, comment pourroit-on en douter, lorsque l'article 53o l'établit formellement; lorsqu'un décret impérial accorde pour ces rentes les mêmes priviléges que pour le prix de la vente ?

En effet, l'article 11 du décret impérial du 12 décembre 1808, relatif au grand duché de Berg, porte que, pour sûreté du paiement des redevances des Colons, et jusqu'à ce que celles-ci aient été rachetées, les Seigneurs conserveront sur le Colonat et sur les parties séparées *les droits et priviléges qui sont établis par l'article 2103, n°. 1, du Code Napoléon, au profit du vendeur d'une propriété foncière, sur le prix provenant de la vente.*

Or, le privilége que ce décret impérial accorde aux Seigneurs du grand Duché de Berg, les vendeurs français peuvent sans doute l'invoquer; ils peuvent se faire payer du capital de la rente par préférence, sur l'immeuble par eux vendu; ils peuvent, en un mot, ce qu'ils auroient pu à l'égard du prix ordinaire.

Cependant, si la rente étoit une partie du fonds; si c'étoit, pour me servir d'une expression triviale, une moins-aliénation, le vendeur seroit dans la même position que s'il avoit réservé l'usufruit ; dans l'un et l'autre cas il n'auroit pas de privilége.

Nous concluons de tout cela que, lorsqu'on a vendu un immeuble pour une rente foncière de dix mille francs, par exemple, ou pour une somme de cent mille francs et une rente de cinq mille, le prix de la vente consiste, dans le premier cas, dans les dix mille francs de rente ; dans le second, dans les cent mille francs d'une part, et dans les cinq mille francs de rente, de l'autre.

De-là la solution de notre question. Si la rente est véritablement le prix de l'immeuble, et nous n'en doutons pas maintenant, la surenchère doit être d'un dixième au-dessus du capital de la rente, ou d'un dixième au-dessus du prix convenu et du capital de la rente, si l'on a vendu tout-à-la-fois pour une somme déterminée et pour une rente foncière, puisqu'aux termes du §. 2 de l'article 2185 la surenchère doit toujours être *d'un dixième en sus du prix stipulé dans le contrat.*

On oppose à cette opinion un arrêt de la Cour d'Appel de Nismes, en date du 12 janvier 1809, qui a formellement jugé que les rentes foncières n'étoient pas censées faire partie du prix de la vente, pour fixer la somme à laquelle le créancier est obligé de porter ou faire porter sa surenchère.

Mais deux réponses. 1°. Dans l'espèce jugée par cet arrêt il s'agissoit d'une rente créée avant l'organisation du nouveau systême sur les rentes, et la Cour se fonde précisément sur ce que les lois nouvelles ont bien pu rendre les rentes rachetables et les mobiliser, mais qu'elles n'ont pas pu aggraver la condition des anciens tenanciers, et dénaturer leur obligation, parce que les lois ne rétroagissent pas.

2°. La Cour a décidé cette difficulté, non dans le cas d'une vente à charge de rente foncière créée par le dernier vendeur, mais dans l'espèce d'une rente dont le vendeur étoit lui-même chargé; en sorte que c'étoit moins une vente qu'une cession des droits et des charges du propriétaire actuel.

Encore est-il vrai de dire, dans ce dernier cas, que le prix de la vente consistoit dans le prix convenu, plus dans le capital de la rente foncière. Ce qui le prouve, c'est que, si, au lieu de surenchérir, les créanciers s'étoient contentés de poursuivre l'ordre, et que le prix convenu ne suffît pas pour remplir leur créance, l'acquéreur eût été forcé de représenter le capital de la rente.

De même, si l'acquéreur eût trouvé trop

onéreux de continuer de servir la rente, il eût
pu toujours se libérer en en payant le capital ;
et ce capital n'eût pu être considéré que comme
le prix de la vente.

Enfin, ce qui démontre que la rente doit
être prise en considération pour la détermi-
nation du montant de la surenchère, c'est que,
lorsqu'elle a été établie par un précédent propriétaire, et qu'elle doit être servie par l'acquéreur, on ne peut pas se dispenser d'appeler
le créancier de la rente et de lui faire les
notifications comme à tout autre créancier ;
par où l'on voit que la rente n'est autre chose
qu'une créance, au paiement de laquelle l'acquéreur s'est obligé. Or, cette créance est une
partie du prix que cet acquéreur tient en réserve, mais qui, réuni au prix convenu, n'en
forme pas moins pour lui le prix total de son
acquisition.

Ainsi, nous persistons à croire que le capital
de la rente foncière doit être réuni au prix
convenu, pour fixer la somme à laquelle le
créancier inscrit doit porter sa surenchère.

§. VIII.

La notification de la surenchère doit-elle être faite sépa-
rément au mari et à la femme , lorsqu'ils ont acquis
conjointement , et notifiée par un seul acte , ou suffit-il
de la faire au mari , auquel on laisseroit une seule
copie ?

Cette question doit se résoudre par une distinction puisée dans les règles relatives à l'asso-
ciation conjugale. S'il y a communauté entre
les époux , leur présence simultanée au contrat
d'acquisition , la déclaration que l'achat est fait
conjointement par le mari et la femme, n'empêche point que le mari ne soit propriétaire de
l'immeuble. Maître absolu des biens qui com-
posent la communauté , il peut disposer à son
gré de l'immeuble acquis par lui et sa femme ,
parce que cet immeuble tombe en communauté.

Dans ce cas, la notification de la surenchère
doit donc être faite au mari seul, et sans qu'on
ait besoin d'en donner connoissance à la femme.
Le mari est propriétaire unique de l'immeuble.
L'intervention de la femme au contrat étoit
inutile , puisque le mari étoit censé contracter
en sa qualité de commun. Ce n'est donc que
pour donner plus de sûreté au vendeur que
l'accession de la femme a pu être exigée : et

II. 7

prétendre que la notification de la surenchère doit également être faite à la femme, c'est juger qu'avant la dissolution de la communauté cette femme est co-propriétaire distincte.

Mais lorsqu'il n'y a point communauté entre les époux, comme lorsqu'ils se sont mariés avec séparation de biens ou sous le régime dotal, il doit en être autrement. Il n'existe entr'eux aucune confusion. L'acquisition faite par le mari conjointement avec sa femme ne lui donne que la moitié de l'immeuble ; l'autre moitié appartient à sa femme. Dès-lors la notification de la surenchère doit être faite à tous les deux séparément, comme lorsque le vendeur qui demande le paiement du prix doit séparément agir contre le mari et sa femme.

Il est vrai que, lorsqu'on agit contre le mari, on le considère sous deux qualités différentes, comme acquéreur de l'immeuble, et comme devant autoriser sa femme ; mais cette dernière qualité ne lui donne pas le droit d'agir pour son épouse, d'exercer ses actions et de faire valoir ses droits. Seulement il doit réhabiliter sa femme et être poursuivi en même temps que celle-ci, en reconnoissance de la puissance maritale.

Ce qui prouve la vérité de cette assertion, c'est que, si la femme avoit acheté l'immeuble en totalité pour son compte, mais avec l'autorisation du mari ou même de justice, on ne pourroit pas se contenter de notifier la surenchère au mari, puisque, lorsqu'il y a séparation de biens, il ne dirige plus les actions de sa femme. Il faudroit toujours faire connoître la surenchère à la femme, vraie propriétaire de l'immeuble, et ne la notifier à son mari que pour obtenir son autorisation.

Or, ce qu'on seroit obligé de faire dans ce cas, il faut l'appliquer à celui où la femme ne seroit propriétaire que de la moitié de l'immeuble. Le mari, en effet, n'est à l'égard de sa portion que ce qu'il est dans le premier cas pour l'immeuble acquis en totalité par sa femme.

Ainsi, de même que le créancier inscrit qui veut surenchérir, seroit obligé de faire signifier sa surenchère à deux acquéreurs collectifs, de même il doit la faire notifier séparément au mari et à la femme, lorsque, déjà séparés de biens, ils ont acheté ensemble l'immeuble hypothéqué. Il n'y a, en effet, aucune différence entre ces deux cas, puisque les droits du mari et de la femme sont tout aussi distincts que si l'un d'eux avoit acheté conjointement avec une autre personne.

Remarquez qu'il en seroit de même, si l'acquisition avoit été faite par le même contrat, et que le mari et la femme l'eussent notifié aux

créanciers inscrits par un seul acte. Rien n'empêche les acquéreurs de se réunir pour faire
faire la notification, de n'employer qu'un huissier, de ne faire faire qu'un seul original de
l'exploit, etc. Le but de ces notifications est de
faire connoître aux créanciers inscrits la mutation qui vient de s'opérer, et l'intention où sont
les acquéreurs de purger la propriété par eux
acquise. Ce but est rempli, encore que les notifications aient été cumulativement faites par tous
les acquéreurs. Mais il n'en seroit pas de même
si, par réciprocité, le créancier surenchérisseur
se bornoit à notifier sa surenchère à l'un des
acquéreurs ; les autres ignoreroient ses démarches, et le vœu de la loi ne seroit pas rempli, puisque l'article 2185 exige que la surenchère soit notifiée *au nouveau propriétaire.*

On ne pourroit pas non plus se faire un
moyen, pour valider la surenchère, de ce que
le mari et la femme auroient acheté solidairement. La solidarité fait bien que le vendeur
peut demander à chacun des époux la totalité
du prix, mais n'empêche pas que la propriété
de l'immeuble se divise aussitôt entre la femme
et le mari ; qu'à l'égard des tiers, des créanciers
du vendeur, le mari ne soit propriétaire que
d'une moitié, et la femme de l'autre.

Ainsi, sous tous les rapports, la notification

de la surenchère doit être faite et au mari et à
la femme, lorsque ceux-ci étoient séparés de
biens, soit contractuellement, soit judiciairement, ou lorsqu'ils étoient mariés sous le régime dotal et que la femme ne s'étoit pas constitué ses biens à venir.

C'est ce qu'a jugé la Cour suprême, par un
arrêt de cassation, en date du 12 mars 1810.

Dans le fait, les sieur et dame Lemarchand
de Gomicourt, séparés de biens, acquièrent le
domaine de Livarol moyennant une somme
de 255,000 fr., au paiement de laquelle ils
s'obligent solidairement.

Ils font transcrire leur contrat d'acquisition,
et bientôt après ils le notifient aux créanciers
inscrits.

Un sieur Duval de Brunville, créancier inscrit, fait sa surenchère et la notifie aux sieur
et dame Lemarchand, en la personne du mari,
auquel il laisse une seule copie de la notification.

Les sieur et dame Lemarchand demandent
la nullité de la surenchère; mais leur demande
est successivement rejetée, et par le Tribunal de
Première Instance de Lisieux, et par la Cour
d'Appel de Caen.

Ils se pourvoient en cassation. Ils articulent
deux violations. Violation du §. 1er de l'article 2185, qui exige la notification *au nou-*

veau propriétaire. Violation de l'article 3 du titre II de l'Ordonnance de 1667, qui exige que tout exploit soit notifié à personne ou domicile.

Sur quoi arrêt, par lequel, « après en avoir
» délibéré en la Chambre du Conseil : vû l'ar-
» ticle 3 du titre II de l'Ordonnance de 1667,
» et l'art. 2185 du Code Napoléon ; — Attendu
» 1°. que, dans le fait, l'acte portant soumission
» de surenchère de la part du sieur Duval de
» Brunville, sous la date du 8 brumaire de
» l'an 14, n'a été notifié à ladite dame de
» Gomicourt que par une seule copie, tant
» pour elle que pour son mari, et qu'une pa-
» reille notification dans cette forme étoit d'au-
» tant plus irrégulière, qu'elle s'étoit mariée en
» état de séparation de biens avec son mari, et
» que ledit sieur Duval de Brunville pouvoit
» d'autant moins l'ignorer, que cette qualité se
» trouvoit directement énoncée dans le contrat
» d'acquisition qui lui avoit été signifié. —
» Attendu 2°. que l'obligation solidaire stipulée
» par ledit contrat en faveur du vendeur ne
» pouvoit dispenser le tiers-créancier inscrit,
» et surenchérisseur, de la rigoureuse observa-
» tion de cette forme, soit parce que cette obli-
» gation solidaire étoit strictement limitée au
» paiement du prix du domaine de Livarol,
» dans la supposition toutefois où il restât entre

» les mains des premiers acquéreurs, soit parce
» que la soumission de surenchérir annonçoit
» l'exercice d'une action tendante à la résolu-
» tion du premier contrat de vente dans l'in-
» térêt des acquéreurs , puisque le dernier
» surenchérisseur adjudicataire devoit être su-
» brogé à leurs droits : d'où il suit que la soli-
» darité stipulée devenoit tout-à-fait étrangère
» au créancier surenchérisseur, qui devoit tou-
» jours considérer les acquéreurs comme ayant
» chacun des intérêts et des droits distincts et
» séparés dans l'objet vendu. — Attendu 3°. que
» la notification de la transcription du contrat
» d'acquisition au bureau des hypothèques
» établi à Lisieux , quoique faite audit sieur
» Duval de Brunville , à la requête des sieur et
» dame Lemarchand par un seul et même acte ,
» ne pourroit autoriser celui-ci à leur faire noti-
» fier de la même manière son acte de soumis-
» sion de surenchère , parce qu'à son égard il
» lui suffisoit que les acquéreurs , pour régu-
» lariser la notification qu'ils lui faisoient, se
» conformassent à ce qui leur étoit prescrit par
» l'article 2183 du Code Napoléon, ce à quoi
» ils avoient pleinement satisfait par leur acte à
» lui signifié le 30 fructidor an 13 ; tandis, au
» contraire, que ledit sieur Duval de Brunville
» ne pouvoit remplir le vœu de l'article 2183,

» et celui de l'article 3 du titre II de l'Ordon-
» nance de 1667, qui exige que tous exploits
» d'ajournement soient signifiés à personne ou
» domicile, qu'en faisant notifier par une copie
» séparée à ladite dame Lemarchand, séparée
» de biens d'avec son mari, son acte de sou-
» mission de surenchère. — Attendu, enfin,
» qu'en se contentant de la signification d'un
» seul acte, tant pour le mari que pour la
» femme, il est également contrevenu, soit
» audit article 2185 du Code Napoléon, soit
» à l'article 3 du titre II de l'Ordonnance
» de 1667, et que l'arrêt attaqué, en adoptant
» une signification aussi irrégulière, s'est rendu
» propre cette double contravention. — La
» Cour casse, etc. »

Par suite de cet arrêt la Cause et les Parties
furent renvoyées devant la Cour Impériale de
Paris. Là on reproduisit le système du sieur
Duval de Brunville, et après un partage entre
la première et la troisième chambre, qui fut
vidé par la seconde, la Cour se décida
pour la validité de la surenchère. Ses motifs,
autant que j'ai pu l'entendre par la prononciation de l'arrêt, sont pris de ce que les acquéreurs s'étoient réunis pour faire leur notification.

Je ne me permettrai pas de faire de réflexion;

mais il.m'avoit semblé que la manière dont la Cour de Cassation avoit répondu à ce moyen , ne laissoit plus de doute sur cette difficulté.

§. IX.

Lorsque dans un acte de surenchère on a offert et désigné une caution , qui ensuite s'est mise dans l'impossibilité de remplir les engagemens que lui impose sa qualité, peut-on lui en substituer une autre ?

D'après le §. 5 de l'article 2185 du Code Napoléon, le créancier inscrit qui vouloit surenchérir, pouvoit se contenter d'*offrir* de donner caution; mais l'article 832 du Code de Procédure lui a imposé une autre obligation, c'est de. désigner, à peine de nullité, la caution qu'il étoit dans l'intention de fournir.

Pour se conformer à ce nouvel article, on suppose qu'un créancier ait réellement désigné une caution et donné assignation pour la faire recevoir, mais que dans l'intervalle cette caution devienne insolvable ou refuse de s'obliger : croira-t-on que le créancier surenchérisseur ne soit plus recevable à offrir et désigner une nouvelle caution par un acte subséquent ?

J'ai vu juger la négative par le Tribunal de Première Instance de Paris. Ses motifs furent pris de ce que les offres de donner caution devoient accompagner et non suivre la surenchère ; que la première désignation étant inutile, puisque la caution avoit refusé de s'obliger, ce seroit reconnaître que la caution pouvoit être désignée postérieurement aux actes de suren- chères, que d'admettre qu'il étoit permis de substituer une nouvelle caution à l'ancienne.

Sur les plaidoiries on soutenoit aussi : 1°. Que permettre au créancier surenchérisseur de fournir une nouvelle caution, c'étoit anéantir l'article 832 du Code de Procédure, parce que, arrêté par la difficulté de trouver une caution solvable, le créancier surenchérisseur en dési- gneroit toujours une au hasard, par la certi- tude de pouvoir ensuite la remplacer par une nouvelle ;

2°. Que c'étoit aussi rendre illusoire la dispo- sition de l'article 833 du même Code, parce qu'il suffiroit que le créancier eût la moindre crainte sur l'acceptation ou le rejet de la caution, pour que, subsidiairement, il en offrît une autre.

J'ai ensuite appris que l'on avoit interjeté appel du jugement, et j'avoue que j'ai regardé cette démarche comme bien fondée.

On ne peut pas, en effet, exiger l'impossible. Le créancier a fait tout ce que la loi exigeoit de lui. Il a requis la surenchère dans le délai prescrit. Il a désigné une caution qui d'abord consentoit de s'obliger. On ne peut rien lui imputer ; et si , ensuite, la caution change d'avis, si elle ne consent plus à s'obliger, ou si elle devient postérieurement insolvable, on ne peut l'attribuer au créancier, c'est un cas fortuit qu'il est seulement tenu de réparer.

Mais, dit-on, il résultera de là que le créancier pourra vaguement offrir une caution , parce que, si elle ne convient pas, il sera toujours à temps d'éviter la nullité portée par l'article 833, en en désignant une autre.

Non, ce n'est pas là la conséquence qu'il faut tirer de ce sentiment. Nous n'allons pas jusqu'à prétendre que le créancier puisse couvrir la nullité dont sa surenchère étoit frappée dès l'origine, ou, ce qui est la même chose, réparer l'insolvabilité de la caution par lui offerte, en en substituant une autre ; mais nous pensons qu'il suffit qu'il ne tienne pas au créancier surenchérisseur de maintenir le cautionnement par lui offert, pour qu'on ne puisse lui opposer de nullité : autrement ce seroit se rendre responsable du fait d'un tiers, d'une personne que l'adjudicataire pourroit quelquefois gagner.

C'est, au reste, ce qu'a jugé la Cour d'Appel de Paris, le 19 mai 1809, en infirmant le jugement dont nous venons de parler.

Voici le texte de son arrêt :

« Attendu que, par exploit de surenchère,
» il y a eu offre et désignation de caution,
» avec assignation à trois jours; — Attendu
» qu'avant le jugement sur offre de caution,
» les choses étant encore entières, la femme
» Vée, dite Duchaume, a pu substituer une
» nouvelle caution solvable à la première;
» la Cour met l'appellation, et ce dont est
» appel, au néant; émendant, décharge ladite
» Vée Duchaume des condamnations contre
» elle prononcées; au principal, sans s'arrêter
» aux demandes de Rodier, dont il est débouté,
» reçoit pour caution de la surenchère faite
» par ladite femme Duchaume, le 5 sep-
» tembre 1807, la personne de Théophile
» Lupigny, etc. »

§. X.

Le créancier qui veut surenchérir, et qui, aux termes
de l'article 2185, doit offrir de donner caution,
seroit-il recevable à donner à la place un gage suffi-
sant, ou à consigner le prix et un dixième en sus?

L'ARTICLE 2185 du Code Napoléon, et ensuite
l'article 832 du Code de Procédure, qui établissent la nécessité de donner caution, n'indiquent aucun mode de suppléer à cette formalité; cependant il peut arriver que le créancier ne trouve pas de caution, ou même que,

jaloux de n'avoir pas besoin de recourir à autrui, il préfère donner un gage suffisant ou consigner une somme égale au prix principal et au dixième auquel il doit porter sa surenchère. Quels motifs pourroit-on invoquer pour écarter ses offres?

Le but du cautionnement exigé par l'art. 2185 est d'assurer le paiement, tant du prix principal que du dixième; et certes, rien ne l'assure mieux que le gage déposé par le créancier surenchérisseur, et jugé suffisant par le Tribunal, ou la consignation de cette même somme. C'est ce qui faisoit dire aux Romains, dans ces matières, *plus est cautio in re quam in persona.*

Au surplus, la question ne semble pas pouvoir souffrir de difficulté lorsqu'on trouve dans le Code, au titre même du *Cautionnement*, un article ainsi conçu : « Celui qui ne peut pas » trouver une caution est reçu à donner à sa » place un gage en nantissement suffisant. »

Ainsi, le créancier surenchérisseur qui ne voudra point donner caution, ou qui n'en trouvera pas ; pourra offrir un gage à la place ou même consigner ; mais dans l'un et l'autre cas il devra assigner pour la réception du gage ou pour voir consigner.

§. XI.

Lorsqu'après la réquisition de mise aux enchères de la part des créanciers, l'immeuble a été adjugé à l'ancien ou à un nouvel acquéreur, peut-on invoquer l'art. 710 du Code de Procédure, et faire encore dans la huitaine une surenchère du quart ?

Quelques personnes regardent la surenchère comme très-favorable. Frappées de ce qu'elle fait porter le prix à un taux supérieur, qui profite au débiteur et aux créanciers, elles sont disposées à l'admettre toutes les fois qu'il se présente quelqu'un qui offre une augmentation du prix. On ne seroit donc pas étonné de trouver des partisans de la surenchère, même lorsqu'il s'agit d'une adjudication par suite d'une première surenchère sur vente volontaire, et qu'il se présente une personne, qui, conformément à l'article 710 du Code de Procédure, offre une augmentation du quart.

On pourroit se fonder, pour fortifier cette opinion, sur ce que l'article 2187 du Code Napoléon dispose qu'en cas de revente sur enchère, elle doit avoir lieu suivant les formes établies pour les expropriations forcées. Or, diroit-on, en matière de vente sur saisie immobilière, la surenchère du quart est formellement permise; et en assimilant l'adjudication

sur enchères, à la vente forcée, on rend nécessairement communes à celle-là les formalités
de celle-ci.

Néanmoins, nous ne pensons pas que cette
opinion soit fondée; si la surenchère a ses avantages, elle a aussi ses mauvais côtés. Il importe,
pour attirer des adjudicataires, qu'on trouve
quelque certitude dans l'adjudication ; et si l'on
a toujours à craindre d'être dépouillé de l'immeuble dont on vient de se rendre adjudicataire, on renonce à enchérir. D'où nous concluons que, loin d'être favorable, la surenchère
est un droit rigoureux, exorbitant, qu'il ne
faut pas étendre, mais restreindre aux cas désignés par la loi.

D'ailleurs, les motifs qui ont fait admettre
la surenchère du quart, en matière d'expropriation, n'existent pas à l'égard d'une vente
volontaire, suivie d'une première surenchère
du dixième. Dans le premier cas, il peut n'avoir
pas tenu aux débiteurs, et même aux créanciers, de faire porter l'immeuble à sa véritable
valeur ; des machinations peuvent avoir été
ourdies pour écarter les enchérisseurs; et c'est
pour éviter les inconvéniens qui peuvent en
résulter, que l'article 710 a permis à toute personne de faire dans la huitaine une surenchère
du quart. Mais quand il s'agit d'une vente

volontaire, suivie d'une première surenchère, le débiteur ne peut pas se plaindre de la modicité du prix, puisqu'il s'en est lui-même contenté ; les créanciers ne peuvent pas non plus élever de réclamations, parce qu'ils doivent s'imputer de n'avoir pas porté le prix à un taux plus élevé, lorsque dans les quarante jours ils ont requis la mise de l'immeuble aux enchères.

Ainsi, sous ce premier rapport, il n'y auroit aucun motif pour appliquer à l'adjudication, par suite d'une première surenchère, la disposition de l'article 710 du Code de Procédure ; et l'argument que l'on voudroit tirer de l'article 2187 du Code Napoléon, seroit dénué de force, puisque cet article n'applique à l'adjudicataire qui doit suivre la réquisition de mise aux enchères, que les *formes* établies pour les expropriations forcées. Or, on n'entend par là que l'apposition des affiches, les autres moyens de donner de la publicité à la vente, et les formalités qui accompagnent ou suivent l'adjudication ; mais la faculté accordée par l'art. 710 du Code de Procédure n'est pas une formalité, c'est un droit, une espèce de condition résolutoire, que l'article 2187 n'a pas pu appliquer à la vente sur enchères, puisque le principe de cette condition n'existoit pas encore lors de la promulgation du Code Napoléon.

De toutes ces réfexions nous pensons pouvoir conclure que l'article 710 du Code de Procédure ne s'applique pas à la vente sur enchères, et que l'adjudicataire, devenu propriétaire incommutable par le fait seul de l'adjudication, ne peut plus être dépouillé par une nouvelle surenchère.

CHAPITRE XIII.

Des Certificats d'Inscription délivrés par les Conservateurs.

§. I.

'Lorsque c'est un Conservateur qui a vendu l'immeuble, peut-il lui-même délivrer le certificat d'inscription, ou celui constatant qu'il n'en existe aucune?
Peut-il inscrire ses propres créances?

Il est un principe que la raison avoue, et qu'aucune loi n'avoit besoin de consacrer, c'est que nul ne peut être juge dans sa propre cause ; nul ne peut jouer deux rôles différens et opposés dans la même affaire ; autrement le moyen d'attaque et de défense seroit dans ses mains, on ne sauroit jamais à quel titre il agiroit, et sa bonne foi seroit toujours équivoque.

C'est ainsi que le tuteur qui a des intérêts à débattre avec son pupille, ne peut pas agir

II.   8

seul, mais contradictoirement avec le subrogé-
tuteur ; c'est encore suivant les mêmes principes, que, lorsqu'un notaire aliène ou fait toute
autre convention, il ne peut pas en passer l'acte.
L'article VIII de la loi du 25 ventose an 11,
sur l'organisation du notariat, a même porté
la rigueur jusqu'à lui interdire cette faculté
pour les actes dans lesquels ses parens ou alliés,
en ligne directe à tous les degrés, et en colla-
térale jusqu'au degré d'oncle et de neveu,
seroient Parties.

Ce dernier exemple peut servir précisément
à décider la question que nous nous sommes
proposée. Le Conservateur des Hypothèques,
comme le Notaire, est un fonctionnaire public,
aux actes duquel la loi attache une pleine confiance. Elle l'a établi le dépositaire de la
fortune des citoyens, et l'unique personne sur
la déclaration de laquelle les tiers pouvoient
traiter avec sûreté ; mais dans un cas comme
dans l'autre, à l'égard du notaire comme à
l'égard du Conservateur, la confiance ne peut
pas être la même lorsque c'est pour eux qu'ils
agissent ; leur intérêt personnel rend leur déclaration suspecte, et ils cessent d'être fonc-
tionnaires publics quand c'est leur propre affaire
qu'ils traitent.

Cependant ces idées, qui nous paroissent

toutes naturelles, ont été attaquées; et de ce
que la loi du 11 brumaire, et ensuite le Code
Napoléon, n'ont pas précisément défendu au
Conservateur de délivrer des certificats ou d'inscrire des créances qui leur seroient personnelles
(car nous mettons aussi ce cas sur la même
ligne), on a voulu en conclure qu'ils pouvoient
ce que la loi ne leur défendoit pas.

Mais a-t-on considéré jusques où conduiroit
une semblable manière de raisonner ? Quand
la loi permet une espèce d'actes, et qu'elle ne
défend pas nommément de faire des choses de
la même nature, c'est alors le cas d'appliquer
la règle dont on argumente ; mais on ne peut pas
en faire usage, lorsque l'esprit de la loi s'est
manifesté dans des hypothèses absolument semblables, et qu'il en résulte une prohibition
absolue, non-seulement pour le cas désigné,
mais encore pour tous ceux auxquels on peut
appliquer les mêmes raisons. Ainsi, de ce que
le Code Napoléon ne défend pas expressément
de donner entre-vifs la chose d'autrui, on n'en
conclura pas moins qu'il a eu l'intention de
l'interdire.

Mais, au demeurant, est-il bien vrai qu'aucune loi n'ait défendu au Conservateur de délivrer des certificats des inscriptions prises sur
lui, ou d'inscrire ses propres créances ?

Nous trouvons dans la loi du 21 ventose an 7 ; c'est-à-dire dans la loi qui fixe les fonctions des Conservateurs, un article ainsi conçu, c'est l'article XII : « En cas d'absence ou *d'empé-* » *chement d'un préposé*, il sera suppléé par le » vérificateur ou l'inspecteur de l'enregistre- » ment dans le département, ou bien , à son » défaut, par le plus ancien surnuméraire du » bureau. »

Cet article, en effet, ne décide-t-il pas la question ? Quel est l'empêchement dont il entend parler , si ce n'est celui qui résulte de l'intérêt personnel ?

On a senti tout ce que pouvoit un pareil ar- ticle, et l'on a cherché à en écarter l'autorité. On a donc prétendu que la loi dans laquelle on le trouve, avoit été abrogée par le Code Napoléon. Tel est le sentiment que paroît adopter l'auteur du *Journal du Palais*, dans l'article 169 du n°. 669 de son journal.

Mais est-ce bien sérieusement qu'on a pu s'arrêter à une telle réponse ? Si la loi du 21 ven- tose an 7 est abrogée, la conservation des hypothèques n'a donc plus aucune organisation positive ; on ne doit plus savoir dans quels lieux il doit y avoir un bureau des hypothè- ques ; les Conservateurs peuvent se soustraire à l'obligation de fournir un cautionnement ; en un mot tout est dans le vague dans cette partie importante de l'administration, puisqu'il n'y a aucune loi qui détermine le mode d'exécution des dispositions du Code relatives aux hypothèques.

Toutes ces assertions seroient absurdes. La loi du 21 ventose an 7 est encore dans toute sa vigueur : le Code Napoléon ne l'a point abrogée ; et s'il l'avoit fait, il auroit fallu de suite une nouvelle disposition législative pour organiser la conservation des hypothèques. Or l'absence d'une semblable loi prouve suffisamment que les auteurs du Code ont entendu se référer, pour le mode d'exécution, à la loi préexistante, et cette loi c'est celle du 21 ventose an 7.

Ainsi l'article 21 de cette loi est encore dans toute sa force ; il prouve que le Conservateur ne peut jamais agir dans son propre intérêt, et par conséquent délivrer les certificats des inscriptions qui le concernent.

C'est dans ce sens que l'a jugé la Cour d'Appel de Paris dans l'espèce suivante :

Le sieur Durand, Conservateur des hypothèques à Sainte-Menehould, vend un de ses immeubles et délivre lui-même à son acquéreur un certificat qu'il n'existoit pas d'inscription.

Cependant, en vendémiaire an 10, la dame

Befroy avoit pris une inscription hypothécaire.

En vertu de cette inscription, elle poursui-
vit l'acquéreur, qui, voulant se prévaloir du
certificat à lui délivré, soutint que d'après
l'article 2198 l'immeuble étoit affranchi de
l'hypothèque omise, sauf la responsabilité du
Conservateur.

La dame Befroy demanda la nullité du certificat, comme ayant été délivré par une personne incapable.

Le Tribunal de Première Instance la prononça.

L'acquéreur interjeta appel, mais inutilement; car, par arrêt en date du 22 janvier 1810,
la Cour adopta les motifs des premiers juges.

Par-là on a donc décidé, ainsi que nous nous
sommes efforcé de le prouver, que le certi-
ficateur et le certifié doivent toujours être deux
personnes distinctes, et que, de même qu'on
ne peut pas être juge dans sa propre cause,
de même on ne peut pas délivrer le certificat
des inscriptions prises sur soi-même.

Nous adoptons les mêmes principes pour
les inscriptions que le Conservateur auroit intérêt de requérir. Il devroit les faire faire, aux
termes de l'article 21 déjà cité, par l'inspecteur
ou le vérificateur, ou, à défaut, par le plus
ancien surnuméraire du bureau.

§. II.

Lorsque, dans le certificat délivré après la transcription, le Conservateur a omis de comprendre une inscription, l'immeuble en est-il de suite affranchi, ou ne l'est-il qu'après les quarante jours pendant lesquels on peut surenchérir ?

En d'autres termes, le créancier dont l'inscription a été omise, peut-il, en signifiant un nouvel état des inscriptions, requérir lui-même la mise aux enchères, dans ce qui reste à courir du délai de quarante jours ?

Ce certificat affranchit-il l'immeuble acquis de l'hypothèque omise, même lorsqu'il a été délivré après la transcription d'un contrat de vente qui n'annonçoit pas les noms sous lesquels le vendeur étoit vulgairement connu ?

L'ARTICLE 2198 du Code Napoléon déclare que, lorsque le tiers-acquéreur a requis le certificat des inscriptions depuis la transcription de son titre, l'immeuble à l'égard duquel le Conservateur auroit omis une ou plusieurs des charges inscrites, en demeure, sauf la responsabilité du Conservateur, affranchi dans ses mains.

Cet article ne distingue aucunement: après avoir balancé l'intérêt du créancier et celui du tiers-acquéreur, il se prononce en faveur de celui-ci, laissant au créancier dont l'inscrip-

tion a été omise, son recours contre le Conservateur.

D'où il est permis d'inférer que c'est du jour
où l'acquéreur a obtenu le certificat des inscriptions, que l'immeuble est libéré de l'hypothèque omise.

En effet, l'acquéreur a pu procéder dès ce jour
sur la foi du certificat qu'on lui a délivré; il a pu
payer la totalité du prix au vendeur, si le Conservateur lui a délivré un certificat négatif, ou
au moins ne garder en ses mains que de quoi
payer les hypothèques qu'on lui a déclaré être
inscrites. Venir ensuite le troubler dans sa possession pour des hypothèques omises, c'est
trahir sa confiance, c'est faire retomber sur lui
une omission que la loi elle-même a mise à la
charge du créancier.

Le même article 2198, indépendamment du
recours du créancier contre le Conservateur,
lui donne un autre moyen de sauver sa créance,
c'est de se faire colloquer suivant l'ordre qui
lui appartient, tant que le prix n'a pas été payé
par l'acquéreur, ou tant que l'ordre entre
créanciers n'a pas été homologué.

Mais cette disposition justifie complettement
notre assertion. Si le créancier n'a pas d'autre
moyen de conserver sa créance, que de se faire
colloquer sur le prix, tant qu'il n'est pas payé

ou que l'ordre n'est pas homologué, il en résulte qu'il ne conserve aucun droit contre l'acqué-reur, entre les mains duquel l'immeuble demeure définitivement affranchi.

Cependant cette opinion n'est pas à l'abri de toute objection. On a dit, pour la combattre, que les créanciers qui n'avoient pas encore requis d'inscription lors de la vente, pouvoient, d'après l'article 834 du Code de Procédure, requérir la mise aux enchères, s'ils prenoient inscription dans la quinzaine de la transcrip-tion ; qu'il étoit indubitable que les créanciers dont l'inscription avoit été omise par le Con-servateur, avoient tout au moins les mêmes avantages.

Cette observation est exacte. L'article 834 du Code de Procédure a nécessairement modifié l'article 2198; car, s'il résulte de celui-ci, ainsi que nous venons de l'établir, que l'immeuble demeuroit affranchi de l'hypothèque omise, immédiatement après la délivrance du certificat requis depuis la transcription, il est constant que l'article 834 a prolongé le temps pendant lequel l'immeuble pouvoit devenir l'objet de nouvelles inscriptions. Et certes, il seroit difficile de dire pourquoi le créancier dont l'inscription a été omise, ne pourroit pas surenchérir, lors-que ceux qui n'ont inscrit que postérieurement à la transcription, peuvent user de ce droit.

Toutefois, pour que le créancier puisse suren-chérir, il faut qu'il fasse signifier son inscription dans la quinzaine de la transcription ; car il est, par rapport au tiers-acquéreur, et tant qu'il n'a pas notifié un nouvel état des charges inscrites, comme s'il n'avoit pas fait faire d'inscription. En requérant son état d'inscription après la quin-zaine, le tiers demeure donc affranchi des hy-pothèques omises, comme avant l'article 834 il en demeuroit affranchi par le certificat requis immédiatement après la transcription.

Ainsi, tout ce qu'on peut conclure de cet article 834, c'est que, depuis sa promulgation, c'est seulement après l'expiration de la quinzaine que l'acquéreur doit requérir le certificat des inscriptions, et que celui requis auparavant ne libère pas l'immeuble entre ses mains.

On a encore proposé d'autres objections. Suivant l'article 2185, *tout créancier*, a-t-on dit, dont le titre *est inscrit*, peut requérir la mise de l'immeuble aux enchères, dans les quarante jours de la notification faite par l'acquéreur ; et ce n'est qu'après l'expiration de ce délai, que l'immeuble est purgé et sa valeur fixée au prix stipulé par le contrat.

Le créancier dont l'inscription a été omise

dans le certificat du Conservateur, remplit la condition requise pour surenchérir: il est créancier inscrit; donc rien ne peut l'empêcher d'user de ce droit et de faire ainsi porter l'immeuble à sa véritable valeur.

En faisant cette objection, on n'a pas pris garde au rapprochement qui existoit entre l'article 2185 et les articles 2183 et 2198. Sans doute que l'article 2185 donne à tout créancier inscrit le droit de surenchérir; mais on a entendu parler seulement des créanciers inscrits, à qui, suivant l'article 2183, les notifications devoient être faites, c'est-à-dire de ceux compris sur le certificat délivré par le Conservateur. Autrement, le créancier dont l'hypothèque auroit été omise, conserveroit un droit absolu, une hypothèque perpétuelle, puisqu'en supposant que l'acquéreur s'arrange avec les créanciers inscrits, et que pour cela il ne fasse pas faire de notifications, il seroit toujours troublé par un créancier qu'il ne pouvoit connoître, et au préjudice duquel il devoit d'autant plus se libérer, que rien ne lui avoit indiqué son droit.

On peut même citer un cas assez ordinaire, où, s'il en étoit autrement, l'acquéreur seroit dans l'impossibilité de purger: c'est lorsque le Conservateur, en omettant une inscription, délivreroit, après la quinzaine de la transcription, un certificat négatif. En foi de ce certificat, l'acquéreur payeroit au vendeur, sans faire de notification, sans avoir même la facilité d'en faire.

Cependant, comme le délai de quarante jours accordé pour surenchérir ne court que de l'époque des notifications, il arriveroit que l'acquéreur ne seroit jamais tranquille, et qu'il pourroit toujours être inquiété par un créancier dont le Conservateur auroit omis l'inscription ; alors il ne seroit plus vrai de dire, avec l'article 2198, qu'à l'aide du certificat délivré par le Conservateur l'immeuble *est affranchi*, *entre les mains du nouveau possesseur*, de l'hypothèque omise.

Je sais qu'on propose, pour écarter ce moyen, une nouvelle manière d'entendre cet art. 2198. On dit que cet article doit naturellement s'expliquer par l'article 2186, de manière à entendre, par l'*affranchissement* de l'immeuble, dont parle le premier, la fixation du prix dont il est question dans le second ; ce qui signifie que le certificat du Conservateur tient lieu de notification à l'égard du créancier dont l'inscription est omise, et qu'après la délivrance de ce certificat il faut qu'il s'écoule encore quarante jours sans mise aux enchères, pour que l'immeuble *soit affranchi* ou fixé au prix déclaré.

J'avoue qu'il étoit difficile de prévoir cette explication ; elle porte sur un mauvais sens donné à l'article 2186, et elle détruit l'article 2198. En effet, le premier s'explique toujours par l'article 2183, de manière à fixer le prix de l'immeuble et à assujettir l'acquéreur à le payer, mais seulement aux créanciers inscrits, aux créanciers à qui avoient été faites les notifications, et non à ceux dont l'acquéreur a dû ignorer l'existence.

Autrement l'acquéreur demeureroit toujours obligé envers ces créanciers inconnus, même après l'homologation de l'ordre ; ce qui seroit contraire au texte de la loi.

Cette interprétation ne renverseroit pas moins l'article 2198, qui affranchit, sans délai, l'immeuble acquis, des inscriptions omises, et qui ne permet pas de différer cet affranchissement pendant quarante jours. Persister dans cette opinion, c'est donc se mettre en opposition avec la loi, c'est même méconnoître la jurisprudence de la Cour de Cassation.

Voici en effet un arrêt qui a jugé la question, dans l'hypothèse suivante :

Un sieur Hubert fait transcrire son contrat d'acquisition, et se fait ensuite délivrer un certificat des inscriptions ; il notifie après, à tous

les créanciers inscrits , à l'exception du sieur
Biers , dont l'inscription avoit été omise dans le
certificat.

Celui-ci , étonné de ne pas recevoir de notification , s'empresse de faire signifier un nouvel
état des inscriptions , tant à l'acquéreur qu'aux
autres créanciers ; ensuite il requiert la mise
aux enchères de l'immeuble.

L'acquéreur le soutient non recevable, par
cela seul que l'immeuble par lui acquis est
affranchi de l'hypothèque, par suite du certificat
délivré par le Conservateur.

Le Tribunal de Première Instance rejette la
fin de non recevoir ; mais l'acquéreur ayant
interjeté appel , la Cour de Paris infirma le
jugement et accueillit sa défense.

Le sieur Biers se pourvoit en Cassation , et
par arrêt du 9 nivose an 14 sa demande fut
rejetée en ces termes :

« Attendu que le certificat délivré , le 25 bru-
» maire an 9 , par le Conservateur des Hypo-
» thèques , a rempli le vœu de l'article 51 de
» la loi du 11 brumaire an 7 ; que dès ce
» jour l'acquéreur a pu procéder sur la foi
» de ce certificat ; que dans cette position
» la Cour d'Appel de Paris n'a point fausse-
» ment appliqué les articles LI, LII et LIII
» de ladite loi du 11 brumaire, en détermi-

» nant que les droits du demandeur ne pou-
» voient être plus étendus que ceux d'un créan-
» cier omis par le Conservateur ; — la Cour
» rejette. »

La seconde question proposée en tête de
cet article présente aussi des difficultés ; elle
consiste à savoir lequel des deux , du créancier ou de l'acquéreur, doit supporter l'omission de l'inscription , alors qu'elle est déterminée par l'insuffisance des désignations contenues dans l'acte d'acquisition.

Elle s'est présentée à l'audience de la Cour
d'Appel de Paris , dans l'espèce suivante :

Le sieur Couvrault étoit créancier du sieur
Lavalette et de la dame Aglaé d'Aulnoy, son
épouse.

Le sieur Lavalette étant insolvable , et la
dame son épouse n'ayant d'autres biens que
ceux qu'elle venoit de recueillir de la succession de son père , on prit inscription sur elle,
et on la désigna sous les noms rappelés dans
l'obligation , c'est-à-dire de *dame Aglaé Daulnoy , femme divorcée du sieur Lavalette.*

Bientôt après , cette dame vendit à un sieur
Mille la totalité de ses biens, non plus à la
vérité sous les noms dont elle s'étoit servie
dans l'obligation consentie à Couvrault, mais

sous ceux d'Adélaïde-Charlotte-Aglaé Charlary de Rouvres.

Le sieur Mille fit transcrire son contrat, et obtint un certificat du Conservateur, dans lequel celui-ci omit l'inscription de Couvrault, parce qu'il ne fit pas ses recherches sous le nom d'Aglaé d'Aulnoy, femme Lavalette, mais sur ceux indiqués dans le contrat de vente.

Bientôt après Mille vendit les mêmes biens, mais en qualité de cessionnaire de Joséphine-Adélaïde-Charlotte-Aglaé Charlary de Rouvres, veuve Lavalette, et héritière du sieur Charlary Daulnoy, son père.

Les nouveaux acquéreurs ayant fait transcrire leur contrat et requis le certificat des inscriptions, on leur délivra, cette fois, l'inscription prise par Couvrault, parce que l'acte de vente présentoit les noms d'Aglaé d'Aulnoy, femme Lavalette ; désignation sous laquelle l'inscription avoit été requise.

Mais ces acquéreurs demandèrent la radiation de l'inscription, sous le prétexte qu'elle avoit été omise dans le premier certificat. Couvrault soutint que son inscription n'auroit pu être purgée par le premier certificat, qu'autant qu'il auroit été requis en vertu d'un acte qui auroit mis le Conservateur à même de faire ses recherches ; mais que l'acte de vente ne désignant pas la débitrice par ses noms vulgaires, les acquéreurs avoient donné des désignations trop insuffisantes pour que le certificat par eux requis affranchît les immeubles acquis de l'hypothèque omise. Néanmoins Couvrault appela le Conservateur en garantie.

En cet état, jugement du Tribunal de Première Instance, qui, après avoir déclaré le recours en garantie dirigé contre le Conservateur, mal fondé, déclare nul le premier certificat, et ordonne que l'inscription continuera de produire ses effets à l'égard des nouveaux acquéreurs.

Appel de la part de ces derniers. Ils soutinrent devant la Cour que l'omission de l'inscription de Couvrault en avoit affranchi l'immeuble entre leurs mains ; que dès-lors c'étoit à tort que Couvrault prétendoit avoir encore le droit de suite.

Sur ce, arrêt, en date du 5 décembre 1810, par lequel, après avoir confirmé le jugement de Première Instance, en ce qui concernoit le Conservateur, la Cour l'infirma pour les autres chefs en ces termes : « En ce qui concerne » Mille, Laborde, Semezis et sa femme (ac- » quéreurs); attendu que les transcriptions » par eux faites sont régulières et doivent » avoir tout leur effet, étant littéralement con-

» formes à leurs contrats ; faisant droit sur
» leurs appels du même jugement, met à leur
» égard le jugement dont est appel au néant ;
» émendant, décharge lesdits Mille, Laborde,
» Semezis et sa femme, des condamnations
» contre eux prononcées ; au principal, *fait*
» *main-levée pure et simple de l'inscription*
» *prise par Couvrault au Bureau des Hypo-*
» *thèques de Choisy*. . . . ., comme étant de-
» meurée sans effet, au moyen de la transcrip-
» tion faite par Mille, suivie du certificat de
» transcription à lui délivré, dans lequel
» ladite inscription n'est pas comprise. . . . . . »

Faisant ensuite droit sur la demande récur-
soire de Couvrault contre la dame Daulnoy,
la Cour la condamne *par corps* à lui payer, à
titre de dommages-intérêts, diverses sommes
qui sont désignées dans l'arrêt.

Quelque respectables que soient les décisions de la Cour, on me permettra quelques
observations sur des principes que je regardois,
avant cet arrêt, comme incontestables.

Il résulte de l'article 2198 du Code Napoléon, que le créancier légalement inscrit peut
être privé de son hypothèque sans sa participation et sans qu'on puisse lui imputer de
faute. Mais cela ne peut avoir lieu qu'autant
que la responsabilité du Conservateur est com-

promise; qu'autant que, ne pouvant imputer de faute à l'acquéreur, celui-ci a dû croire que la propriété par lui acquise n'étoit pas grevée d'hypothèque, ou qu'elle ne l'étoit que par les hypothèques indiquées dans le certificat.

Mais lorsque c'est par la faute de l'acquéreur que l'inscription a été omise, lorsque cette omission provient des désignations insuffisantes, les suites de cette omission doivent retomber sur ceux par la faute desquels elle a été commise, c'est-à-dire sur l'acquéreur qui n'a fourni que des désignations insuffisantes.

Autrement c'est ouvrir un champ large à la mauvaise foi, c'est laisser entre les mains du vendeur et de l'acquéreur les moyens de détruire les hypothèques légalement acquises; c'est même faire dépendre de la seule volonté du débiteur la conservation des droits les plus utiles au créancier.

En effet, un débiteur a deux prénoms : ils sont indiqués dans l'inscription requise contre lui. Il se nomme, par exemple, *Jean-François*.

Il vend l'immeuble par lui hypothéqué, mais seulement sous le nom de *François*. La transcription est requise, les certificats délivrés; mais aucun ne comprend, aucun ne peut même comprendre l'inscription prise sur *Jean-Fran-çois*, puisque le Conservateur n'a pu faire ses recherches que sur le nom de *François* seulement.

Faudra-t-il, dans ce cas, donner main-levée de l'inscription ? je ne le croyois pas. La faute qui occasionne l'omission d'une créance inscrite est l'ouvrage de l'acquéreur ; celui-ci doit s'imputer d'avoir traité avec une personne qui lui a caché ses véritables prénoms, et qui, par sa réticence, l'a mis dans l'impossibilité de connaître exactement les charges qui grevoient l'immeuble.

Ainsi, en ordonnant la main-levée de l'inscription, on fait retomber le préjudice sur le misérable créancier ; on le punit de cette omission, comme si c'étoit lui qui n'eût pas assez clairement désigné le débiteur.

Mais quelles sont donc les raisons qu'on donne de cette décision ? C'est que la transcription requise par l'acquéreur est régulière par cela seul qu'elle est littéralement conforme au contrat, que dès-lors elle doit produire tous ses effets, si elle est suivie d'un certificat.

Sans doute que la transcription est régulière dès qu'elle présente la copie exacte du contrat ; mais ce n'est pas là la question à résoudre. Si la transcription est valable, l'acte translatif de propriété ne l'est pas, du moins pour purger les hypothèques : en effet, pour que la trans-

cription d'un contrat ait cet effet, il faut qu'elle
mette le Conservateur à même de reconnaître
toutes les charges ; autrement le certificat par
lui délivré est totalement informe, il ne peut
plus remplir l'objet auquel il auroit été destiné si toutes les désignations eussent été
données. Voilà pourquoi nous avons déjà décidé
que lorsqu'il y avoit plusieurs aliénations successives, et que la dernière seule avoit été
transcrite, cette transcription ne purgeoit qu'à
l'égard du dernier vendeur, si la filiation des
vendeurs originaires n'étoit pas rappelée.

Mais qu'avons-nous besoin d'invoquer des
considérations ou d'établir des rapprochemens ?
L'article 2198 décide la question. Il reconnaît
qu'après la délivrance des certificats l'immeuble
demeure affranchi des hypothèques omises,
mais, y est-il dit, *sauf la responsabilité du
Conservateur.* D'après cela, le créancier a donc
pour obligé ou le Conservateur ou l'immeuble ;
et indépendamment de ce qu'il conserve son
droit contre le débiteur originaire, il a acquis,
par son inscription, une garantie qu'on ne peut
pas lui ravir sans lui en substituer une nouvelle
contre celui par la faute duquel il seroit privé
de son hypothèque.

Dans notre hypothèse, aucun reproche ne
peut être adressé au Conservateur. Il a fait tout

ce que la loi lui commandoit de faire ; et si cette inscription a été omise, c'est par l'insuffisance des désignations qui lui ont été fournies. Ainsi, il n'est pas responsable, et aucun recours ne peut être dirigé contre lui.

Or, si le Conservateur n'est pas responsable, si l'on n'a aucune garantie à exercer contre lui, l'immeuble ne peut pas être libéré de l'hypothèque, puisqu'aux termes de l'article 2198 il ne peut l'être que *sauf la responsabilité du Conservateur.*

Et qu'on daigne le remarquer : la disposition de cet article ne peut pas être scindée. On prive le créancier du droit que lui donnoit son inscription de suivre l'immeuble, mais on l'indemnise de cette privation, par la responsabilité du Conservateur, par la certitude qu'il sera payé par préférence sur le cautionnement fourni par celui-ci. Ainsi, quand cette garantie ne peut pas exister, on ne sauroit dépouiller le créancier de son hypothèque, sans renverser l'économie de l'article 2198.

On a cru, à la vérité, remplacer cette garantie par une condamnation prononcée contre le débiteur ; mais cette condamnation est chimérique, parce que ce débiteur est toujours insolvable, et que d'ailleurs le créancier n'a pas besoin d'une telle condamnation pour s'adresser au débiteur, qui reste toujours obligé.

Ensuite on a ajouté à cette obligation, en condamnant le débiteur par corps ; mais je ne sais jusqu'à quel point cette condamnation est fondée. Il s'agissoit, dans l'espèce jugée par la Cour, d'une femme qui avoit vendu un immeuble hypothéqué. Elle n'étoit pas stellionataire, puisqu'elle n'avoit fait aucune déclaration relative à l'hypothèque. Cependant ce n'est que lorsqu'elle s'est rendue coupable de stellionat, qu'une femme peut être soumise à la contrainte par corps.

Quoi qu'il en soit, l'immeuble à l'égard duquel on a omis une inscription par l'insuffisance des désignations contenues dans l'acte de vente, ne nous semble pas en être libéré. Si nous sommes dans l'erreur, on s'apercevra facilement que nous y avons été conduit par le texte même de l'article 2198.

§. III.

Le certificat négatif délivré après l'expiration des deux mois pendant lesquels le contrat a été exposé pour purger les hypothèques légales des femmes et des mineurs, affranchit-il l'immeuble, entre les mains de l'acquéreur, des charges omises par le Conservateur ?

Ce certificat ne produit-il cet effet que lorsque, indépendamment du dépôt au greffe et de l'exposition, l'acquéreur a requis la transcription de son contrat ?

L'ACQUÉREUR qui veut purger l'immeuble des hypothèques légales non assujetties à l'inscription, n'est pas obligé de faire transcrire ; il doit seulement, suivant l'article 2194, déposer au greffe copie de son contrat, et certifier ce dépôt par acte signifié tant à la femme ou au subrogé-tuteur, qu'au Procureur-Impérial. Après ce dépôt un extrait du contrat doit rester affiché pendant deux mois dans l'auditoire du Tribunal, afin que les femmes, les maris, tuteurs et subrogé-tuteurs, les mineurs, les interdits, les parens ou amis, et le Procureur-Impérial, puissent requérir inscription et conserver ainsi l'hypothèque légale.

Si les inscriptions n'ont pas eu lieu pendant ce délai, la présomption est que la femme, les mineurs ou les interdits, n'ont rien à réclamer ;

et dès ce jour l'immeuble est affranchi, entre les mains de l'acquéreur, de leur hypothèque légale.

Mais si des inscriptions ont été requises utilement, l'acquéreur ne peut les faire rayer, et conséquemment en purger sa propriété, même lorsque le Conservateur les auroit omises dans le certificat par lui délivré. Ce certificat peut bien affranchir l'immeuble des hypothèques, mais seulement lorsqu'il est délivré après la transcription.

C'est ce que dit positivement l'article 2198, dont il faut ici rappeler les expressions. « L'im-
» meuble, y est-il dit, à l'égard duquel le
» Conservateur auroit omis dans ses certificats
» une ou plusieurs des charges inscrites, en de-
» meure, sauf la responsabilité du Conserva-
» teur, affranchi dans les mains du nouveau
» possesseur, *pourvu qu'il ait requis le certi-*
» *ficat depuis la transcription de son titre.* »

Cette condition, comme on le voit, est absolue ; elle est impérieusement exigée, et l'hypothèque continue de grever l'immeuble, si elle n'a pas été accomplie. C'est encore ce que fait également supposer l'article 2194, puisqu'après avoir prescrit l'affiche du contrat dans l'auditoire pendant deux mois, il ajoute que les inscriptions qui seront requises pendant ce délai auront le même effet que si elles avoient été prises le jour du contrat de mariage, ou le jour de l'entrée en gestion du tuteur.

Or, si ces inscriptions eussent été requises à cette époque, il est constant que l'immeuble n'eût pu en être affranchi par le certificat négatif du Conservateur, qu'autant qu'il auroit été délivré après la transcription.

Ainsi, l'acquéreur qui aura fait faire le dépôt et l'exposition du contrat, et qui voudra ensuite affranchir son immeuble de toute espèce de recours, ne devra se contenter du certificat du Conservateur qu'autant qu'il l'aura fait précéder de la transcription de son acte d'acquisition.

§. I V.

Lorsque l'acquéreur a fait transcrire, et que le Conservateur lui a délivré un certificat des inscriptions, doit-il prouver au vendeur que les inscriptions qui y sont énoncées frappent directement sur lui? Ou, au contraire, est-ce au vendeur, qui s'est obligé à rapporter la main-levée des hypothèques, à prouver que celles comprises dans le certificat lui sont étrangères?

On ne conçoit pas comment cette question a pu s'élever. L'acquéreur qui est dans l'intention de purger, n'est soumis par la loi qu'à l'obligation de transcrire, de requérir les certificats, et de notifier. Ces certificats lui sont délivrés , non sur les renseignemens qu'il peut lui-même fournir, mais sur ceux que présente le contrat soumis à la transcription ; or ces renseignemens sont tous l'ouvrage du vendeur lui-même, puisque c'est lui qui s'est désigné dans le contrat de vente, c'est lui qui a désigné l'immeuble aliéné. Dès-lors il doit s'imputer de n'avoir pas mis le Conservateur à même de juger des inscriptions qui pouvoient le concerner, et de les distinguer de celles qui lui étoient étrangères. Ainsi c'est sur lui que doit tomber la preuve que telle ou telle inscription ne frappe pas sur ses biens.

D'ailleurs, quels moyens auroit l'acquéreur de distinguer les hypothèques qui concernent son vendeur d'avec celles qui lui sont étrangères? Il n'a d'autres renseignemens que ceux fournis au Conservateur, et comme lui il peut donc s'y méprendre.

C'est, au reste, dans ce sens que la Cour de Cassation l'a décidé dans l'espèce suivante :

Le sieur Lefévre avoit vendu aux sieurs Roux diverses propriétés rurales ; il s'étoit obligé à rapporter la main-levée des inscriptions dans la quinzaine de la transcription.

Après avoir rempli cette formalité, l'acquéreur obtint un certificat constatant qu'il avoit été pris un grand nombre d'inscriptions sur les propriétés par lui acquises.

Il signifia ce certificat à son vendeur, et le somma d'avoir à lui donner main-levée des inscriptions, ainsi qu'il s'y étoit obligé.

Celui-ci soutint que ces inscriptions ne frappoient pas sur lui, que dès-lors c'étoit au Conservateur à qui il falloit s'adresser.

Le tribunal de Beauvais saisi de la contestation, ne fut pas arrêté par cette défense du vendeur; il le condamna à rapporter la main-levée.

Il interjeta appel; et, plus heureux qu'il ne l'avoit déjà été, il réussit à faire admettre son système. Un arrêt de la Cour d'Appel d'Amiens ordonna, avant faire droit, que l'acquéreur prouveroit que les inscriptions frappoient identiquement sur son vendeur.

Mais l'acquéreur dénonça cet arrêt à la Cour de Cassation. Il prouva que la Cour d'Amiens avoit commis un excès de pouvoir; qu'elle avoit substitué un nouveau mode de purger à celui admis par la loi de brumaire et le Code Napoléon ; enfin il démontra qu'elle avoit violé l'une et l'autre de ces lois.

Par arrêt en date du 5 janvier 1809, celui de la Cour d'Amiens fut cassé en ces termes :

« Attendu qu'il résulte des dispositions des

» lois de brumaire, que le Législateur a réglé
» et déterminé d'une manière précise les for-
» malités et les conditions à remplir par l'ac-
» quéreur, qui veut consolider et purger l'im-
» meuble, par lui acquis, des charges et hypo-
» thèques qui pourroient le grever ; attendu
» que Paul Roux s'y étoit conformé, en faisant
» transcrire son acte, et en faisant, dans le
» délai requis, les notifications prescrites aux
» créanciers inscrits sur le vendeur et les
» biens vendus, en conformité du contenu en
» l'état délivré par le Conservateur ; attendu
» que la loi n'avoit pas soumis l'acquéreur à
» discuter le mérite des inscriptions, et que
» néanmoins l'arrêt préparatoire, en le sou-
» mettant à rapporter la preuve qu'elles frap-
» poient réellement sur le vendeur et sur les
» biens vendus, a ajouté à la loi ; qu'il a com-
» mis un excès de pouvoir ; qu'il a substitué
» un nouveau mode pour purger les hypo-
» thèques, à celui établi par les lois de bru-
» maire an 7 et le Code Napoléon ; — La Cour
» casse, etc. »

Il résulte de cet arrêt, que l'acquéreur a
rempli toutes ses obligations, lorsque, sur la
transcription de son acte, le Conservateur lui
a délivré un certificat d'inscription. Exiger en-

suite de lui la preuve que chacune de ces inscriptions frappe sur le vendeur, c'est demander
une chose qu'il ne tient pas à lui de vérifier;
c'est lui imposer une obligation que le vendeur
seul peut exécuter.

LIVRE TROISIÈME.

DE LA SAISIE IMMOBILIÈRE.

Introduction ou Règles Générales.

On définit la Saisie Immobilière, cette procédure qui met sous la main de la Justice les
immeubles du débiteur, pour les faire adjuger
au plus offrant des enchérisseurs et distribuer
ensuite le prix entre les créanciers.

Cette mesure, quoique fort rigoureuse, étoit
sollicitée par l'intérêt des créanciers. En matière commerciale, on peut facilement forcer
les débiteurs à acquitter leurs obligations par
la contrainte par corps ; mais dans les affaires
purement civiles, il ne reste au créancier
d'autres ressources que de saisir le mobilier
ou d'exproprier les immeubles.

Pour faire connoître avec quelques détails
les principes relatifs à cette matière, nous
examinerons, 1°. les titres en vertu desquels
l'on peut faire saisir ; 2°. les personnes dont on
peut saisir les propriétés ; 3°. les personnes
contre lesquelles on doit diriger les poursuites ;

4°. les biens qu'on peut exproprier ; 5°. les Tribunaux devant lesquels doit être poursuivie la vente ; 6°. les formalités à suivre pour arriver à l'adjudication ; 7°. les incidens auxquels peut donner lieu cette procédure ; 8°. les règles particulières à l'adjudication ; 9°. la conversion de la saisie en vente volontaire ; 10°. enfin la procédure relative à l'ordre.

SECTION I.

Des Titres en vertu desquels l'on peut saisir.

Tout créancier peut saisir les immeubles de son débiteur, si celui-ci se refuse au paiement ; mais pour cela il faut qu'il soit porteur d'un titre authentique et exécutoire ; s'il n'avoit qu'une obligation sous signature privée, ou même dans la forme authentique, mais destituée d'exécution, il ne pourroit saisir immobilièrement jusqu'à ce que l'acte eût été rendu exécutoire, soit par jugement, soit autrement.

Mais si le débiteur étoit lié par un titre authentique exécutoire, et qu'ensuite il vînt à mourir, l'on ne pourroit saisir les immeubles de l'héritier, ou même lui faire de commandement, que huit jours après la signification de ce titre à personne ou domicile. (Art. 877 du Code Napoléon.)

Pour que le créancier puisse saisir les immeubles de son débiteur, il faut encore que sa créance soit certaine et liquide. (Art. 2213.) Si elle étoit conditionnelle, si son existence étoit attachée à un événement quelconque, il faudroit attendre cet événement avant de saisir.

Toutefois il en seroit autrement, si l'obligation avoit été souscrite sous une condition résolutoire. Comme cette condition ne rend point incertaine l'obligation, qu'elle ne l'empêche pas d'avoir une existence fixe, il est incontestable que le créancier pourroit saisir. Nous pensons même que l'adjudication pourroit se faire immédiatement, c'est-à-dire avant l'arrivée de la condition, parce que, prévenus par les affiches de la qualité du titre, les tiers sauroient qu'en se rendant adjudicataires ils n'acquièrent que des droits purement résolutoires.

Nous avons ajouté que la dette devoit être liquide. Si donc elle résulte d'un compte non encore apuré, comme si c'étoit un mineur qui poursuivît son tuteur pour le reliquat du compte que celui-ci doit lui rendre, la saisie seroit, à la vérité, légalement faite; mais l'on ne pourroit faire l'adjudication qu'après la liquidation de la créance. (Art. 2213.)

De même, si la dette n'étoit pas d'une somme

II.   10

d'argent, mais bien d'objets appréciables, comme bled, vin, etc., la saisie seroit valablement faite; mais l'on devroit surseoir à toutes poursuites ultérieures jusqu'à ce que l'appréciation en fût faite. (Art. 551 du Code de Procédure.)

On peut encore saisir immobilièrement, en vertu d'un jugement; mais pour développer les principes à cet égard, nous distinguerons les diverses espèces de jugemens dont on peut être porteur.

1°. Si l'on a obtenu un jugement définitif en dernier ressort, on peut faire saisir et vendre, comme si l'on étoit porteur de tout autre titre exécutoire.

2°. Si le jugement est définitif, mais susceptible d'appel, l'on distingue s'il est, ou non, exécutoire par provision. Dans le premier cas on peut saisir; mais l'adjudication ne peut avoir lieu qu'après le jugement en dernier ressort, ou lorsque le premier est passé en force de chose jugée. Dans le second, il paraît s'élever quelques difficultés que nous devons rapidement écarter.

D'après l'article 2215 du Code Napoléon, il semble qu'on ne puisse saisir en vertu d'un jugement définitif en premier ressort, qu'autant qu'il est exécutoire par provision. Voici les termes de cet article : « La poursuite peut avoir

» lieu en vertu d'un jugement provisoire ou
» définitif; *exécutoire par provision, nonobs-*
» *tant appel.... »*

Cependant l'on ne pourroit se rendre à ce
sentiment, qu'en violant l'article 450 du Code
de Procédure, qui permet d'exécuter les jugemens non exécutoires par provision, huitaine
après leur prononciation. Ainsi, nous devons
croire que si l'on interjette appel avant que le
créancier ait saisi, celui-ci ne pourra plus le
faire qu'après le jugement en dernier ressort,
parce que l'appel est toujours suspensif; mais
si après la huitaine de la prononciation du
jugement, et avant l'appel, le créancier a fait
saisir, la saisie sera bonne et valable, et l'adjudication sera seulement suspendue jusqu'après
le jugement en dernier ressort.

Nous verrons même, par la suite, que l'appel
ne peut arrêter l'adjudication qu'autant que la
Partie saisie a intimé sur cet appel, dénoncé
et fait viser son intimation au greffier trois jours
au moins avant la mise du cahier des charges
au greffe.

On peut saisir également en vertu d'un jugement provisoire, quand même il ne seroit pas
exécutoire, nonobstant appel. Par exemple,
une femme a formé une demande en divorce
contre son mari; pendant l'instance elle demande

une pension alimentaire que le Tribunal lui accorde : le mari, qui la trouve trop forte, veut s'en rendre appelant ; mais avant l'appel, et huitaine après la prononciation du jugement, la femme peut faire saisir les immeubles du mari, lesquels ne pourront, à la vérité, être adjugés qu'après l'arrêt de la Cour d'Appel.

Les jugemens par défaut peuvent aussi servir de type à la saisie immobilière : seulement cette voie ne doit pas avoir lieu durant le délai de l'opposition. Voici comment s'en explique l'article 2215 du Code Napoléon : « La poursuite ne » peut s'exercer en vertu de jugement rendu » par défaut, *durant le délai de l'opposition.* »

Il faut cependant convenir que cette disposition nous jette dans de grands embarras ; elle est en opposition évidente avec l'article 159 du Code de Procédure, qui décide textuellement qu'on peut saisir immobilièrement, même pendant les délais de l'opposition.

En effet, nous trouvons dans l'article 158 que, si le jugement est rendu contre une Partie qui n'a pas d'avoué, l'opposition est recevable *jusqu'à l'exécution du jugement.* Nous voyons ensuite que l'article 159 voulant déterminer quand le jugement est censé exécuté, ajoute que c'est lorsque les meubles saisis ont été vendus, que le condamné a été emprisonné, *que la saisie d'un ou plusieurs de ses immeubles lui a été notifiée*, etc. ; donc qu'on peut saisir les meubles, emprisonner le débiteur, *saisir ses immeubles* avant l'expiration du délai de l'opposition ; donc qu'il n'est pas exact de dire, avec l'article 2215, que la saisie immobilière ne peut pas avoir lieu durant le délai de l'opposition.

Pour concilier ces dispositions vraiment embarrassantes, nous proposons de n'appliquer l'article 2215 qu'aux jugemens par défaut rendus contre Partie ayant avoué. Par là, nous nous écartons, à la vérité, de la lettre de la loi, mais nous nous dirigeons par son esprit ; car il ne faut pas oublier qu'à l'époque où l'article 2215 fut promulgué, on ne connoissoit encore d'autres règles de procédure que celles fixées par l'Ordonnance de 1667, et que sous cette Ordonnance le délai de l'opposition étoit de huitaine pour tous les jugemens, sans distinguer ceux rendus contre avoué, d'avec ceux à l'occasion desquels il n'en avoit été constitué aucun.

La saisie immobilière peut être poursuivie non seulement par le propriétaire originaire du titre exécutoire ou du jugement, mais encore par tous ceux auxquels il auroit cédé ou transporté ses droits ; mais alors il faut que le cessionnaire soit saisi à l'égard des tiers, ce qui s'opère par la signification du transport faite au débiteur.

L'article 2214 ne parle que de cette signification, et par-là semble interdire toute autre manière de saisir le cessionnaire ; cependant, en nous reportant à l'article 1690, nous voyons que le cessionnaire peut être également saisi par l'acceptation du transport faite par le débiteur dans un acte authentique. Si donc, au lieu de faire signifier le transport au débiteur, le cessionnaire obtenoit de lui une acceptation authentique, penseroit-on qu'il ne pût pas également faire une saisie immobilière ? Ce seroit sans doute porter le rigorisme trop loin que de tenir la négative. Toutes les dispositions de la loi se prêtent un secours mutuel, et doivent servir à s'interpréter réciproquement. Ainsi, en exigeant la signification du titre, l'article 2214 n'a voulu dire autre chose, sinon qu'avant de passer à des poursuites aussi rigoureuses, le cessionnaire devoit être saisi de la créance à l'égard des tiers ; or l'acceptation authentique faite par le débiteur remplit le même objet, et dès-lors est suffisante pour autoriser le cessionnaire à faire saisir immobilièrement.

A cette occasion l'on se fera sans doute la difficulté que nous avons déjà élevée pour les hypothèques. Si le cessionnaire, dira-t-on, après la signification du transport, peut saisir les immeubles du débiteur en son nom, peut-il encore les saisir au nom de son cédant?

Nous avons établi dans nos Questions, (p. 307 du 1er. vol.) que malgré le transport, malgré la signification qui en auroit été faite, le cédant restoit propriétaire de la créance ; que, conservant toujours l'action directe, il ne cédoit qu'une action utile, à laquelle le cessionnaire pouvoit toujours renoncer pour faire valoir l'action directe, au nom du cédant ; nous avons ensuite cité un arrêt de la Cour de Cassation, auquel nous nous contentons de renvoyer. Mais, par analogie, nous concluons que, si le cessionnaire préfère saisir immobilièrement au nom de son cédant, rien ne peut l'en empêcher ; mais que sa procédure sera régulière et à l'abri de toute attaque.

Nous avons dit que le cessionnaire, déjà saisi par la signification du transport, pouvoit se livrer à une saisie immobilière ; mais nous n'avons rien remarqué à l'égard de l'acte même de cession. Cependant, s'il étoit dénué de toute authenticité, s'il étoit sous signature privée, croiroit-on que le cessionnaire pût également saisir en son nom ?

La raison de douter se tire de ce que, suivant l'article 2152, le cessionnaire ne pouvant

pas même changer sur les registres des hypothèques le domicile élu par le cédant, il ne
doit pas pouvoir, à plus forte raison, se livrer
à un acte d'exécution aussi essentiel que la
saisie immobilière.

La raison de décider au contraire, se tire
de ce que la loi ne fait dépendre le droit qu'elle
accorde au cessionnaire que de la signification
du transport. Ce seroit donc ajouter à ses dispositions, que d'exiger l'accomplissement d'une
autre formalité. Ajoutons que ce seroit sans raison qu'on exigeroit l'authenticité de la cession,
parce qu'il suffit que la créance soit légalement
acquise au poursuivant, que la date de son
acquisition soit devenue certaine à l'égard des
tiers par la signification ou l'acceptation authentique, pour que personne ne puisse se
plaindre des voies rigoureuses nécessitées par
l'indifférence ou la mauvaise foi de son débiteur.

Section II.

Des Personnes dont on peut saisir les pro-priétés.

La saisie immobilière n'est pas comme la contrainte par corps ; celle-ci, privant en quelque
sorte de la liberté naturelle, ne peut pas être

exercée contre toute espèce de personnes, tandis que la saisie immobilière, dirigée seulement contre les propriétés, peut toujours s'exercer sans qu'on prenne en considération les personnes à qui elles appartiennent.

Cependant ce principe souffre des modifications dont nous devons rendre compte. Les biens des mineurs ou des interdits peuvent être saisis, comme ceux des majeurs, mais seulement après la discussion du mobilier, et lorsqu'il est prouvé que ce mobilier est insuffisant pour acquitter la dette.

Toutefois, si les poursuites avoient été commencées contre un majeur, comme si c'étoit sur le père du mineur ou de l'interdit que la saisie eût été faite, ou même si cette procédure avoit eu lieu avant l'interdiction, on ne sauroit requérir la discussion du mobilier. Il en seroit de même si l'on poursuivoit l'expropriation des immeubles possédés par indivis entre un majeur et un mineur, et pour une dette commune. Comme le majeur ne peut pas profiter du privilége exclusivement accordé au mineur, et que d'un autre côté la communauté de la dette et de l'héritage peuvent en quelque sorte faire regarder le majeur comme débiteur unique, l'un ni l'autre ne peut requérir la discussion du mobilier.

Lorsque la loi accorde cette faculté, et que

le créancier a commencé par faire saisir les immeubles, la partie saisie qui oppose la discussion du mobilier, peut-elle demander la nullité de la saisie?

Nous démontrerons la négative. La discussion que peut opposer le débiteur, n'est autre chose qu'une exception dilatoire qui fait différer les poursuites, mais qui ne peut les annuller. C'est ici la même exception, le même moyen que celui qu'emploie la caution poursuivie par le créancier, ou le tiers-acquéreur poursuivi en délaissement. Or, jamais l'on ne vit la caution ou le tiers-acquéreur demander la nullité des poursuites, uniquement parce que le créancier s'étoit d'abord adressé à cette caution ou à ce tiers-possesseur. Enfin, il suffit de lire l'art. 2206, pour être convaincu de la vérité de notre assertion.

Il porte : « Les immeubles d'un mineur, » même émancipé, ou d'un interdit, *ne peuvent* » *être mis en vente avant la discussion du* » *mobilier.* »

Cet article, comme on le voit, n'interdit pas la saisie avant la discussion du mobilier, mais seulement la mise en vente. Si donc il est vrai que l'adjudication ne puisse avoir lieu avant la discussion du mobilier, au moins est-il que rien ne peut empêcher la saisie immobilière, même avant cette discussion.

Le parallèle que nous avons déjà voulu établir entre la contrainte par corps et la saisie immobilière nous fournit encore une observation que nous ne devons pas omettre. La contrainte par corps, d'après l'article 2065 du Code Napoléon, ne peut être prononcée pour une somme moindre de trois cents francs, à moins qu'il ne s'agisse de matières commerciales. La saisie immobilière, au contraire, peut avoir lieu pour toute somme, quelque foible qu'elle soit, pourvu que le revenu net et libre de l'immeuble qu'on se propose de saisir ne suffise pour le paiement de la dette en capital, intérêts et frais. Dans ce dernier cas, la saisie, si elle a déjà eu lieu, ne peut pas, à la vérité, être annullée; mais le Juge peut la suspendre, si le débiteur offre la délégation du revenu au poursuivant, sauf à reprendre les poursuites, s'il survient quelque *opposition* ou *obstacle* au paiement.

Ces dernières expressions ont laissé de l'incertitude. On comprend bien que si l'opposition ou l'obstacle proviennent du fait de la Partie saisie, comme si elle s'oppose à ce que le créancier perçoive les fruits, le juge permettra de reprendre les poursuites; mais que fera ce même juge, si l'obstacle provient d'un fait étranger, ou même d'un cas fortuit ? Par exemple , si par voie de fait un tiers qui , d'ailleurs , ne prétend aucun droit sur la propriété , empêche le créancier de recueillir les fruits , ou même si une grêle ou tout autre accident le prive de la récolte ?

Nous pensons qu'il faut distinguer le premier cas d'avec le second. Si c'est un tiers qui , par voie de fait , empêche le créancier de percevoir les fruits qui lui ont été délégués , rien n'autorise celui-ci à reprendre ses poursuites en saisie immobilière : il faut lui appliquer l'article 1725 du Code Napoléon , et décider qu'il a seulement le droit de poursuivre le tiers en son nom personnel.

Mais si c'est une grêle ou tout autre fléau , même imprévu ou extraordinaire , le créancier peut reprendre ses poursuites , parce que la délégation consentie par la Partie saisie ne l'a pas rendu propriétaire des fruits , et que rien n'empêche de se déterminer par cet axiôme du droit , *Res perit domino*. Or , la délégation de ces fruits n'empêche pas la Partie saisie d'en rester propriétaire ; et de même que , si après la récolte , il y en avoit beaucoup plus qu'il n'en faut pour acquitter la dette , le créancier devroit restituer l'excédent , de même , quand le produit de ces fruits n'est pas assez considérable pour remplir le poursuivant, celui-ci a droit de reprendre ses poursuites.

Et remarquez que, dans ce dernier cas, le juge ne pourroit pas les suspendre encore par une nouvelle délégation qu'offriroit le débiteur. L'article 2212 permet bien de suspendre ainsi les poursuites pendant une année, mais c'est là la seule faculté que cet article lui accorde ; s'il en étoit autrement, les droits du créancier seroient perpétuellement éludés ; et contre la disposition formelle de l'article 1244, il seroit obligé de recevoir par partie ce qui pourroit lui être dû.

Cet article 2212 donne lieu à une autre difficulté. L'on suppose qu'après la délégation faite par le débiteur et approuvée par le juge, un autre créancier fasse saisir les fruits encore pendans. Cette saisie empêchera-t-elle la Partie à qui la délégation a été consentie de s'approprier les fruits, ou la regardera-t-on comme une opposition au paiement, telle que ce créancier puisse s'en prévaloir pour reprendre ses poursuites ?

Je crois que c'est là une de ces oppositions dont l'article 2212 a entendu parler. Nous avons déjà dit que la délégation ne rendoit pas le créancier propriétaire des fruits ; elle n'empêche donc pas la saisie-brandon et toutes ses

...me d'un cas fortuit ? Par exemple , si par

...e fait un tiers qui , d'ailleurs , ne prétend

...droit sur la propriété , empêche le créan-

...e recueillir les fruits , ou même si une

...tout autre accident le prive de la ré-

...

...pensons qu'il faut distinguer le premier

...d'avec le second. Si c'est un tiers qui , par

...fait, empêche le créancier de percevoir

...qui lui ont été délégués , rien n'auto-

...ci à reprendre ses poursuites en saisie

...mobilière : il faut lui appliquer l'article 1725

...de Napoléon , et décider qu'il a seulement

...droit de poursuivre le tiers en son nom per-

...

...si c'est une grêle ou tout autre fléau,

...imprévu ou extraordinaire , le créancier

...reprendre ses poursuites , parce que la

...délégation consentie par la Partie saisie ne l'a

...rendu propriétaire des fruits , et que rien

...empêche de se déterminer par cet axiôme du

... *Res perit domino.* Or , la délégation de

...fruits n'empêche pas la Partie saisie d'en

...propriétaire ; et de même que , si après

...récolte, il y en avoit beaucoup plus qu'il

...en faut pour acquitter la dette , le créancier

...restituer l'excédent , de même, quand le

...de ces fruits n'est pas assez considérable pour remplir le poursuivant, celi-ci a droit de reprendre ses poursuites.

Et remarquez que, dans ce dernier cs, le juge ne pourroit pas les suspendre encre par une nouvelle délégation qu'offriroit le doiteur. L'article 2212 permet bien de suspendr ainsi les poursuites pendant une année, mais'est là la seule faculté que cet article lui accore ; s'il en étoit autrement, les droits du créamer seroient perpétuellement éludés ; et cotre la disposition formelle de l'article 1244, seroit obligé de recevoir par partie ce qui purroit lui être dû.

Cet article 2212 donne lieu à une aure difficulté. L'on suppose qu'après la dégation faite par le débiteur et approuvée par l juge, un autre créancier fasse saisir les fruit encore pendans. Cette saisie empêchera-t-elle l Partie à qui la délégation a été consentie de approprier les fruits, ou la regardera-t-on omme une opposition au paiement, telle que c créancier puisse s'en prévaloir pour repredre ses poursuites?

Je crois que c'est là une de ces oppsitions dont l'article 2212 a entendu parler. Nos avons déjà dit que la délégation ne rendoi pas le créancier propriétaire des fruits ; ell -pêche donc pas **la saisie-brandon et tc** suites; elle n'interdit pas au créancier qui saisit les fruits, le droit de concourir au paiement du prix, et par conséquent la faculté de se faire payer malgré la délégation.

Pour que la Partie saisie puisse faire suspendre les poursuites, il ne lui suffit pas d'affirmer que son revenu est assez considérable pour désintéresser le poursuivant, mais il faut qu'elle en rapporte la preuve *par baux authentiques.* Ce sont les expressions de cet article 2212. Si donc elle avoit des baux sous signature privée, mais ayant une date certaine bien antérieure à la saisie, elle ne pourroit pas demander la suspension des poursuites. Il en seroit de même, si, comme cela arrive assez souvent dans le Midi de la France, où tous les propriétaires régissent leurs propriétés, elle n'avoit jamais affermé ses domaines. Comme elle ne pourroit pas certifier *par baux authentiques* la quotité de son revenu, elle ne pourroit jamais se prévaloir de la faculté qu'accorde cet article 2212.

Voilà la lettre de la loi. Mais est-ce son esprit? J'en doute. Un particulier possède une propriété d'une valeur considérable : la notoriété publique en a fixé le revenu à dix mille francs. Un de ses créanciers, qui veut être payé de mille francs qui lui sont dus, fait jeter une saisie immobilière sur cette grande propriété, et de suite le débiteur offre la délégation du revenu jusqu'à due concurrence. Se persuadera-t-on facilement que le juge refuse la suspension des poursuites sous le frivole prétexte que la valeur du revenu n'est pas déterminée par un bail authentique ? Si j'étois destiné à juger cette contestation, je rejetterois sans balancer l'injuste prétention du poursuivant.

SECTION III.

Des Personnes contre lesquelles on peut diriger les poursuites.

Les poursuites en expropriation forcée doivent ordinairement se diriger contre le débiteur; néanmoins, comme souvent on est obligé de signifier à quelques autres personnes les divers actes que cette procédure exige, nous devons entrer dans un plus ample détail.

Nous distinguons deux cas : ou l'immeuble qu'on se propose de saisir est entre les mains d'un tiers; ou, au contraire, il est toujours resté en la possession du débiteur. S'il est entre les mains d'un tiers, l'article 2169 du Code Napoléon permet au créancier hypothécaire de le faire vendre sur sa tête, trente jours après commandement fait au débiteur originaire, et sommation à ce tiers détenteur de payer ou de délaisser l'héritage.

S'il est entre les mains du débiteur originaire, il faut voir quelle est la position de ce débiteur dans la société, et partir de là pour connoître celui contre qui se poursuit l'expropriation.

Le débiteur est ou mineur ou majeur. S'il est mineur, la poursuite doit être dirigée contre son tuteur, et notifiée à son subrogé, mais sans qu'il soit besoin d'obtenir l'autorisation du conseil de famille. Il est vrai que quelques personnes croient voir dans les articles 457 du Code Napoléon, et 954 du Code de Procédure, la défense d'aliéner les biens des mineurs sans avoir obtenu l'autorisation ; mais cette défense n'a pour objet que les ventes volontaires, et jamais l'on n'eût pu, sans une injustice révoltante, faire dépendre les droits des créanciers de la volonté de parens qui toujours auroient été intéressés à refuser toute autorisation.

Lorsque le mineur est émancipé, c'est directement contre lui que se poursuit l'expropriation, en ayant soin néanmoins de le faire assister de son curateur.

Si le débiteur est majeur, il est marié ou non, interdit ou jouissant de la plénitude de ses droits.

S'il est marié, il faut distinguer son sexe.

A l'égard de l'homme, le mariage n'a aucune infuence sur la procédure en expropriation, les poursuites sont toujours les mêmes; et soit que les immeubles saisis lui appartiennent exclusivement, soit qu'ils fassent partie de la communauté, dans l'un et l'autre cas c'est contre lui seulement que se poursuit l'expropriation, encore que la femme soit obligée à la dette.

Mais il en est bien autrement lorsque l'immeuble appartient à la femme; il faut alors distinguer les divers régimes sous lesquels elle peut être mariée. S'il y a communauté entre les époux, les propres de la femme peuvent être saisis, et c'est précisément contre elle et son mari que se dirigent les poursuites. Cependant, si le mari refusoit de procéder avec elle, ou même s'il étoit incapable de l'autoriser, comme s'il étoit mineur ou interdit, elle devroit être autorisée par justice.

Mais qu'arriveroit-il si les premières poursuites étoient dirigées contre la femme seule, et que ce ne fût que postérieurement, mais avant l'adjudication préparatoire, qu'on eût réparé cette omission ? La saisie devroit-elle être annullée ?

Voici ce que j'ai vu juger. Une femme poursuit une expropriation forcée; elle ne se fait pas autoriser : parvenue à l'adjudication préparatoire, on lui oppose la nullité de ses procédures, précisément parce que, lors du commandement et des autres actes qui l'avoient suivi, elle n'avoit pas eu le soin de se faire autoriser.

Cette femme, ou plutôt son défenseur, fit tous ses efforts pour rejeter cette nullité. Il démontra que le défaut d'autorisation pouvoit bien autoriser le juge à suspendre la procédure jusqu'à ce que la cause fût en état, mais que cette omission ne lui donnoit pas le droit d'en prononcer la nullité.

De son côté, la partie saisie s'attacha à prouver que le premier acte étoit empreint d'un vice radical; qu'une autorisation subséquente de la part du mari pouvoit régulariser la procédure à faire, mais jamais celle qui avoit précédé; que cette autorisation devoit être assimilée à celle donnée par le tuteur à son pupille, et que dès-lors l'on ne pouvoit lui donner un effet rétroactif, etc.

Ces moyens furent sanctionnés par le Tribunal, et la procédure déclarée nulle; en sorte qu'il fut jugé que l'autorisation étoit nécessaire lors des premières poursuites.

Je ne m'attacherai pas à démontrer combien ce jugement étoit contraire aux principes : je dirai seulement qu'il a été jugé mainte et mainte fois par la Cour de Cassation elle-même, que, lorsque dans le courant d'une procédure on opposoit le défaut d'autorisation, les Tribunaux devoient non pas annuller ce qui avoit été fait, mais suspendre jusqu'à ce que la cause fût régularisée.

D'après cela, il faudroit donc maintenir les poursuites dans l'espèce que nous avons proposée, et décider que le créancier qui n'avoit d'abord agi que contre la femme, pourroit ensuite, avant l'adjudication préparatoire, régulariser la procédure.

Lorsque la femme est mariée sous le régime dotal, il faut prendre garde à la nature de ses biens. S'ils sont dotaux, et que l'aliénation n'en ait pas été permise par le contrat de mariage, ils ne peuvent pas être expropriés, au moins par des créanciers postérieurs au mariage ; dès-lors il ne faut pas s'occuper des formalités à suivre dans ce cas particulier.

Si ces biens sont paraphernaux, ou si la femme est mariée sous le régime d'exclusion de communauté, ou même si elle est séparée de biens, soit contractuellement, soit par justice, l'expropriation doit se poursuivre contre la femme et le mari ; et si celui-ci refuse son autorisation, elle doit obtenir l'autorisation de justice.

Dans tous les cas, lorsque la femme est mineure, et que son mari, qui est majeur, refuse de procéder avec elle, il est nommé par le

Tribunal *un tuteur à la femme* contre lequel la poursuite est dirigée. (Art. 2208.)

Si le débiteur qu'on veut exproprier est majeur, mais interdit, la poursuite doit être intentée contre le tuteur, et notifiée au subrogé-tuteur, comme dans le cas de minorité.

S'il est seulement sous l'assistance d'un conseil judiciaire, la saisie sera dirigée contre lui, mais en présence et de l'autorité de son conseil.

Il peut arriver qu'on saisisse des immeubles grevés de substitutions, et alors il importe de savoir contre qui doit être dirigée la poursuite ; le code ne s'en expliquant pas, nous devons nous contenter des inductions que fournissent ses dispositions.

Le grevé est propriétaire des biens chargés de restitutions. Sa propriété est, à la vérité, résoluble ; mais jusqu'à l'événement de la condition résolutoire cette propriété est absolue et indéfinie ; c'est donc contre lui que doit se poursuivre l'expropriation, puisque c'est lui seul qu'on peut actuellement regarder comme maître. Cependant il seroit prudent de notifier la saisie au tuteur nommé dans l'intérêt des appelés.

Si l'on veut saisir des biens appartenans à une succession vacante, c'est contre le curateur que doivent être dirigées les poursuites. Si l'expropriation a pour objet les biens d'un failli , c'est toujours contre les agens ou les syndics , ainsi que l'établit l'article 494 du Code de Commerce.

Enfin, si le créancier d'un absent vouloit faire saisir les propriétés immobilières qu'il avoit laissées, il ne pourroit diriger ses poursuites que contre les envoyés en possession. (Art. 134 du Code Napoléon.)

SECTION IV.

Des Biens qu'on peut exproprier.

On reconnoît deux espèces de biens , les meubles et les immeubles. Les premiers ne peuvent pas être saisis immobilièrement, au moins tant qu'ils conservent le caractère de meubles ; les seconds peuvent être expropriés, mais avec les distinctions suivantes.

L'article 517 du Code Napoléon établit trois espèces d'immeubles , savoir : ceux qui sont tels par leur nature, par leur destination, et par l'objet auquel ils s'appliquent.

Les biens immeubles par leur nature sont les fonds de terre et les maisons ; ceux qui sont tels par leur destination , sont tous les objets que le propriétaire d'un fonds y a placés pour le service et l'exploitation du fonds , comme les ustensiles aratoires , les animaux attachés à la culture , etc. : les uns et les autres peuvent être saisis réellement ; mais il y a entre eux cette différence, que les immeubles par leur nature peuvent être saisis isolément , tandis que les autres ne peuvent l'être que lorsqu'ils sont encore attachés au fonds dont ils forment l'accessoire , et avec ce même fonds. La raison en est , que ces biens n'ayant acquis le caractère d'immeubles que par leur réunion à quelque bien immobilier, ils cessent de le conserver aussitôt qu'ils en sont séparés. C'est ce que nous avions déjà observé dans notre *Régime Hypothécaire* , en expliquant l'article 2119.

La troisième espèce d'immeubles est celle qui est déterminée par l'objet auquel s'appliquent les biens. De cette manière sont immeubles, suivant l'article 526 , l'usufruit des choses immobilières, les servitudes ou services fonciers , les actions qui tendent à revendiquer un immeuble.

L'usufruit est susceptible d'être exproprié. C'est un immeuble véritable, distinct en quelque sorte de la propriété, et auquel il est facile de donner une valeur. C'est ce qui fait dire au Législateur, dans l'article 2204 du Code Napoléon, que le créancier peut poursuivre l'expropriation 1°. des biens immobiliers et de leurs accessoires réputés immeubles; 2°. *de l'usu-fruit* appartenant au débiteur sur les biens de même nature.

Mais aussi cet article exclut par son silence les deux autres espèces d'immeubles, et avec raison. D'abord les servitudes ne peuvent faire l'objet d'une saisie immobilière, puisque, vues isolément et sans l'immeuble auquel elles sont attachées, elles n'ont aucune existence réelle.

Il en est de même des actions qui tendent à revendiquer un immeuble, de l'action en rescision pour cause de lésion, par exemple, ou de toute autre action réelle. La raison en est, 1°. que souvent ces actions pourroient être vaines et illusoires, et par conséquent inutiles entre les mains de l'acquéreur; ce qui prouveroit que dans la réalité la saisie immobilière n'auroit eu pour objet aucune chose appréciable; 2°. que l'article 2204 n'ayant parlé que d'une espèce d'immeubles par l'objet auquel s'appliquent les biens, et sachant néanmoins qu'il en existoit trois, cet article a entendu exclure les deux autres, suivant la maxime *inclusio unius fit exclusio alterius*. (Mais il faut voir ce que nous dirons ci-après, dans nos *Quÿes- tions sur la Saisie Immobilière*, sect. IV.)

Nous avons déjà dit que si les immeubles par leur nature pouvoient être saisis réellement, il

y en avoit cependant qu'on ne pouvoit exproprier qu'après avoir rempli certaines conditions.
Ainsi, ceux des mineurs ne peuvent être mis en
vente qu'après la discussion du mobilier ; ceux
de tout autre débiteur ne peuvent être vendus
lorsque, par acte authentique, il prouve que
le revenu net et libre de ses immeubles suffit
pour le paiement, et qu'il en offre la délégation. Nous ajoutons une autre exception pour
les immeubles possédés par indivis, mais qu'on
voudroit faire saisir pour la dette personnelle
d'un des communites.

L'indivision laisse à chacun des co-propriétaires un droit absolu sur toutes les parties de
la chose commune. On pourroit dire de la propriété de chacun ce qu'on dit de l'hypothèque,
est tota in toto et tota in qualibet parte. Ainsi,
en saisissant la part du débiteur, on saisit la
portion de l'autre co-propriétaire, parce que
sa portion se trouve par-tout où se montre la
plus légère partie de la propriété commune.

D'après cela il ne faut pas s'étonner qu'après
la saisie le créancier ne puisse poursuivre la
vente de la part indivise de son débiteur qu'a-
près le partage ou la licitation, qu'il a droit de
provoquer lui-même ; il suffit qu'il ne puisse
assigner ce qui appartient exclusivement à son
débiteur, pour qu'il faille le faire déterminer.

Il y a aussi quelques immeubles qu'on ne peut pas faire saisir, à cause de la position particulière dans laquelle on se trouve à leur égard. Si l'on est créancier chirographaire, on a une liberté absolue : on peut faire exproprier l'immeuble qu'il plaît au créancier de choisir, pourvu qu'il soit encore dans les mains du débiteur ; mais si l'on est hypothécaire, on paroît s'être contenté du bien qui a été spécialement affecté, et dès-lors l'on ne peut poursuivre les autres, si ce n'est en cas d'insuffisance. Voici comment s'explique l'article 2209 : « Le créancier ne peut » poursuivre la vente des immeubles qui ne lui » sont pas hypothéqués, que dans le cas d'insuf- » fisance des biens qui lui sont hypothéqués. »

Sans doute que le même principe s'applique aux immeubles soumis à quelque privilége. Ainsi le vendeur ne pourroit faire exproprier les autres biens de l'acquéreur qui ne lui seroient pas hypothéqués, qu'en cas d'insuffisance des immeubles par lui vendus. Si donc un créancier hypothécaire, un vendeur privilégié, avoient fait saisir des biens non hypothéqués ou non soumis au privilége, avant d'avoir discuté ceux-ci, la saisie seroit déclarée nulle.

Cette règle souffre néanmoins une exception. Si dans une même exploitation, dans un même domaine, il y avoit des biens hypothéqués et d'autres qui ne le fussent pas, le créancier ne pourroit, à la vérité, poursuivre la vente que des biens hypothéqués; mais le débiteur qui seroit intéressé à ce que son héritage ne fût pas morcelé, pourroit requérir que la poursuite fût étendue sur les biens non hypothéqués. Après l'adjudication on feroit faire ventilation du prix, *s'il y avoit lieu*, c'est-à-dire si le débiteur l'exigeoit; et par-là les droits de chacun se trouveroient rétablis.

Quelquefois on ne peut pas même poursuivre la vente, au moins simultanément, de tous les immeubles hypothéqués; car s'ils sont situés dans différens arrondissemens, l'article 2210 veut que la vente ne soit provoquée que successivement, à moins qu'elle ne fasse partie d'une même exploitation.

Cependant ce principe a paru présenter des difficultés. On a demandé si cet article 2210 exigeoit que le créancier ne poursuivît la vente forcée des biens situés dans un arrondissement qu'après avoir mis fin à la saisie de ceux situés dans un autre? Cette question, d'ailleurs très-embarrassante, a été résolue par une loi, sous la date du 14 novembre 1808, dont voici les principales dispositions :

On a permis au créancier de saisir *simultanément* les biens de son débiteur situés dans divers arrondissemens, toutes les fois que la valeur totale des biens est inférieure au montant réuni des sommes dues tant au saisissant qu'aux autres créanciers inscrits ; et l'on peut juger de la valeur des biens d'après les derniers baux authentiques, sur le pied du denier vingt-cinq, ou, à défaut de baux authentiques, d'après le rôle des contributions foncières, sur le pied du denier trente.

Mais le créancier ne peut jouir de cette faculté de faire vendre simultanément les biens situés dans divers arrondissemens, qu'en présentant une requête au Tribunal de l'arrondissement du domicile du débiteur, à laquelle il aura soin de joindre, 1°. copie en forme des baux authentiques, ou, à défaut, copie du rôle des contributions foncières ; 2°. l'extrait des inscriptions prises sur le débiteur, ou le certificat qu'il n'en existe aucune. Cette requête, après avoir été communiquée au Ministère Public, sera répondue d'une ordonnance portant permis de faire la saisie de tous les biens situés dans les arrondissemens ou les départemens y désignés.

En vertu de cette permission on pourra suivre simultanément la vente forcée des divers immeubles, mais toujours devant les juges de la situation de chacun.

Section V.

*Des Tribunaux devant lesquels doit être pour-
suivie la Saisie Immobilière.*

La saisie immobilière est une action purement
réelle qu'on-doit nécessairement porter devant
le Tribunal de la situation de l'immeuble saisi.
Rien ne sauroit changer la juridiction, ni une
élection de domicile consentie pour l'exécution de l'obligation dont s'agit, ni toute autre
convention même formelle, parce que la saisie
immobilière intéressant la masse des créanciers,
il ne dépend pas de l'un d'eux, et ensuite du
débiteur, de changer arbitrairement le lieu
des poursuites.

Si les immeubles qu'on se propose de saisir
sont situés dans divers arrondissemens, et qu'ils
ne dépendent pas d'une même exploitation, la
vente de chacun doit être portée devant le Tribunal dans le ressort duquel il est situé ; mais
nous avons déjà remarqué dans la section précédente, que chacun de ces immeubles ne pouvoit être vendu que successivement.

Si tous les objets saisis, quoique situés dans
divers arrondissemens, dépendent de la même
exploitation, la vente peut en être poursuivie
simultanément ; mais alors elle est faite devant

le Tribunal dans le ressort duquel se trouve le chef-lieu de l'exploitation, ou, à défaut du chef-lieu, la partie des biens qui présente le plus grand revenu, d'après la matrice du rôle, ou d'après une estimation, s'il n'existoit pas de matrice.

Section VI.

Des Formalités à suivre pour parvenir à la saisie jusqu'à l'adjudication exclusivement.

On doit diviser ces formalités en celles qui précèdent la saisie et celles qui l'accompagnent.

§. I.

Des Formalités qui précèdent la Saisie.

La saisie immobilière ne peut avoir lieu que lorsque le débiteur est en demeure de payer, et que cette demeure est judiciairement constatée. C'est pourquoi la saisie doit toujours être précédée d'un commandement de payer, fait au débiteur dans les délais et dans les formes ci-après déterminées.

Ce commandement doit être fait trente jours au moins avant la saisie. On dit trente jours, et non pas un mois, parce qu'on a voulu un délai uniforme, et qu'il y a dans l'année des mois qui ont moins de trente jours, et d'autres qui en ont davantage.

Ce commandement est sujet à une péremption que la loi détermine. Elle consiste en cela, que si le créancier laisse écouler plus de trois mois sans faire de saisie réelle, il doit réitérer son commandement, laisser encore écouler un nouveau délai de trente jours avant de procéder à la saisie, et accomplir toutes les autres formalités auxquelles étoit assujetti le premier commandement.

Ces formalités sont en grand nombre. 1°. Le commandement doit être signifié à *personne* ou *domicile*, ou, pour me servir des expressions de l'article 2217 du Code Napoléon, il doit être fait à la *personne du débiteur* ou à *son domicile*, ce qui semble désigner le domicile réel du débiteur, et exclure conséquemment la signification au domicile d'élection.

Cependant je démontrerai dans mes Questions, que, lorsque dans l'acte d'obligation les Parties ont fait choix d'un domicile pour l'exécution de leurs obligations respectives, ou même que ce choix n'a été fait que par le débiteur, on peut valablement signifier à ce domicile d'élection les commandemens aux fins de saisie immobilière.

On peut aussi, suivant le même article, signifier ce commandement à la personne du débiteur, lorsqu'on la trouve hors de son domicile ; mais dans ce cas il faut faire coordonner cette faculté avec l'obligation de faire viser dans le jour l'original par le maire du domicile. Si donc l'huissier trouvoit le débiteur à une distance trop éloignée de son domicile, pour espérer de pouvoir dans le jour faire viser l'original, il devroit renoncer à cette faculté, pour ne lui signifier le commandement qu'à son domicile.

2°. *En tête* du commandement doit se trouver copie *entière* du titre en vertu duquel on veut procéder à la saisie immobilière. Nous disons *en tête*, parce que ce sont les expressions de la loi, et que nous nous faisons toujours un scrupule de ne pas les altérer. Mais nous ne pensons pas que si ces titres étoient transcrits à la suite du commandement, on pût en proposer la nullité : nous croyons, au contraire, qu'il faut moins s'arrêter à la lettre de la loi qu'à son esprit ; que son motif étant de faire connoître au débiteur les titres en vertu desquels on le poursuit, il importe peu que la transcription en soit faite en tête ou à la suite du commandement, pourvu qu'elle existe, pourvu qu'elle soit intimement liée avec la copie du commandement.

Nous avons ajouté que cette copie des titres devoit être entière , c'est-à-dire embrasser tous les titres, et contenir non pas un extrait, mais la transcription littérale de chacun. Cette formalité est tellement essentielle, que l'omission même partielle d'un titre entraîneroit la nullité du commandement et de tout ce qui l'auroit suivi. Ainsi, lorsque c'est une sentence arbitrale qui forme le titre du poursuivant, il doit donner copie non seulement de la sentence, mais encore de l'*exequatur* délivré par le président.

La copie des titres est nécessaire, même lorsqu'ils ont été précédemment notifiés au débiteur. C'est là une différence marquante entre la saisie immobilière et la saisie exécution, dans laquelle on ne doit notifier les titres en vertu desquels l'on agit, que lorsqu'ils ne l'ont pas été précédemment. (Art. 583, Code de Procédure.)

5°. Afin de faciliter au saisi, ou aux autres interressés, les moyens de faire les significations, le commandement doit contenir élection de domicile dans *le lieu* où siége le Tribunal qui doit connoître de la saisie. Nous disons dans le lieu, à la différence de l'élection de domicile, qu'on exige dans les inscriptions hypothécaires, laquelle peut être faite dans l'étendue de l'arrondissement dans lequel est située la Conservation des Hypothèques. Ici, comme on le voit, on est plus rigoureux; car c'est dans la ville même où siége le Tribunal que cette élection de domicile doit être faite.

Toutefois cette formalité n'est pas exigée lorsque le poursuivant *demeure* dans le lieu où siége le Tribunal, c'est-à-dire lorsqu'il y a son domicile civil; mais s'il n'avoit dans ce lieu qu'une résidence passagère, je ne pense pas qu'il fût dispensé de remplir cette formalité.

4°. Le commandement doit indiquer l'intention où est le créancier de se livrer à des voies rigoureuses, si le débiteur ne paye pas; ou, pour me servir des expressions de la loi, il doit énoncer, *que faute de paiement il sera procédé à la saisie des immeubles du débiteur.* Cette énonciation est tellement nécessaire, que si on avoit saisi en vertu d'un commandement qui ne la contenoit pas, la saisie seroit déclarée nulle. La raison de la loi est prise, de ce qu'en faisant connaître au débiteur le malheur auquel il s'expose en refusant de payer, on le détermine facilement à faire tous ses efforts pour satisfaire à ses obligations.

5°. Le commandement, ainsi fait, doit être visé sur l'original par le Maire ou l'Adjoint du domicile réel du débiteur, ou par celui de son domicile d'élection, si c'est à ce domicile que le commandement a été fait. S'il y a plusieurs Maires dans ce lieu, comme à Paris, par exemple, il suffit que le Maire de l'arrondis-

sement dans lequel demeure le débiteur, délivre son *visa*.

Cette formalité doit être remplie dans le jour
du commandement, en sorte que, s'il a été fait
le 1er. novembre, le *visa* doit, à peine de
nullité, porter la même date.

Pour donner plus de certitude sur l'authenticité de ce *visa*, l'on exige qu'en le requérant
l'huissier laisse une seconde copie du commandement au Maire ou à l'Adjoint ; mais aussi on le
dispense de se faire assister de témoins, comme
dans les saisies exécutions.

Telles sont les formalités auxquelles le commandement est assujetti : elles sont si rigoureusement prescrites, que l'omission de l'une
d'elles en entraîneroit la nullité.

§. II.

Des Formalités qui accompagnent la Saisie Immobilière.

La Saisie Immobilière est faite ou constatée
par un procès-verbal, que la loi assujettit à
plusieurs formalités, toutes également essentielles.

Il doit contenir les formalités communes à
tous les exploits, c'est-à-dire la date des jour,
mois et an, les noms, profession et domicile du

poursuivant, ainsi que ceux du saisi ; les noms, demeure et immatricule de l'huissier ; la constitution d'un avoué , chez lequel l'élection de domicile *est de droit* ; car il ne peut pas en être ici comme dans les exploits ordinaires, dans lesquels l'élection de domicile n'est de droit chez l'avoué constitué, qu'autant qu'il n'y a pas eu d'élection contraire.

Le procès-verbal de saisie est assujetti à certaines formalités particulières, que nous allons rapporter, mais après avoir fait remarquer qu'il ne doit pas contenir ajournement au saisi, ainsi que quelques personnes avoient paru le penser.

Quoique le commandement aux fins de saisie immobilière n'ait pu avoir lieu sans donner copie des titres en vertu desquels on agit, il faut, dans le procès-verbal de saisie, les énoncer de nouveau , ainsi que le transport de l'huissier sur les biens saisis.

On doit ensuite distinguer la nature des biens qu'on se propose de saisir , pour connaître les autres formalités auxquelles la saisie est assujettie.

Si c'est une maison, le procès-verbal de saisie doit contenir *la désignation de l'extérieur des objets saisis*, c'est-à-dire ses portes, ses croisées, ses divers étages, et même la matière avec laquelle la maison est construite ; il faut, par exemple, annoncer qu'elle est en bois, en moellon ou en pierre de taille. Cependant je ne pense pas que l'omission de cette dernière désignation, c'est-à-dire de la matière avec laquelle la maison est bâtie, entraînât la nullité de la saisie. On ne peut pas dire, en effet, que ce soit là une partie de son extérieur, c'est plutôt une chose qui la constitue, ou une qualité, qui, pouvant, à la vérité, être utile à connaître, n'est cependant pas nommément exigée. Ainsi, la prudence et l'intérêt bien entendu du poursuivant exigent cette désignation; mais la loi ne nous paraît pas en faire un devoir.

Le procès-verbal de saisie doit contenir encore l'arrondissement, la commune et la rue où la maison est située. Et quoique le Code n'exige ni le numéro de la maison, ni le département dans lequel elle est située, l'on fera fort bien de l'énoncer.

On doit également indiquer tous les tenans et aboutissans. L'absence de l'un d'eux vicieroit nécessairement la saisie. C'est au moins ce qu'il faut conclure de la disposition du Code, qui, pour les biens ruraux, n'exige que deux des tenans et des aboutissans.

A cet égard, l'on porte la rigueur des principes si loin, que j'ai entendu soutenir que la plus légère erreur dans l'un des tenans formoit une nullité radicale. Ainsi, un avoué distingué soutenoit un jour, en ma présence, que lorsque, voulant marquer l'un des tenans, le poursuivant avoit désigné l'immeuble voisin comme appartenant à Pierre, tandis qu'il étoit la propriété de son épouse, la saisie étoit vicieuse. Ce même avoué soutenoit encore qu'il y avoit nullité, lorsqu'au lieu de désigner le propriétaire de la maison voisine par son nom de famille, le créancier l'avoit indiqué par quelque sobriquet ou quelque qualification qui le faisoit connaître dans le monde. Mais je ne crains pas de blâmer cette injuste sévérité, elle ne peut être dans l'esprit de la loi, dont l'objet est toujours rempli lorsque les tiers peuvent facilement connoître, par l'énoncé de tous les tenans et aboutissans, l'objet saisi. Or, cette énonciation, que la maison voisine appartient au mari, fait souvent plus connoître la chose saisie que si on avoit indiqué le nom de la femme, que l'on ignore presque toujours. Il en est de même de la qualification, ou du sobriquet sous lequel le propriétaire est souvent uniquement connu.

Si les objets saisis sont des biens ruraux, le procès-verbal de saisie est assujetti à d'autres formalités.

Il doit contenir la désignation des bâtimens, non plus par leur extérieur, comme lorsqu'il s'agit de maisons urbaines, mais par leur destination. Ainsi, l'on doit dire qu'une partie des bâtimens est destinée au logement du maître, que les autres consistent en écuries, granges, etc., de manière à faire connoître par-là la consistance de ces bâtimens.

Pour les terres, elles doivent être désignées par leur nature et par leur contenance, au moins approximative. Ainsi, l'on doit dire si ce sont des vignes, des prairies, des terres labourables, etc., et quelle est leur contenance. Si l'on se trompoit grossièrement sur ce dernier objet, comme si l'on donnoit vingt arpens à une pièce qui n'en a tout au plus que deux, le juge pourroit annuller la saisie.

Cette désignation doit être faite séparément pour chaque pièce de terre ; l'on doit y ajouter deux, au moins, de ses tenans et aboutissans, et indiquer l'arrondissement et la commune où chaque pièce est située. — Il seroit surabondant de faire remarquer que la loi entend parler ici des pièces détachées attenantes à des propriétés étrangères ; car si l'on saisissoit un domaine composé de pièces contiguës, il suffiroit d'indiquer la nature, de dire qu'il se compose de terres labourables, vignes, bois, etc., sans avoir besoin d'ajouter une désignation spéciale pour chaque pièce. Le procès-verbal doit ensuite faire mention du nom du fermier ou colon, s'il y en a un.

Il doit, en outre, contenir l'extrait de la matrice du rôle de la contribution foncière pour tous les objets saisis. S'il n'y a pas de matrice du rôle, nous ferons voir dans nos questions comment on peut la remplacer.

Le procès-verbal de saisie doit indiquer enfin le Tribunal où la saisie doit être portée; car quoiqu'il ne contienne pas d'assignation au saisi, il importe à celui-ci de surveiller toute la procédure, et conséquemment de connaître le lieu où ses droits doivent être débattus.

Voilà toutes les formalités à observer dans le procès-verbal de saisie. Voyons maintenant celles qui doivent le suivre.

Nous avons vu que le procès-verbal devoit, comme tous les autres exploits, être daté; nous devons ajouter que, pour assurer cette date, l'huissier doit, avant l'enregistrement, laisser copie entière du procès-verbal aux greffiers des Juges-de-Paix et aux Maires et Adjoints des communes de la situation de l'immeuble saisi, si c'est une maison; ou si ce sont des biens ruraux, à ceux de la situation des bâtimens; et s'il n'y en a pas, à ceux de la situation de la

partië des biens à laquelle la matrice du rôle
attribue le plus de revenus. Les Maires ou
Adjoints et greffier doivent viser l'original
du procès-verbal, lequel fait mention des copies
qui ont été laissées.

Sur quoi deux observations : la première,
que le *visa* ne doit pas être délivré dans le jour,
comme cela est exigé pour le commandement,
pourvu qu'il soit délivré avant l'enregistrement.
La seconde, que, bien qu'il y ait plusieurs Maires
dans la commune où sont situés les immeubles;
bien que l'article 676 s'explique au pluriel, et
dise que le *visa* doit être délivré par *les Maires
ou Adjoints*, néanmoins le *visa* de l'un de ces
Maires ou Adjoints est toujours suffisant, parce
que cet article a moins voulu prévoir le cas
où il y auroit plusieurs Maires dans la même
commune, que celui où les biens seroient
situés dans diverses Mairies. Dans ce dernier
cas le *visa* des Maires respectifs est évidemment nécessaire.

Après l'observation de ces formalités, la saisie est rendue publique par la transcription au
bureau des hypothèques, et ensuite par celle
qui doit avoir lieu au greffe du tribunal où doit
se faire la vente.

La première de ces transcriptions a cela de
particulier, qu'elle ne doit pas être faite dans un

délai déterminé, mais que le poursuivant est maître de la requérir quand bon lui semble; seulement les autres délais de rigueur dont nous parlerons bientôt, ne commencent à courir que du jour de cette transcription.

Cette transcription est faite sur un registre uniquement destiné aux saisies immobilières. Si le procès-verbal contient des objets situés dans divers bureaux, la transcription ne se fait dans chacun que pour la partie des objets saisis qui se trouve dans son arrondissement.

Lorsqu'on présente un procès-verbal de saisie au Conservateur, si celui-ci ne peut pas procéder de suite à la transcription, il doit faire mention sur l'original qui lui est laissé, des heure, jour, mois et an auxquels il lui a été remis. Par là on évite l'arbitraire; et en cas de concurrence on oblige le Conservateur à transcrire le premier procès-verbal qui lui a été présenté, de préférence au second.

Si donc, lorsqu'on se présente au Conservateur, il y avoit déjà eu saisie, celui-ci devroit refuser de transcrire, et certifier son refus en marge du nouveau procès-verbal. Pour cela il énonceroit la date de la précédente saisie, les nom, demeure et profession du saisissant et du saisi, l'indication du tribunal où la saisie est portée, le nom de l'avoué du saisissant, et la date de la transcription.

Si la seconde saisie étoit plus ample que la première, elle devroit être transcrite pour les objets non compris dans celle-ci, et dans ce cas le second saisissant devroit dénoncer sa saisie au poursuivant originaire, qui devroit agir en vertu des deux, si elles étoient au même état. Dans le cas contraire, il devra surseoir à la première, et suivre sur la seconde jusqu'à ce qu'elle soit au même degré. Alors les deux saisies sont réunies et portées ensemble devant le tribunal de la première.

Il peut arriver que le premier saisissant néglige ou même refuse de poursuivre sur la seconde saisie qu'on lui a dénoncée. Dans ce cas l'on peut provoquer contre lui la subrogation de la saisie, ainsi que nous le dirons en parlant des contestations incidentes qu'on peut élever.

Dans la quinzaine de la transcription au bureau des hypothèques, la saisie doit également être transcrite au greffe du tribunal où doit se faire la vente. Cette formalité doit être remplie dans ce délai, quel que soit l'éloignement de la partie saisie ou du saisissant; mais il est augmenté d'autant de jours qu'il y a de fois trois myriamètres entre le lieu de la situation des biens et celui où siége le tribunal.

Après avoir rendu la saisie publique, la loi a voulu qu'on la fît particulièrement connoître au saisi. C'est pourquoi elle exige que dans la quinzaine du jour de la transcription au greffe, outre un jour pour trois myriamètres de distance entre le domicile réel et la situation des biens, elle soit dénoncée au saisi. Cette dénonciation peut lui être faite au domicile d'élection, s'il y en avoit eu un de convenu dans l'acte en vertu duquel on le poursuit. Mais dans tous les cas le délai est le même.

Cette dénonciation est assujettie à certaines formalités que nous devons rappeler. 1°. Elle doit contenir la date de la première publication. A la vérité la construction grammaticale de l'art. 681 semble plutôt annoncer que c'est le procès-verbal de saisie qui doit contenir cette énonciation; mais nous démontrerons dans nos Questions que ce ne peut être là qu'un vice de rédaction, et que c'est seulement dans l'acte de dénonciation au saisi que peut être annoncée la première publication.

2°. L'original de cette dénonciation doit être visé dans les vingt-quatre heures par le Maire du domicile du saisi, et enregistré dans la huitaine, outre un jour pour trois myriamètres, au bureau de la Conservation des Hypothèques de la situation des biens. Cet enregistrement n'est sans doute autre chose que la transcription littérale de l'acte sur les registres du Conservateur. C'est au moins ce qu'il faut conclure de ce que dans le même article la loi donne le nom d'enregistrement à la transcription de la saisie.

3°. Enfin , on doit faire mention de cet enregistrement en marge de la transcription de la saisie immobilière. (Art. 681.) Mais dans cette mention , non plus que dans l'enregistrement de la dénonciation , il n'est pas nécessaire de faire mention des transcriptions faites au bureau des Hypothèques et au Greffe.

Parmi les formalités que nous avons déjà rapportées, nous en avons remarqué deux dont l'unique objet étoit de donner de la publicité à la saisie. Celles dont nous allons nous occuper paroissent avoir été dictées dans les mêmes vues.

Dans les trois jours de la transcription faite au Greffe , le greffier est tenu d'insérer dans un tableau placé à cet effet dans l'auditoire , un extrait contenant ,

1°. La date de la saisie et des transcriptions qui en ont été faites ;

2°. Les nom , profession et demeure du saisi, du saisissant, et de l'avoué de ce dernier ;

3º. Les nòms de l'arrondissement, de la commune, de la rue, des maisons saisies ;

4º. L'indication sommaire des biens ruraux, en autant d'articles qu'il y! a de communes, lesquelles doivent être indiquées, ainsi que leurs arrondissemens. Chaque article doit contenir seulement la nature et la quantité des objets, et les noms des colons ou fermiers, s'il y en a. Si les biens, situés dans la même commune, sont exploités par plusieurs personnes, ils doivent être divisés en autant d'articles qu'il y a d'exploitations.

5º. L'indication du jour de la première publication ;

6º. Les noms des Maires et greffiers des Juges-de-Paix auxquels copie de la saisie aura été laissée. (Art. 682.)

Cet extrait, tel que nous venons de l'annoncer, semble devoir être fait par le greffier lui-même, sur la transcription de la saisie faite au greffe ; mais en consultant le décret impérial relatif à la taxe des frais de justice, on voit dans l'article 103 que ce doit être par l'avoué que cet extrait doit être proposé, puisqu'on lui accorde un droit de six francs à Paris, et de quatre francs cinquante dans le ressort.

Ainsi, l'on ne peut plus supposer, comme on

le fait pour établir une opinion que nous com-
battrons dans nos Questions, que ce soit le
greffier qui rédige cet extrait.

Une autre manière de donner de la publicité
à la saisie, est celle adoptée par les articles 683
et 684. Le premier veut que l'extrait dont
nous venons de parler soit inscrit à la poursuite du saisissant, dans un des journaux imprimés dans le lieu où siége le Tribunal, et s'il
n'y en a pas, dans l'un de ceux imprimés dans
le département. On n'est dispensé de remplir
cette formalité, qu'à défaut de journaux tant
dans l'arrondissement que dans le département.

On doit justifier de cette insertion, par la
feuille contenant l'extrait de la saisie, avec la
signature de l'imprimeur légalisée par le maire.
C'est tout ce qu'exige le Code à l'égard de cette
insertion ; mais la Régie de l'Enregistrement a
été plus loin : partant de ce point, qu'on ne peut
produire en justice aucun acte sans qu'il ait
été préalablement enregistré, elle a conclu que
la feuille , signée de l'imprimeur, devoit être
enregistrée, même avant d'obtenir la légalisa-
tion du maire ; de-là une instruction adressée
par M. le Directeur-général à ses subordonnés.

Je ne sais si les principes développés dans
cette instruction s'appliquent formellement à
l'hypothèse que nous rappelons , ou s'il ne seroit

peut-être pas plus exact de soutenir que c'est ici une espèce d'acte administratif dispensé, par la loi de frimaire an 7, de la formalité de l'enregistrement; mais ce qui est à ma connoissance, c'est qu'on a demandé quelquefois la nullité de la saisie, précisément sur ce fondement, que la feuille délivrée par l'imprimeur n'avoit pas été enregistrée.

Toutefois, j'ai toujours improuvé ce moyen, et je l'ai notamment vu rejeter par le Tribunal de Première Iustance de Condom, dont les jugemens sont ordinairement dictés par la sagesse, la modération et le savoir. Je ne sache pas qu'on ait appelé de sa décision.

L'article 684 adopte un dernier mode de publicité plus ordinaire ou plus commun, si l'on veut, mais aussi plus avantageux : c'est la voie des placards.

Ces placards ne sont autre chose qu'un extrait semblable à celui inséré dans le tableau placé dans l'auditoire du tribunal, et publié par la voie des journaux. Il doit être affiché, 1°. à la porte du domicile du saisi; 2°. à la principale porte des édifices saisis; 3°. à la principale place de la commune où le saisi est domicilié, de celle de la situation des biens, et de celle du tribunal où la vente se poursuit; 4°. au principal marché desdites communes; et s'il n'y a pas

de marché dans l'une de ces communes, le placard doit être affiché aux deux marchés les plus
voisins.

On doit d'autant plus s'étudier à connaître,
dans ce cas, les marchés les plus voisins, que
si, par ignorance ou autrement, on en avait
choisi de plus éloignés que ceux qui existoient
réellement, la saisie seroit déclarée nulle.

5°. Ces placards doivent encore être affichés
à la porte de l'auditoire du Juge-de-Paix de la
situation des bâtimens ; et s'il n'y a pas de bâtimens, à la porte de l'auditoire de la justice de
paix où se trouve la majeure partie des biens
saisis ; 6°. aux portes extérieures des tribunaux
du domicile du saisi, de la situation des biens
et de la vente.

L'apposition des placards doit être constatée
par un procès-verbal, qu'on mettoit autrefois
sur l'original des placards. Aujourd'hui cet acte
doit être rédigé séparément, et l'on doit seulement y en annexer un exemplaire ; il doit en
outre contenir la déclaration de la part de l'huissier, que l'apposition a été faite aux lieux désignés par la loi, sans avoir néanmoins besoin de
les détailler.

Ce procès-verbal doit être visé, sur l'original, par le maire de chacune des communes
dans lesquelles l'apposition aura été faite ; en-

suite il faut le notifier à la partie saisie, avec copie du placard.

Toutes les formalités relatives à la publicité de la saisie, hors l'insertion au tableau, qui doit avoir lieu dans les trois jours de la transcription au greffe, peuvent être faites à toute époque, puisque la loi ne détermine aucun délai. Ainsi l'insertion au journal peut avoir lieu quinze jours ou un mois après la notification de la saisie au débiteur, sans que personne puisse s'en plaindre. A la vérité, j'ai entendu soutenir qu'elle devoit précéder au moins d'un mois la première publication du cahier des charges; mais c'est une erreur. On applique à l'insertion dans le journal ce que la loi établit pour la notification du procès-verbal d'affiches au débiteur; et l'on sait que, si dans l'ordre numérique des articles du code l'insertion au journal paroît devoir précéder l'apposition des placards, aucune de ses dispositions ne paroît défendre d'intervertir cet ordre, en ne faisant insérer l'extrait au journal qu'après l'apposition des placards. Ainsi il suffit que cette insertion ait eu lieu avant la première publication, pour que la procédure ne soit pas vicieuse.

Quinzaine au moins avant la première publication, le créancier doit rédiger le cahier des charges et le déposer au greffe. Ce cahier doit contenir, suivant l'article 697, 1°. l'énonciation du titre en vertu duquel la saisie a été faite du commandement, de l'exploit de saisie, et des actes et jugemens qui auront pu être faits et rendus; 2°. la désignation des objets saisis, telle qu'elle a été insérée dans le procès-verbal; 3°. les conditions de la vente; 4°. une mise à prix par le poursuivant, pour laquelle il deviendra ensuite adjudicataire, si personne ne se présente pour enchérir; 5°. les dires, publications et adjudications, immédiatement après la mise à prix.

Mais avant de passer à la publication de ce cahier des charges, et au moins huitaine auparavant, (outre un jour pour trois myriamètres de distance entre la commune du bureau de la Conservation et celle où doit se faire la vente), le poursuivant doit faire notifier aux créanciers inscrits, aux domiciles par eux élus dans leurs inscriptions, un exemplaire du placard imprimé. Cette notification doit être enregistrée en marge de la transcription de la saisie faite à la Conservation des Hypothèques; et à compter du jour de l'enregistrement, *la saisie ne pourra plus être rayée que du consentement des créanciers, ou en vertu de jugemens rendus contre eux.*

Ce principe est en parfaite harmonie avec

ceux que nous avons souvent développés dans notre *Régime Hypothécaire*, et notamment sur l'article 2190 du Code Napoléon, qui veut que le désistement du créancier qui a déjà requis la mise aux enchères, ne puisse empêcher l'adjudication publique, si tous les autres créanciers hypothécaires n'y consentent. Ici il en est de même : en notifiant le placard aux créanciers inscrits, on les associe en quelque sorte à la poursuite de la saisie ; et ce seroit leur enlever des droits irrévocablement acquis, si sans leur participation on pouvoit faire rayer la saisie.

Cependant, qu'arrivera-t-il, si le poursuivant, après avoir été désintéressé, néglige, ou même renonce entièrement à la poursuite qu'il avoit commencée? L'article 722 nous fournit la réponse. Les autres créanciers pourront demander la subrogation et faire les poursuites en leur nom. Il est vrai que j'ai entendu soutenir que cette subrogation ne pouvoit être demandée que lorsqu'il y avoit seconde ou subséquente saisie ; mais c'est une erreur. Si l'article 721 ne parle de la subrogation qu'à l'égard d'un second saisissant, dont la saisie est plus ample, l'article suivant reconnoît cette mesure pour les cas de collusion, fraude et négligence, où l'intérêt des autres créanciers pourroit se trouver compromis. Ainsi, les moyens d'exécution de l'article 696 se trouvent dans l'article 722, puisque cet article permet à tout créancier inscrit de réclamer la subrogation. Toutefois, ce droit n'est accordé que lorsque la notification du placard a déjà été faite aux créanciers. Auparavant, la saisie leur étant étrangère, elle a pu être rayée sans leur consentement.

Comme le cahier des charges contient tout ce qu'il importe aux tiers de connoître, il doit être publié, à plusieurs reprises, à l'audience du Tribunal. La première publication doit avoir lieu un mois au moins après la notification du placard d'affiches à la Partie saisie, et au plus tard dans les six semaines de cette notification. Elle doit être répétée successivement de quinzaine en quinzaine, trois fois au moins avant l'adjudication préparatoire, qui doit être annoncée ainsi qu'il suit :

Un nouvel extrait semblable à celui dont nous avons déjà parlé, doit être inséré dans le journal; on doit apposer de nouveaux placards aux lieux que nous avons déjà indiqués, et qui contiennent, de plus que les premiers, seulement la mise à prix et l'indication du jour où doit se faire l'adjudication préparatoire. Cette addition, pour ne pas donner lieu à de nouveaux frais, doit être manuscrite.

Toutes ces formalités doivent être remplies huit jours au moins avant l'adjudication préparatoire, outre un jour pour trois myriamètres de distance entre le lieu de la situation de la majeure partie des biens saisis, et celui où siége le Tribunal.

C'est le jour de cette adjudication, et avant d'y procéder, que doivent être proposés les moyens de nullité qu'on croit avoir remarqués dans la saisie. Postérieurement l'on ne pourroit faire de réclamation que contre la procédure qui auroit suivi cette adjudication.

Après l'adjudication préparatoire, et dans les quinze jours qui suivent, on annonce l'adjudication définitive, laquelle ne peut néanmoins avoir lieu au plutôt que six semaines après l'adjudication préparatoire.

Les moyens de rendre cette adjudication publique, sont les mêmes que ceux mis en usage pour l'adjudication préparatoire, c'est-à-dire l'insertion au journal, et l'apposition des placards, qui ne doivent contenir, de plus, que la mention de l'adjudication préparatoire, du prix pour lequel elle a été faite, et l'indication du jour de l'adjudication définitive.

Avant d'arriver à cette adjudication définitive, examinons les incidens auxquels toute cette procédure peut donner lieu.

SECTION VII.

Des Incidens auxquels peut donner lieu la Saisie Immobilière.

Un incident peut être élevé sur la Saisie Immobilière, soit par le saisi, soit par ses créanciers, soit même par des tiers.

§. I.

Des Incidens élevés par le saisi.

Avant d'examiner les divers incidens que peut élever le saisi, il seroit bon de se fixer sur la nature de ses droits, sur les modifications que la saisie réelle a naturellement apportées à sa propriété.

Si la saisie seule ne le dépouille pas ; si jusqu'à l'adjudication définitive il reste propriétaire, il faut néanmoins convenir que sa propriété est paralysée entre ses mains. Il ne peut pas aliéner ; et s'il s'est permis de le faire, l'aliénation est tellement nulle, qu'on n'a pas même besoin d'en faire prononcer la nullité. A la vérité, cette incapacité légale n'existe que du jour de la dénonciation qui lui a été faite de la saisie ; mais je pense que, si avant cette dénonciation il avoit vendu ou donné l'immeuble

saisi, le juge présumeroit facilement la fraude,
et seroit conséquemment conduit à prononcer
la nullité; car il y a seulement celle différence
entre l'aliénation faite depuis la dénonciation
au saisi, et celle faite précédemment, que dans
le premier cas la loi établit une présomption
juris et de jure contre l'acte, tandis que dans le
second il abandonne à la prudence du juge
le sort de cette aliénation.

Si le saisi avoit vendu son immeuble, même
avant la saisie, mais par acte sous signature
privée, non enregistré, et dénué de toute autre
circonstance qui auroit pu lui donner une date
certaine, l'aliénation devra être annullée, si le
poursuivant le requiert, parce que les actes
sous signature privée n'ayant pas de date certaine à l'égard des tiers, sont censés faits en
fraude de leurs droits, et toujours au moment
où on les produit. (Argum. des art. 691 du
Code de Procédure, et 1328 du Code Napoléon.)

Le tiers qui a acquis du saisi a néanmoins un
moyen de profiter de l'aliénation qui lui a été
consentie; c'est, suivant l'article 693, de consigner avant l'adjudication somme suffisante pour
acquitter, en principal, intérêts et frais, *les
créances inscrites*, et de signifier l'acte de
consignation aux créanciers inscrits.

D'après cet article, il ne suffiroit pas de

désintéresser le poursuivant, il faudroit encore libérer le fonds envers les autres créanciers hypothécaires pour valider l'acquisition. C'est une chose bien facile à concevoir, lorsque l'acquéreur ne fait ses actes d'offres et sa consignation qu'après la notification des placards aux créanciers, alors devenus en quelque sorte Parties dans cette poursuite, la loi ne peut plus consentir à ce que la saisie sóit rayée sans l'adhésion de ces créanciers.

Mais lorsque les placards ne leur ont pas encore été notifiés, lorsque la saisie est encore la propriété du poursuivant, lorsque celui-ci peut y renoncer, lorsqu'elle peut être rayée par son seul consentement, pourquoi ne suffiroit-il pas que le tiers-acquéreur consignât la somme due au saisissant, sans recourir aux autres créanciers, sans chercher à les désintéresser ? Je ne vois point quel tort on pourroit faire à ces créanciers; c'est pourquoi il me sembleroit raisonnable de n'appliquer la disposition de l'article 695 qu'au cas où les placards auroient été déjà notifiés aux créanciers inscrits lors de la consignation faite par l'acquéreur.

Si, pour consigner le montant des créances inscrites, ou même pour payer au saisi le montant de son acquisition, l'acquéreur a emprunté quelques sommes, de quelque manière que l'emprunt ait été fait, les prêteurs ne peuvent avoir d'hypothèque ou de privilége sur l'immeuble saisi que postérieurement aux créanciers inscrits lors de l'aliénation. La raison en est, que le rang de ces créanciers étant fixé au moment de l'aliénation, il n'a pu dépendre du débiteur de leur enlever leur gage en créant de nouvelles causes de préférence.

Hors le cas de cette consignation, le tiers-acquéreur ne peut faire surseoir à l'adjudication sous aucun prétexte; il peut seulement invoquer les moyens de nullité que pourroit proposer le saisi.

Dépouillé des premiers droits que donne la propriété, le saisi ne conserve pas même le domaine utile; s'il reste en possession jusqu'à la vente, c'est moins comme propriétaire que comme séquestre judiciaire. Comptable des fruits perçus depuis la dénonciation de la saisie, il les voit s'immobiliser pour être distribués avec le prix de l'immeuble, par ordre d'hypothèques : quelquefois même la possession lui échappe; ce qui arrive, lorsque, sur la réclamation d'un ou de plusieurs créanciers, elle est confiée par le juge, soit aux créanciers, soit à toute autre personne, ou bien lorsqu'il plaît aux créanciers de faire faire par eux-mêmes la coupe et la vente des fruits. Dans ce

dernier cas , sur-tout , il n'est qu'un simple dépositaire judiciaire.

Si les immeubles saisis sont loués , il n'a ni
la possession , ni le droit de percevoir les loyers ;
ils restent dans les mains des fermiers , pour
être ensuite distribués , par ordre d'hypothèques,
avec le prix des immeubles.

De tout cela il est facile de juger que le
débiteur n'a pas le droit d'affermer ou louer les
biens saisis. S'il l'a fait antérieurement , et que
le bail sous signature privée n'ait encore aucune
date certaine à l'époque où le commandement
lui a été signifié , il devra être annullé sur la
demande des créanciers. Si le bail a , à cette
époque , une date certaine, il sera maintenu ;
mais les créanciers pourront saisir et arrêter
les loyers entre les mains des locataires et fermiers , pour faire distribuer , par ordre d'hypothèques , tous ceux acquis depuis le jour de
la dénonciation au saisi.

Enfin, si le saisi n'a ni la libre disposition
des biens , ni la jouissance, on ne doit pas
s'étonner qu'il ne puisse faire de coupe de bois ,
ni aucune dégradation , sans s'exposer à des
dommages-intérêts, au paiement desquels il
seroit contraignable par corps. Il pourroit même ,
suivant la gravité des circonstances, être poursuivi par la voie criminelle.

On voit, par ces principes, que le saisi ne peut avoir d'autre incident à élever, que ceux qui tendent à proscrire l'acte qui paralyse sa propriété, c'est-à-dire à proposer les nullités de la saisie.

Ces nullités sont établies par la loi, et résultent toutes de ce que nous avons dit précédemment ; elles peuvent avoir pour objet, ou la procédure qui précède l'adjudication préparatoire, ou celle qui suit. Dans le premier cas, elles doivent être proposées et jugées avant cette adjudication ; si elles sont rejetées, l'adjudication préparatoire est prononcée par le jugement. Ce sont les expressions de l'art. 733. Ce n'est pas que la procédure fût nulle, si l'adjudication préparatoire n'étoit prononcée que postérieurement ; mais il est plus légal, et conséquemment plus convenable de le faire ainsi.

On peut appeler du jugement qui prononce sur les nullités ; mais l'appel n'est recevable qu'autant qu'il est interjeté avec intimation dans la quinzaine de la signification du jugement à avoué. Cet appel doit être notifié au greffier et visé par lui.

La Cour doit juger sommairement. Si elle prononce la nullité de la saisie, tout est terminé, et le créancier n'a d'autre ressource que de commencer une nouvelle procédure ; si, au contraire, la prétention du débiteur est rejetée, il faut revenir devant le tribunal, et par nouveau jugement faire fixer le jour de l'adjudication définitive.

Quant aux nullités proposées contre la procédure postérieure à l'adjudication préparatoire, elles doivent l'être par requête d'avoué à avoué, avec avenir à jour indiqué : cette requête doit être signifiée vingt jours au moins avant celui indiqué pour l'adjudication définitive; et le tribunal doit avoir prononcé dix jours au moins avant cette adjudication.

On peut interjeter appel de la décision; mais les diligences doivent être faites à cet égard dans la huitaine de *la prononciation* du jugement. L'appel doit être notifié au greffier et visé par lui.

Il seroit surabondant d'ajouter que dans l'un et l'autre cas la partie saisie ne peut élever devant la Cour d'autres moyens de nullité que ceux présentés aux premiers juges. C'est un principe en procédure, qu'en cause d'appel on ne peut pas former de nouvelle demande.

Un autre incident que peut élever la Partie saisie, est celui qui provient du titre en vertu duquel on la poursuit. En effet, si ç'est un jugement sujet à appel, et que le délai pour appeler ne soit pas encore expiré, le saisi peut arrêter l'adjudication; mais pour cela il sera tenu,

en appelant, d'intimer sur son appel, de dénoncer et faire viser l'intimation au greffier du
tribunal devant lequel se poursuit la vente,
trois jours au moins avant la mise du cahier
des charges au greffe; sinon l'appel n'est pas
reçu, et l'on passe outre à l'adjudication.

Tels sont les incidens que peut proposer le
saisi, voyons ceux que peuvent élever ses créanciers.

§. II.

Des Incidens élevés par les Créanciers.

Les créanciers peuvent élever des incidens
dans deux cas: 1°. lorsqu'il y a deux ou plusieurs saisies, et que l'une d'elles est plus ample
que les autres; 2°. lorsque le poursuivant, par
collusion, fraude ou négligence, abandonne les
poursuites. Dans le premier cas, la jonction doit
être ordonnée, quoique la seconde saisie ne soit
pas encore en état. Dans tous les deux la subrogation peut être réclamée.

Nous avons déjà parlé ci-dessus de la procédure à suivre lorsque la seconde saisie, dont
on demande la jonction, n'est pas en état : nous
avons remarqué aussi le principe que dans le
cas d'une seule saisie la subrogation pouvoit
être demandée pour cause de collusion, fraude
et négligence. Il nous reste à voir, non pas ce

qu'on entend par les deux premières de ces expressions, parce qu'elles s'expliquent par elles-mêmes, mais par la dernière, qui est presque toujours relative.

L'article 722 dit qu'il y a négligence lorsque le poursuivant n'a pas rempli une formalité ou n'a pas fait un acte de procédure dans les délais prescrits. Dans ce cas, la subrogation peut toujours être demandée ; et s'il y a fraude ou collusion, le poursuivant doit être condamné en des dommages-intérêts.

Néanmoins ces dommages-intérêts, et même la subrogation, ne peuvent être réclamés par les créanciers, qu'autant qu'ils sont devenus parties dans la saisie par la notification des placards ; autrement elle leur est en quelque sorte étrangère, ainsi que nous l'avons établi ci-dessus.

La demande en subrogation doit être formée par requête, et sans préliminaire de conciliation. Le Tribunal doit la juger sommairement et dans le plus bref délai.

Son jugement peut être attaqué par la voie de l'appel ; mais les diligences doivent être faites dans la quinzaine du jour de la signification à avoué, autrement l'appel n'est pas recevable.

Si le poursuivant refusoit la subrogation et contestoit la demande qu'on en avoit formée, il devroit être condamné aux dépens personnellement, et sans pouvoir, en aucun cas, les employer en frais de poursuites, ni les préserver sur le prix provenu de l'adjudication.

Dans le même cas, où la subrogation est ordonnée, le poursuivant doit remettre les pièces de la poursuite à celui qui lui a été subrogé, et ce sur son seul récépissé ; et il ne peut exiger les frais qu'il a faits, soit sur le prix, soit de l'adjudicataire, qu'après l'adjudication.

§. III.

Des Incidens élevés par des tiers.

Les tiers ne peuvent avoir d'intérêt à la saisie que lorsque, par une extension quelconque, la saisie comprend des biens qui leur appartiennent. Dans ce cas, ils peuvent les revendiquer, et former ce que nous appelons une action en distraction.

La distraction peut avoir pour objet ou tous les biens saisis, ou seulement une partie. Dans le premier cas, les Juges doivent ordonner un sursis aux poursuites, jusqu'à ce qu'il soit statué sur la demande en distraction; dans le second, on peut passer outre à la vente du surplus des objets saisis, à moins que le Tribunal, sur la demande des Parties intéressées, n'ait ordonné le sursis pour le tout.

La demande en distraction peut être formée en tout état de cause ; elle doit l'être par requête d'avoué, tant contre le saisissant, que contre la Partie saisie, le créancier premier inscrit et l'avoué adjudicataire provisoire : elle est formée par exploit contre celle des Parties qui n'a pas d'avoué en cause ; et si c'est le créancier inscrit, comme cela arrive ordinairement, l'exploit peut lui être signifié au domicile par lui élu dans son inscription.

Comme la demande en distraction a pour base le droit de propriété, et qu'il est de principe que c'est à celui qui réclame de justifier de ses droits, la requête et l'exploit à fin de distraction doivent contenir l'énonciation des titres justificatifs, la déclaration du dépôt qui en est fait au greffe, et la copie de cet acte de dépôt.

Quel que soit le résultat de cette demande, elle a nécessairement une grande influence sur le sort de l'adjudicataire provisoire. Si elle fait suspendre la saisie, elle nuit sensiblement à cet adjudicataire, qui peut regarder comme une grande perte le moindre retard apporté à l'adjudication définitive. Si l'on passe outre à la vente du surplus des objets saisis, on lui nuit encore plus sensiblement, puisqu'il est possible que sans les pièces distraites il n'eût pas acheté. D'après cela, il ne faut pas s'étonner que l'article 729 lui accorde le droit de demander la décharge de son adjudication provisoire.

Le jugement qui prononce sur cette distraction, est susceptible d'appel ; mais il doit être interjeté, avec assignation, dans la quinzaine du jour de la signification à personne ou domicile, outre un jour par trois myriamètres, en raison de la distance du domicile réel des Parties, avec le lieu où siége le Tribunal qui a rendu le jugement. Ce délai passé, l'appel n'est plus recevable.

Nous ne ferons plus sur cette matière qu'une seule observation, mais qui s'applique à toutes les demandes incidentes qu'on peut élever à l'occasion de la saisie immobilière ; c'est que, lorsque l'une des publications des enchères a été retardée par un incident, il ne peut ensuite y être procédé qu'après une nouvelle apposition de placards et insertion de nouvelles annonces, dans les formes que nous avons déjà déterminées. La raison en est, que l'incident ayant, en quelque sorte, fait perdre de vue la procédure principale, il convient de la rappeler au public par les mêmes moyens qui la lui ont fait connoître la première fois.

SECTION VIII.

Des Règles particulières à l'adjudication.

La saisie immobilière donne lieu à deux espèces d'adjudications : une préparatoire, l'autre définitive ; une, qui ne transmet à l'adjudicataire aucun autre droit qu'une perspective, qu'une espérance ; l'autre, qui transfère une propriété incommutable. C'est de celle-ci principalement que nous devons nous occuper.

Pour en donner une idée juste, nous examinerons les moyens d'arriver à cette adjudication, les droits et les obligations de l'adjudicataire, et enfin les divers moyens de faire résoudre sa propriété.

§. I.

Des Moyens d'arriver à l'adjudication définitive, et des Personnes qui peuvent se rendre adjudicataires.

Lorsqu'après l'adjudication préparatoire l'adjudication définitive a été annoncée par l'insertion aux journaux, les appositions de placards, qu'il s'est écoulé au moins six semaines depuis l'adjudication préparatoire, les enchères sont

ouvertes, et l'on procède à l'adjudication définitive.

Aussitôt après l'ouverture des enchères, il
est allumé successivement des bougies, pré-
parées de manière que chacune ait une durée
d'environ une minute.

Les enchères sont faites à l'audience par
le ministère d'avoués ; elles obligent l'enchérisseur tant qu'il n'y en a pas de nouvelles ; mais
dès qu'elles sont couvertes même par une enchère déclarée nulle, elles cessent d'être obli-
gatoires.

C'est pourquoi, s'il y a eu enchérisseur
lors de l'adjudication préparatoire, il reste
obligé, s'il ne s'est présenté personne avant
l'extinction des trois bougies qui ont dû successivement être allumées (car aucune adjudication ne peut être faite qu'après l'extinction
de trois feux). Mais s'il y a eu un nouvel enchérisseur lors de l'adjudication définitive, quoique
son enchère puisse être déclarée nulle, le premier n'en est pas moins libéré.

Dans ce cas, l'adjudication ne peut être faite
au nouvel enchérisseur que lorsqu'il ne s'en
présente pas d'autre qui offre une somme plus
forte pendant les deux derniers feux ; car suivant l'article 708, si pendant la durée d'une des
trois premières bougies il survient enchère,

l'adjudication ne peut avoir lieu qu'après l'extinction de deux feux sans nouvelle enchère
survenue pendant leur durée.

Nous avons dit que les enchères étoient faites
par le ministère d'avoués ; mais ceux - ci ne
doivent y procéder que lorsqu'ils sont revêtus
d'un pouvoir , autrement ils n'obligent pas leurs
commettans , et s'exposent eux-mêmes, ainsi
qu'on va le voir.

Après l'adjudication , et dans les trois jours,
l'avoué , dernier enchérisseur, doit déclarer
l'adjudicataire et fournir son acceptation. S'il
ne peut le faire , il doit représenter son pouvoir , lequel demeure annexé à la minute de
sa déclaration. Enfin , si cette déclaration n'a
pas lieu , ou si le pouvoir n'y est pas annexé ,
c'est l'avoué qui est réputé adjudicataire en
son nom.

Au surplus , les avoués peuvent se rendre
adjudicataires pour tous ceux que la loi ne
déclare pas incapables d'acquérir ; mais ils ne
le peuvent jamais pour le saisi , les personnes
notoirement insolvables , les juges , juges-sup-
pléans , procureurs-généraux et impériaux, les
substituts et les greffiers du Tribunal où se
poursuit et se fait la vente : s'ils l'ont fait , l'adjudication est nulle , et ils peuvent être con-
damnés à des dommages-intérêts.

Quoique la loi ne désigne pas nommément les Conseillers aux Cours Impériales, ils sont néanmoins compris sous l'expression générale de juges; et voilà pourquoi je ne pense pas qu'on pût se rendre adjudicataire pour eux. Il suffit, en effet, qu'ils puissent avoir à juger, par appel, la validité de la saisie ou de l'adjudication, pour qu'il leur soit défendu de se rendre adjudicataires.

Il devroit en être de même des conseillers-auditeurs, car dans certains cas ils peuvent être appelés à juger. L'on peut même dire qu'ils sont à la Cour Impériale ce que sont les juges suppléans en Première Instance. Cependant, comme les exclusions ou les incapacités ne peuvent pas s'étendre d'un cas à un autre, je pense que l'adjudication seroit valable, et qu'aucun reproche ne pourroit être adressé à l'avoué qui auroit fait l'enchère.

On ne pourroit pas en dire autant des commis greffiers assermentés. Ils sont compris dans la prohition de la loi, puisque l'article 713 dit que les avoués ne pourront se rendre adjudicataires pour *les greffiers* du tribunal où se poursuit la vente. Or, il n'y a pas dans un même tribunal plusieurs greffiers ; ce qui prouve qu'en s'expliquant au pluriel on a voulu interdire le droit de se rendre adjudicataire, non seulement au greffier proprement dit, mais à ceux qui le

représentent pour la tenue des audiences, c'est-
à-dire à ses commis assermentés.

On pourroit aussi demander si l'interdiction
d'enchérir, pour le saisi, doit s'étendre à son
épouse, à ses enfans, etc.? J'ai entendu rapporter qu'une Cour Impériale avoit réprimandé
un avoué pour s'être rendu adjudicataire pour
la femme du saisi. Mais je dois avouer que je
n'ai jamais bien compris comment on avoit pu
mériter cette censure. La loi n'interdit nullement à la femme du saisi de se rendre adjudicataire; et, je le répète, les exclusions sont de
droit rigoureux, et ne peuvent jamais être éten-
dues d'un cas à un autre. Ajoutez que les intérêts de la femme peuvent être distincts de ceux
du mari, et qu'en se rendant elle-même adjudicataire, c'est elle qui devient propriétaire et non
le saisi. Il en est de même des enfans du saisi,
dont les droits ne peuvent jamais se confondre
avec ceux de leur père.

Le jugement d'adjudication doit être rédigé
dans la forme ordinaire; il doit être revêtu de
l'intitulé des jugemens et du mandement qui les
termine; il contient injonction à la partie saisie
d'avoir à abandonner la possession aussitôt après
la signification du jugement, sous peine d'y
être contrainte par corps. Pour le surplus, le jugement d'adjudication n'est autre chose que la

copie du cahier des charges qui a été déposé au greffe.

Après avoir vu comment on arrivoit à l'adjudication définitive, examinons quelles sont les obligations qu'elle impose à l'adjudicataire, et ensuite quels sont les droits qu'elle lui transmet.

§. II.

Des Obligations et des Droits de l'Adjudicataire.

ARTICLE I.

Obligations.

Toutes les obligations de l'adjudicataire sont fixées par le cahier des charges. Il doit principalement satisfaire aux conditions de l'enchère, payer les frais ordinaires de poursuite, et même les frais extraordinaires, si c'est une des conditions de l'adjudication ; et il ne peut obtenir expédition du jugement d'adjudication, qu'en justifiant de l'accomplissement de toutes ces obligations.

Cette justification se fait, pour les frais, en en représentant au greffier une quittance ; et pour les conditions de l'enchère qui doivent être exécutées avant la délivrance de l'expédition, en lui donnant la preuve de leur exécution.

Dans tous les cas les quittances doivent être annexées à la minute du jugement et transcrites à la suite de l'adjudication.

Si l'adjudicataire ne rapportoit pas ces justifications, non seulement on ne lui délivreroit pas l'expédition du jugement, mais après la quinzaine de l'adjudication il seroit contraint par la folle-enchère à l'exécution de toutes les obligations qu'il s'est imposées.

Une autre obligation de l'adjudicataire, c'est de payer le prix aux époques et de la manière déterminée par le cahier des charges. Mais ordinairement il le garde entre ses mains jusqu'à la clôture du procès-verbal d'ordre, après laquelle il paie aux créanciers utilement colloqués.

Nous développerons plus amplement cette dernière obligation en parlant de l'ordre.

ARTICLE II.

Droits de l'Adjudicataire.

Le jugement d'adjudication transmet à l'adjudicataire tous les droits qu'avoit le saisi, sans exception. Ainsi il lui donne la propriété de l'immeuble, et conséquemment la faculté de le revendiquer en totalité ou en partie, si des tiers s'en sont emparés, ou s'ils ont simplement commis quelque usurpation partielle.

Mais aussi ce jugement ne transmet que les droits qu'avoit le saisi, parce que *nemo plus juris ad alium transferre potest quàm ipse habet.* Si donc le saisi n'avoit qu'une propriété résoluble ou limitée, l'adjudicataire ne pourroit exercer plus de droits que lui ; sa propriété seroit la même que celle du saisi , elle dépendroit des mêmes conditions, elle auroit les mêmes limites.

Ainsi, lorsqu'on aura compris dans la saisie des biens qui n'appartenoient pas au saisi, ou même lorsqu'aucun de ceux adjugés n'étoit dans son patrimoine, l'adjudication n'empêche pas le véritable propriétaire de les revendiquer ; parce que, suivant l'art. 731, l'adjudication ne transmettant d'autres droits que ceux qu'avoit le saisi, elle est censée n'en avoir transmis aucun.

Mais que fera donc l'adjudicataire pour se rédimer du prix qu'il aura déjà payé ? Il aura nécessairement une action en garantie contre le créancier qui a poursuivi la saisie, parce que c'est en quelque sorte lui qu'on peut regarder comme vendeur ; que d'ailleurs il doit s'imputer d'avoir induit à erreur l'adjudicataire par de fausses annonces et des déclarations mensongères.

Il aura encore une action contre chaque créancier qui aura reçu le prix ou une partie du prix, parce qu'il lui a réellement payé ce qu'il ne devoit pas. Cette action est celle connue en droit sous le nom de *condictio indebiti*. Cependant, si en vertu de ce paiement un créancier avoit supprimé son titre, on ne pourroit pas exercer de recours contre lui. C'est ce qu'établit l'article 1377 du Code Napoléon.

Enfin l'acquéreur aura encore une action contre la partie saisie, parce qu'en payant ses propres créanciers, et n'ayant pas ensuite agi contr'eux, il est subrogé de plein droit dans toutes leurs actions.

Voilà quels seront les moyens que l'acquéreur aura de se rédimer ; en choisissant celle de ces trois actions qui lui paroîtra plus avantageuse, il est difficile qu'il ne s'indemnise pas de tout ce qu'il a déboursé.

Mais si la saisie comprend des objets qui appartiennent au saisi, et d'autres qui ne lui appartiennent pas ; que ceux-ci soient tellement considérables, que sans eux l'adjudicataire ne se fût pas présenté, pourra-t-il demander la résolution de l'adjudication, comme dans la même hypothèse l'acquéreur eût pu demander la résolution de la vente volontaire ? En un mot, l'article 1636 du Code Napoléon s'applique-t-il à l'adjudication sur saisie immobilière ? La négative me semble résulter de l'article 731 du

Code de Procédure. Cet article suppose évidemment le cas où l'adjudication comprendroit
des biens qui n'appartiendroient pas au saisi ;
et alors, loin d'accorder à l'adjudicataire la
faculté de faire résilier la vente, il limite ses
droits à ceux du débiteur, et les restreint aux
biens qui ont réellement pu être saisis ; mais
aussi cet article lui donne sur ces biens des
droits qu'il ne peut plus perdre ; et de cela que
dans le Code de Procédure on ne parle pas de
lui accorder d'action résolutoire ; de cela qu'on
n'applique point à l'adjudicataire les dispositions du Code Napoléon relatives à la vente,
on doit penser que l'adjudication doit se résoudre moins facilement qu'une vente ordinaire,
et que la sanction accordée par la justice doit
lui donner une stabilité que n'a pas une vente
ordinaire. Ainsi, l'adjudicataire pourra demander contre le poursuivant et les autres
créanciers une diminution proportionnelle du
prix, mais jamais la résolution de l'adjudication.

§. III.

Des Moyens de faire résoudre la Propriété de l'acquéreur.

La loi impose des obligations à l'adjudicataire.
Des peines sagement infigées pouvoient seules

assurer leur exécution. C'est dans cette vue qu'on a établi la folle-enchère.

Quelquefois l'immeuble saisi n'a pas été porté à sa véritable valeur. Une lésion préjudiciable aux créanciers comme au saisi, se fait remarquer ; un tiers veut la faire cesser, en offrant un prix plus considérable ; de-là, la surenchère autorisée par l'article 710.

Nous parlerons successivement de ces deux moyens de résoudre la propriété transmise à l'adjudicataire par le jugement d'adjudication définitive.

Article I.

De la Folle - Enchère.

Nous avons déjà fait remarquer que l'adjudicataire devoit justifier, dans les vingt jours de l'adjudication, de l'acquit des frais ordinaires de poursuite , et de l'exécution des autres conditions de l'enchère : s'il ne l'a pas fait dans ce délai, il peut y être contraint par la voie de la folle-enchère, c'est-à-dire par la revente de l'immeuble sur sa tête; revente qui ne peut qu'être préjudiciable à l'adjudicataire, puisque, si l'immeuble n'est pas porté , dans la nouvelle adjudication, au prix qu'en avoit donné le fol-enchérisseur, il est tenu, *par corps,* de la différence de son prix avec celui de la revente ; tandis que, si la nouvelle adjudication est faite pour une somme plus considérable, l'excédent ne profite pas au fol-enchérisseur, mais aux créanciers, ou, s'ils sont désintéressés, au saisi. Ainsi cette folle-enchère est tellement préjudiciable à l'adjudicataire, qu'il doit s'empresser d'exécuter les conditions de l'adjudication, pour en éviter l'exercice.

Les formalités à suivre pour la vente sur folle-enchère sont infiniment simples. On ne met pas l'adjudicataire en demeure ; il y est par la seule force de la loi. On prend un certificat du greffier, constatant que l'adjudicataire n'a pas justifié de l'acquit des conditions ; et sans autre procédure on appose de nouveaux placards, on fait de nouvelles annonces dans la forme que nous avons déjà indiquée, et l'on y déclare que l'enchère sera ouverte et publiée de nouveau à un jour indiqué par le poursuivant. Cette publication ne peut néanmoins avoir lieu que quinzaine au moins après l'apposition des placards.

Après cette apposition il convient de faire connoître la nouvelle procédure à l'adjudicataire et à la partie saisie, d'une manière plus particulière. C'est pourquoi l'art. 740 veut qu'on le leur signifie, savoir, pour l'adjudicataire, à son avoué ; pour la partie saisie , au domicile de son avoué ; et si elle n'en a pas, à son propre domicile. Ces significations doivent avoir lieu huit jours au moins avant la première publication.

La seconde publication, précédée également de placards, peut être faite quinze jours après la première ; et de suite l'adjudication préparatoire aura lieu , à moins que le poursuivant ou le tribunal n'indique un tout autre jour.

On peut proposer des nullités contre la procédure qui précède cette adjudication , comme lors des premières poursuites ; et elles doivent être jugées avant l'adjudication , de manière que, si elles sont rejetées, l'adjudication préparatoire soit prononcée par le même jugement : s'il y a appel, il doit être interjeté avec intimation dans la quinzaine de la signification du jugement à avoué, et ensuite notifié au greffier, qui donne son *visa.*

Dans la quinzaine après l'adjudication préparatoire, ou au jour plus éloigné que fixera le Tribunal, mais après avoir fait apposer des placards et insérer des annonces dans les journaux, on procède à la troisième publication, lors de laquelle les objets saisis *peuvent* être vendus définitivement. Nous disons *peuvent être vendus*, parce qu'il dépend du Tribunal de renvoyer l'adjudication définitive à une époque plus éloignée.

On peut également proposer des nullités contre les procédures postérieures à l'adjudication préparatoire ; mais elles doivent être proposées par requête, avec avenir à jour indiqué, vingt jours au moins avant celui indiqué pour l'adjudication définitive. Le Tribunal devra prononcer dix jours au moins avant cette adjudication ; et le jugement qui prononcera sur ces nullités sera susceptible d'appel ; mais il devra être interjeté dans la huitaine de la prononciation, et visé par le greffier, auquel il doit être notifié.

Au jour fixé pour l'adjudication définitive, les enchères s'ouvrent dans la forme ci-dessus rappelée. Des bougies sont allumées ; des avoués enchérissent ; et lorsque deux feux se sont éteints sans qu'une nouvelle enchère ait couvert la dernière, l'adjudication doit être prononcée. L'avoué, dernier enchérisseur, nomme dans les trois jours l'adjudicataire, et celui-ci fournit son acceptation ; autrement c'est l'avoué qui est réputé adjudicataire en son nom personnel.

On n'a pas oublié que la folle-enchère est une mesure de rigueur, une véritable peine infigée à l'adjudicataire négligent ; c'est pourquoi on ne doit la consommer que lorsqu'il est bien prouvé que l'adjudicataire ne payera point ou n'accomplira point les conditions de l'enchère. D'un autre côté, il est devenu propriétaire par son adjudication, et ce n'est qu'à la dernière extrémité qu'il est permis de le dépouiller. C'est ce qui a déterminé le Législateur à laisser à l'adjudicataire, jusqu'au jour de l'adjudication définitive, le droit d'empêcher la revente, en justifiant de l'accomplissement des conditions, et consignant la somme réglée par le Tribunal pour le paiement des frais de la folle-enchère.

ARTICLE II.

De la Surenchère.

La surenchère est le droit accordé *à toute personne* de porter l'immeuble à un quart au-dessus du prix pour lequel l'adjudication a été faite.

Cette mesure a été imaginée, tant dans l'intérêt du saisi que de ses créanciers ; car il importe aux uns et autres que l'immeuble saisi soit porté à sa juste valeur.

Mais pour que la surenchère soit légalement faite, il faut qu'elle ait lieu, dans la huitaine du jour où l'adjudication aura été prononcée, au greffe du Tribunal où a été poursuivie la vente, et par la personne elle-même qui veut surenchérir, ou par un fondé de pouvoir muni d'une procuration spéciale.

La surenchère doit être du quart, au moins, du prix principal de la vente ; en sorte que si l'immeuble a été adjugé pour la somme de quarante mille francs, par exemple, la surenchère le porte à cinquante.

Le droit de surenchérir n'est accordé que sous la condition formelle de dénoncer la surenchère, dans les vingt-quatre heures, aux avoués de l'adjudicataire, du poursuivant et de la partie saisie, sans néanmoins être obligé de signifier au domicile de cette dernière, si elle n'avoit pas d'avoué en cause. Faute par le surenchérisseur d'avoir fait cette dénonciation dans le délai prescrit, sa surenchère est nulle, et la propriété est irrévocablement fixée sur la tête de l'adjudicataire.

Cette dénonciation doit être faite par un simple acte contenant avenir à la prochaine audience, sans autre formalité, c'est-à-dire sans avoir besoin de nouveaux placards ou de nouvelles annonces.

Au jour indiqué, les enchères sont ouvertes entre l'adjudicataire et le surenchérisseur seulement ; car ni le poursuivant, ni tout autre personne, ne pourroit être admise à enchérir ;

et s'il y a folle-enchère, c'est-à-dire si le surenchérisseur n'accomplit pas les conditions de la surenchère, il sera tenu, par corps, de la différence de son prix avec celui de la vente.

Section IX.

De la Conversion de la Saisie en vente volontaire.

C'est un principe consacré par l'article 746, que, lorsqu'il ne s'agit que de ventes volontaires entre majeurs capables de disposer de leurs droits, leurs immeubles ne peuvent être mis aux enchères en justice, à peine de nullité. La raison en est, que les formalités judiciaires n'ont été imaginées que pour suppléer à l'incapacité de ceux qui ne pourroient aliéner par eux-mêmes, ou pour tempérer les mesures trop rigoureuses que des créanciers pourroient prendre contre leurs débiteurs.

Mais il en est autrement, lorsque déjà les immeubles ont été mis sous la main de la justice par une saisie immobilière. Si tous les intéressés sont majeurs; si le poursuivant, la partie saisie, et les autres intéressés peuvent disposer de leurs droits, pourquoi ne pas leur permettre de convertir la saisie en vente volontaire, de manière que l'adjudication soit faite aux enchères devant notaires, ou en justice , sans d'autres formalités que celles prescrites pour la vente des biens immeubles ? Aucune raison plausible ne pouvoit autoriser à leur refuser cette faculté ; au contraire, on trouvoit le moyen de diminuer des frais ruineux pour les uns et les autres, et ce motif étoit suffisant pour faire adopter cette mesure. Ainsi, il faut espérer que le saisi et ses créanciers sentiront que leur intérêt mutuel est de profiter de cette faculté, et que désormais nous verrons peu de saisies immobilières conduites à leurs fins.

Le Législateur a trouvé cette mesure si favorable, qu'il a voulu que les mineurs ou les autres incapables pussent aussi en profiter, et voici comment. Ou les incapables sont créanciers, et conséquemment poursuivent la saisie immobilière ; ou, au contraire , c'est contr'eux qu'est dirigée cette procédure. Dans le premier cas, il faut que le tuteur prenne un avis de parens, et se fasse autoriser par eux à former cette demande conjointement avec les autres intéressés. Dans le second, c'est-à-dire si les mineurs et interdits sont débiteurs, les autres Parties intéressées ne pourront former cette demande qu'en se soumettant à observer les formalités prescrites pour la vente des biens des mineurs.

De cette manière on évite les frais, mais on assure en même temps les droits des incapables.

En permettant aux parties intéressées de demander cette conversion, la loi assujettit néanmoins la vente à certaines formalités. Ce sont toutes celles prescrites par les art. 957, 958 et suivans du Code de Procédure. Ces formalités ne présentent presque aucune difficulté, et peuvent être facilement saisies à la lecture des articles du Code; c'est pourquoi nous nous contentons d'y renvoyer, mais après avoir fait une observation assez importante.

C'est que, malgré le renvoi fait par le Code à l'article 957, malgré sa disposition, dont l'objet est d'exiger le dépôt au greffe, ou chez le notaire, du rapport des experts (ce qui semble supposer qu'on nommera des experts, et que ceux-ci feront l'estimation des biens à vendre), nous croyons qu'il n'est pas nécessaire d'en nommer, parce que, s'agissant d'une vente entre majeurs, la valeur de l'immeuble peut être fixée par eux.

Nous convenons qu'il en est autrement lorsque la vente est poursuivie contre un mineur; comme dans ce cas il faut suivre les formalités prescrites pour l'aliénation des biens des mineurs, il est constant que le rapport d'experts est nécessaire ; mais aussi c'est à ce cas seulement qu'il faut appliquer l'article 957 et tous ceux qui précèdent.

Section X.

De l'Ordre.

On appelle jugement d'ordre, celui qui fixe le rang dans lequel doit être exercée chaque créance sur le prix provenu de l'adjudication.

Ce jugement n'est pas toujours nécessaire ; il est même inutile, lorsque dans le mois de la signification du jugement d'adjudication, ou du jugement confirmatif, en cas d'appel, les créanciers et la Partie saisie se sont réglés entr'eux.

Il est également impraticable, lorsqu'il ne s'agit point d'adjudication sur saisie immobilière, mais de vente volontaire, après laquelle se présentent seulement deux créanciers inscrits. Dans ce cas, en réglant les difficultés qui peuvent les diviser, le Tribunal détermine toujours le rang de chacun d'eux. Ce n'est donc que lorsqu'il y a plusieurs créanciers, ou lorsque l'adjudication n'a eu lieu qu'ensuite d'une expropriation, qu'il faut procéder au jugement d'ordre.

Dans ce cas, faute par le créancier et la partie saisie de s'être réglés entr'eux, le saisissant doit requérir, dans la huitaine de l'expiration du mois, la nomination d'un juge-commissaire, devant lequel il doit être procédé à l'ordre. Si le saisissant ne requiert pas cette nomination dans la huitaine, elle peut être requise par le plus diligent des créanciers ou par l'adjudicataire, et même par le saisi ; car il lui importe de se libérer même partiellement, ou d'obtenir la restitution de ce qui excède le montant des créances.

Cette réquisition doit être faite sur le registre des adjudications tenu au greffe du Tribunal. A la suite du réquisitoire le président nomme le juge-commissaire qui doit procéder à l'ordre.

Il seroit surabondant d'ajouter que c'est devant le Tribunal où l'adjudication a été faite, que doivent être remplies toutes ces formalités ; car c'est un principe constant, qu'on procède toujours à l'ordre devant le Tribunal qui a prononcé sur l'adjudication.

Après la nomination du juge-commissaire le poursuivant prend une ordonnance, par laquelle ce juge ouvre le procès-verbal d'ordre, et y annexe de suite un extrait de toutes les inscriptions existantes.

En vertu de cette ordonnance on fait sommation aux créanciers de produire leurs titres ; cette sommation leur est signifiée aux domiciles par eux élus dans leurs inscriptions , ou chez leurs avoués, s'ils en ont constitué ; mais il n'est pas besoin d'appeler l'adjudicataire.

Dans le mois de cette sommation , chaque créancier doit produire ses titres , avec acte du produit, signé de son avoué , et requérir en même tems sa collocation. La remise des titres et de l'acte de produit est constatée par la mention que le commissaire en fait sur son procès-verbal, mais sans qu'il soit nécessaire de rien faire notifier à cet égard aux autres créanciers ni au saisi.

Faute par les créanciers de produire dans le mois de la sommation , ils supportent, sans pouvoir les répéter, les frais auxquels leur production tardive a donné lieu ; en outre, ils sont garans des intérêts qui auront couru depuis le jour où ils auroient cessé si leur production eût été faite dans les délais fixés.

Enfin, comme les autres créanciers peuvent ignorer l'existence des créances qu'on n'a produites que tardivement , il faut que le créancier en retard fasse signifier son acte de produit aux autres ainsi qu'au saisi; le tout à ses frais.

Après l'expiration du mois , et même avant ,

si tous les créanciers ont produit, le commissaire dresse un état de collocation ; il place chaque créancier suivant son titre de préférence, les privilégiés avant les hypothécaires ; parmi ceux-ci, celui qui a une date antérieure de préférence à celui qui en a une plus récente, et ainsi de suite, en suivant les règles que nous avons expliquées dans le *Régime Hypothécaire.*

Après la rédaction de cette collocation provisoire, le poursuivant doit la dénoncer, par acte d'avoué à avoué, aux créanciers produisans, et à la partie saisie, avec sommation d'en prendre communication et de contredire s'il y a lieu. Cette contradiction doit être faite au plus tard dans le mois, par un dire écrit sur le procès-verbal et notifié par acte d'avoué à avoué aux autres créanciers. Mais s'il ne s'élève pas de contestation, on ne fait pas de dire sur le procès-verbal, et le juge-commissaire fait la clôture de l'ordre ; il liquide les frais de radiation et de poursuite, qui sont toujours colloqués par préférence à toutes créances ; prononce la déchéance des créanciers non produisans, et ordonne la délivrance des bordereaux de collocation et la radiation des créances non utilement colloquées.

Si les créanciers ont produit, mais qu'ils

n'aient pas pris communication des productions des autres , ils sont forclos , et l'ordre s'exécute comme nous venons de le voir.

Mais si après avoir pris communication, ils contestent l'ordre provisoire, le commissaire renvoie les contestans à l'audience, et néanmoins arrête l'ordre pour les créances antérieures à celles contestées , et ordonne la délivrance des bordereaux de collocation , qui sont tellement définitifs, qu'ils dégagent le créancier colloqué de tout rapport à l'égard des créanciers qui produiroient postérieurement.

On appelle, pour être présens à cette contestation, les créanciers postérieurs en ordre d'hypothèques aux collocations contestées ; on leur impose l'obligation de s'accorder sur le choix d'un avoué, sinon ils sont représentés par l'avoué du dernier créancier colloqué.

Le plus diligent des intéressés poursuit l'audience sur un simple acte d'avoué à avoué , et le jugement qui prononce sur les difficultés élevées par les contestans est rendu sur le rapport du juge-commissaire et les conclusions du ministère public ; il contient toujours liquidation des frais.

Ce jugement est susceptible d'appel ; mais il doit être interjeté dans les dix jours de sa signification à avoué, outre un jour par trois myriamètres de distance du domicile réel de chaque Partie. L'acte d'Appel doit contenir assignation et l'énonciation des griefs. On peut même intimer l'avoué du créancier dernier colloqué.

La procédure sur l'appel est infiniment simple. L'appelant ne doit signifier aucunes écritures, et l'intimé peut seulement donner des conclusions motivées, à la suite desquelles l'audience est poursuivie sur un simple acte d'avoué à avoué.

L'arrêt qui prononce sur les contestations doit contenir liquidation des frais. Il prononce la condamnation aux dépens, que ne peuvent jamais répéter les Parties qui ont succombé.

Après le jugement qui termine ces difficultés, ou après l'arrêt, en cas d'appel, le juge-commissaire doit définitivement arrêter l'ordre des créances contestées et de celles postérieures, de la même manière qu'il l'eût fait si l'on n'eût pas élevé de contestation. Ce qui est à remarquer, c'est que les intérêts des créances utilement colloquées cessent de courir à compter de cette époque.

J'ai entendu diversement expliquer cette dernière disposition. Les uns ne voyant dans la loi que le sens naturel que présentent ses dispositions, ont cru que c'étoit seulement les in-

térêts des créances utilement colloquées qui
cessoient de courir, sans que la cessation de
ces intérêts pût profiter à l'adjudicataire ; les
autres, doués d'un esprit plus subtil, ont cru
que c'étoit l'adjudicataire qui, dès cette époque, ne devoit plus l'intérêt de son prix. J'ai
même vu confirmer ce sentiment par un jugement rendu par la cinquième Chambre du Tribunal de Première Instance, contre la plai-
doirie de M^e. Labarte.

Quelque vénération que j'aie pour les décisions du Tribunal, je ne puis cependant pas
me rendre à son opinion. L'article 767 est po-
sitif, et sa disposition ne permet pas de douter
que ce ne soit les intérêts des créances utilement colloquées qui cessent de courir. Le même
article démontre encore assez clairement que
ces intérêts ne cessent pas de courir au profit
de l'acquéreur, mais au profit des créanciers,
dont ils augmentent la masse, ou au profit du
débiteur saisi, lorsque la somme due par l'adjudicataire dépasse le montant de ses dettes.

Après l'ordonnance du juge-commissaire, et
dans les dix jours qui suivent, le greffier doit
délivrer à chaque créancier utilement colloqué le bordereau de collocation, qui est toujours exécutoire contre l'acquéreur.

En vertu de ce bordereau, le créancier re-

cevra ce qui lui est dû, et consentira la radiation de son inscription. Cette radiation est
opérée d'office par le Conservateur, à mesure
des paiemens, et sur la représentation du bordereau et de la quittance, jusqu'à concurrence
des sommes payées. Si l'acquéreur a payé la
totalité de son prix, et qu'il justifie de l'ordonnance du juge - commissaire qui prononce la
radiation des inscriptions des créances non
colloquées, l'inscription d'office sera également
rayée.

Telles sont les formalités auxquelles peut
donner lieu la fixation de l'ordre entre les
créanciers. Il faut maintenant examiner les
questions que présente toute cette matière que
nous venons sommairement d'analyser.

QUESTIONS

Sur les Saisies Immobilières et les Ordres.

SECTION I.

Des Titres en vertu desquels on peut saisir.

§. I.

Peut-on saisir immobilièrement , en vertu d'un juge-
ment par défaut, lorsqu'on est encore dans les délais
pour y former opposition ?

La négative est ainsi établie dans l'art. 2215 du
Code Napoléon : « La poursuite ne peut s'exer-
» cer en vertu de jugement rendu par défaut,
» *durant le délai de l'opposition.* »

Suivant les articles 157 et 158 du Code de
Procédure, l'opposition est recevable, savoir :
pendant la huitaine, à compter du jour de la
signification à avoué, si le jugement est rendu
contre une partie ayant avoué, et *jusqu'à*
l'exécution du jugement, s'il est rendu contre
une partie qui n'avoit pas d'avoué.

D'après cela , il semble que l'on ne puisse
saisir immobilièrement, dans ce dernier cas ,
que lorsque l'exécution du jugement a déjà eu
lieu de toute autre manière , soit par la vente
des, meubles saisis , l'emprisonnement du dé-

cevra ce qui lui est dû, et consentira la radiation de son inscription. Cette radiation est
opérée d'office par le Conservateur, à mesure
des payemens, et sur la représentation du bordereau et de la quittance, jusqu'à concurrence
des sommes payées. Si l'acquéreur a payé la
totalité de son prix, et qu'il justifie de l'ordonnance du juge - commissaire qui prononce la
radiation des inscriptions des créances non
colloquées, l'inscription d'office sera également
rayée.

Telles sont les formalités auxquelles peut
donner lieu la fixation de l'ordre entre les
créanciers. Il faut maintenant examiner les
questions que présente toute cette matière que
nous venons sommairement d'analyser.

QUESTIONS

Sur les Saisies Immobilières et les Ordres.

SECTION I.

Des Titres en vertu desquels on peut saisir.

§. I.

Peut-on saisir immobilièrement , en vertu 'un juge-
ment par défaut , lorsqu'on est encore dans les délais
pour y former opposition ?

La négative est ainsi établie dans l'ar 2215 du
Code Napoléon : « La poursuite ne peut s'exer-
» cer en vertu de jugement rendu pa défaut,
» *durant le délai de l'opposition.* »

Suivant les articles 15- et 158 du Code de
Procédure, l'opposition est recevable, savoir
pendant la huitaine, à compter du jur de la
signification à avoué, si le jugement st rendu
contre une partie ayant avoué, e *jusqu'à*
l'exécution du jugement, s'il est rendu contre
une partie qui n'avoit pas d'avoué.

D'après cela, il semble que l'on e puisse
saisir immobilièrement, dans ce deier cas,
que lorsque l'exécution du jugement déjà e
lieu de toute autre manière, soit pa la ve
des meubles saisis, l'emprisonnemet du

biteur, ou sa recommandation ; car jusqu'à cette exécution la partie condamnée peut former opposition : elle est encore dans les délais ; ce qui, aux termes de l'article 2215, est suffisant pour arrêter la saisie immobilière ou l'expropriation.

Cependant il faut convenir que si tel est le sens de l'article 2215, il est évidemment en contradiction avec l'article 159 du Code de Procédure. Cet article, en effet, voulant marquer le délai de l'opposition, lorsque le jugement est rendu contre une partie qui n'avoit pas d'avoué, et prenant en considération ce que dit l'article 158, que l'opposition est recevable tant que le jugement n'a pas reçu d'exécution, il ajoute que « le jugement est réputé exécuté, » lorsque les meubles saisis ont été vendus, » ou que le condamné a été recommandé, *ou* » *que la saisie d'un ou de plusieurs de ses* » *immeubles lui a été notifiée. . . . .* »

Si la saisie immobilière est mise au rang des procédures qui font cesser le délai de l'opposition, la conséquence forcée qu'il faut en tirer, c'est qu'on a pu saisir immobilièrement avant l'expiration du délai accordé pour former opposition ; c'est que l'expropriation forcée peut avoir lieu alors même que le condamné est encore à temps de former opposition au jugement.

D'après cela, comment concilier des dispositions aussi contradictoires? comment montrer
que les dispositions du Code de Procédure
rentrent dans celles du Code Napoléon? L'article 155 du Code de Procédure nous fournit
la réponse. Cet article suspend l'exécution par
défaut, pendant la huitaine de la signification
à avoué, ou de la signification à personne ou
domicile, s'il n'y avoit pas d'avoué constitué.
Après l'expiration de ce délai, l'exécution du
jugement peut avoir lieu, et elle n'est arrêtée
que par l'opposition.

Il résulte donc de ces principes, d'une part,
que le véritable délai de l'opposition, le seul
dont l'article 2215 ait entendu parler, est celui
de huitaine, à partir de la signification ; et de
l'autre, qu'après l'expiration de ce délai la
loi accorde encore à la partie condamnée *la
faculté* de former opposition, en considération
de ce que, n'ayant eu personne pour la défendre,
on peut présumer qu'elle avoit des moyens
pour écarter la demande formée contre elle.
Mais, il faut le remarquer, ce n'est là qu'une
faculté ; le véritable délai de l'opposition est
celui de huitaine ; et c'est pendant celui-là
seulement que l'expropriation ne peut pas avoir
lieu.

Ainsi se concilient les articles du Code Napoléon et du Code de Procédure déjà cités ; la contradiction n'étoit qu'apparente , l'esprit du Législateur étoit manifeste , et l'expression seule étoit entourée de quelques nuages.

§. II.

Le cessionnaire d'un titre authentique qui auroit fait signifier son acte de cession ; pourroit-il saisir immobilièrement lorsque cet acte de cession seroit sous signature privée , mais dument enregistré ?

Voyez ce que nous avons dit dans l'*Intro-duction à la Saisie Immobilière* , sect. I.

Section II.

Des Personnes dont l'on peut saisir les immeubles.

§. I.

Peut - on exproprier les immeubles appartenant à un militaire en activité de service ?

Quid de ceux qui appartiennent à la femme d'un militaire ?

Les militaires ont toujours joui de grands priviléges : voués par leur profession au service de l'État , obligés de s'éloigner de leur domicile et de négliger leurs affaires personnelles , on a cherché à les soustraire aux poursuites

rigoureuses qu'on eût pu, pendant leur absence, exercer contre eux. De-là la loi du
6 brumaire an 5, qui défend, sous peine de
nullité des poursuites, d'exproprier aucun in-
dividu attaché aux armées.

A la vérité, l'effet de cette loi devoit cesser
un mois après la publication de la paix générale ; ce qui avoit fait croire à quelques personnes qu'elle avoit été abrogée par le traité
de paix signé à Amiens le 10 floréal an 10 ;
et l'on pouvoit d'autant mieux se fortifier dans
ce sentiment, que le Gouvernement lui-même
sembloit l'avoir adopté, en prorogeant, dans le
mois de prairial an 12, les fonctions des tribunaux spéciaux, qui, d'après leur loi consti-
tutive, devoient être révoqués deux ans après
la paix générale.

Cependant toutes ces inductions étoient erro-
nées. Le traité d'Amiens ne nous avoit pas
donné la paix générale ; et s'il nous la faisoit
espérer, les événemens subséquens nous prou-
vèrent qu'il ne contenoit qu'une trêve entre
les puissances belligérantes. D'où il faut inférer que ce traité n'avoit encore porté aucune
atteinte à la loi du 6 brumaire an 5, et que
depuis, comme auparavant, les immeubles
des militaires ne pouvoient être expropriés.

Le Gouvernement a si bien reconnu l'exis-

tence de cette loi du 6 brumaire, même postérieurement au traité d'Amiens, que, par un
décret du 16 mars 1807, il en a' ordonné la
publication dans les départemens au-delà des
Alpes, pour y être exécutée comme loi de
l'Empire. Or, l'on ne la publieroit pas comme
loi, si dans la réalité elle avoit été abrogée.

Quant à l'argument qu'on tire des tribunaux
spéciaux, qui ne devoient durer que pendant
deux ans après la publication de la paix générale, la confirmation qu'ils ont reçue, ou
plutôt la prorogation que le Gouvernement a
cru devoir leur faire connoître, n'a eu lieu que
pour lever les incertitudes qu'on avoit déjà ma-
nifestées à cet égard ; c'est ce dont ne permet
pas de douter le rapprochement de ce décret de
l'an 12, avec celui du 16 mars 1807.

Ainsi, la loi du 6 brumaire est encore dans
toute son activité, et le traité d'Amiens ni
aucune autre disposition législative ne nous
paroissent en avoir paralysé les effets. D'où
nous concluons qu'encore aujourd'hui les immeubles des militaires en activité de service
ne peuvent être saisis ou expropriés.

C'est ce qu'a jugé la Cour de Cassation,
le 30 avril 1811, *en cassant* un arrêt de la
Cour d'Appel de Nismes, qui avoit jugé le
contraire.

La seconde question, proposée en tête de ce paragraphe, présente peut-être plus de difficulté, au moins dans quelques cas particuliers où l'on peut se trouver. Il peut arriver, en effet, qu'un militaire soit marié sous le régime dotal, ou en séparation de biens, ou sous le régime de la communauté.

S'il est marié avec séparation de biens ou sous le régime dotal, et qu'il s'agisse des biens paraphernaux de sa femme, il est sûr que les créanciers personnels de celle-ci peuvent exproprier ses immeubles. Comme cette procédure est en quelque sorte étrangère au mari, qu'elle ne touche en rien à ses intérêts personnels, on ne peut pas invoquer la loi du 6 brumaire an 5.

Mais il n'en sera pas de même lorsque les époux seront mariés en communauté. Comme le mari, en qualité de chef de la communauté, a l'administration et *la jouissance* de tous les propres de sa femme, il en résulte que, s'il est en activité de service, on ne pourra pas faire exproprier ses immeubles; car l'on ne peut pas se dissimuler que cette loi du 6 brumaire tend uniquement à la conservation de tous les droits qui compètent aux militaires. Et certes, l'on n'auroit pas atteint le but qu'on se proposoit, si l'on pouvoit ainsi les dépouiller, lorsqu'ils consacrent leur temps et souvent leur vie à la défense de l'Etat.

Il faut donc comparer le mari, à l'égard des propres de sa femme, à un militaire qui auroit l'usufruit d'un immeuble ; et de même qu'on ne pourroit pas l'en priver par une expropriation, de même cette procédure ne pourroit pas être dirigée contre les propres de la femme, dont le mari militaire a nécessairement l'usufruit. Ce ne seroit que contre la nue propriété que les créanciers personnels de la femme pourroient agir, et encore perdroient-ils ce droit, si par quelque donation comprise dans le contrat de mariage le mari conservoit quelque expectative sur la propriété.

C'est encore ce qu'a jugé la Cour de Cassation, le 29 janvier 1811, *en cassant* un arrêt de la Cour de Douai, qui avoit jugé que les créanciers personnels de la femme pouvoient poursuivre l'expropriation d'un de ses immeubles, quoique le mari, militaire en activité de service, en eût l'administration et la jouissance, comme chef de la communauté, et qu'il conservât quelque expectative, par suite des dispositions faites par le contrat de mariage.

§. II.

L'article 2206 qui défend de mettre en vente les immeubles d'un mineur avant la discussion du mobilier, interdit-il également le droit de les saisir ?

Le créancier peut-il ne pas se livrer à cette discussion préalable, sous le prétexte que le mobilier est insuffisant ?

Si le mobilier a été discuté, mais que le produit soit insuffisant, le créancier peut-il refuser un paiement partiel et s'opposer à la division de la dette ?

La première de ces questions étoit résolue par des dispositions additionnelles proposéeś par le Tribunat; mais aucune de ces additions n'ayant été adoptée, il faut toujours se référer à l'article 2206, le seul qui parle de la discussion des meubles appartenans aux mineurs. Or, cet article interdit seulement la mise en vente des biens des mineurs avant la discussion du mobilier; et c'est ce qui a fait dire à M. Tarrible (*Répert.*, v°. *Saisie Immobilière*, §. 3, n°. 3) que rien n'empêchoit que le créancier ne fît un commandement en expropriation forcée, même avant la discussion du mobilier.

Nous irons encore plus loin que cet habile jurisconsulte. Nous croyons que non-seulement le créancier peut faire un commandement, mais qu'il a encore le droit de saisir;

que seulement la vente sera suspendue pendant la discussion du mobilier, et jusqu'à ce qu'il soit démontré que cette discussion a été insuffisante pour désintéresser le créancier.

Cette interprétation résulte clairement du texte même de l'article 2206, ainsi conçu : « Les » immeubles d'un mineur, même émancipé, » ou d'un interdit, *ne peuvent être mis en* » *vente* avant la discussion du mobilier. »

Cet article, comme on le voit, ne suspend que la mise en vente : il n'empêche ni le commandement, ni la saisie-immobilière ; d'où il faut conclure que l'un et l'autre peuvent avoir lieu avant ou pendant la discussion. S'il en étoit autrement, le créancier pourroit être dupe de la protection que la loi accorde au mineur, et il résulteroit toujours du retard un préjudice notable.

C'est, au reste, ce que décidoit un arrêt de réglement donné à Clermont, au mois de janvier 1666, en exigeant la discussion, non pas avant la saisie-immobilière, mais seulement avant l'adjudication.

On opposera peut-être que, permettre de saisir avant la discussion, c'est exposer le mineur à des frais considérables, souvent inutiles, parce que, s'il arrive que la discussion du mobilier fournisse de quoi payer le créancier, il faudra abandonner les poursuites en expropriation.

Cette objection ne me semble d'aucun poids. S'il n'y avoit que le mineur et le créancier, elle pourroit paroître exacte, parce qu'en supposant que la saisie eût été inutile, on reprocheroit toujours au créancier d'avoir fait une procédure aussi coûteuse avec trop de précipitation. Dès-lors les frais resteroient à sa charge, parce que entre le créancier et le mineur la faveur accordée à celui-ci devroit nécessairement l'emporter.

Mais si le mobilier est discuté, si ensuite, ou même pendant la discussion, les immeubles ont été saisis, on peut l'imputer au tuteur. Il auroit dû, alors que le mobilier étoit suffisant pour acquitter les dettes, prendre des moyens pour empêcher les frais, pour éviter sur-tout la saisie des immeubles. C'est donc à lui que le mineur doit s'adresser pour la réparation des frais qui ont été inutilement faits.

Ainsi, sous aucun prétexte, la saisie des immeubles ne peut être empêchée : seulement l'adjudication devra rester suspendue jusqu'après la discussion du mobilier.

La seconde question paroîtroit devoir présenter quelques difficultés, sur-tout d'après ce que nous avons déjà dit, que lorsque l'immeuble hypothéqué est reconnu insuffisant, on n'a pas besoin de le discuter avant de passer à la saisie des autres immeubles du débiteur. Par identité de raison, ne pourroit-on pas dire que l'insuffisance du mobilier étant justifiée par l'inventaire, le créancier pourroit de suite passer à la saisie des immeubles, sans discussion préalable du mobilier?

Je ne saurois toutefois me le persuader. Il y a cette différence entre la discussion de l'immeuble hypothéqué et celle des meubles, que l'art. 2209, qui parle de la première, donne indéfiniment le droit de recourir aux biens non hypothéqués, en cas d'insuffisance des autres; tandis que l'article 2206, qui établit la nécessité de la discussion du mobilier, l'exige dans tous les cas, sans distinguer si ce mobilier est suffisant ou non.

On peut d'ailleurs en donner ces raisons, 1°. que la discussion du mobilier est ordinairement peu coûteuse, tandis que la saisie des immeubles, toujours longue et dispendieuse, ruine ordinairement le débiteur; que dès-lors il vaut mieux négliger la saisie de l'immeuble hypothéqué, reconnu insuffisant, pour ne se livrer qu'à une seule saisie, qui remplira le créancier de ses droits.

2°. La valeur de l'immeuble hypothéqué peut facilement être reconnue par l'inspection de la matrice du rôle, ou par les baux non suspects qui peuvent en avoir été faits : au contraire, la valeur du mobilier, toujours incertaine, parce qu'elle dépend souvent du caprice ou de la mode, ne peut jamais être déterminée d'une manière sûre. Ensuite, supposant qu'on pût bien juger du mobilier existant lors de l'établissement de la tutelle, comment connoître et apprécier celui échu depuis au mineur ?

Toutes ces considérations nous portent donc à penser que la discussion du mobilier, quel qu'il soit, doit avoir lieu avant l'adjudication, et que le créancier ne seroit admis à mettre les immeubles en vente qu'après avoir justifié de cette discussion, soit par le procès-verbal de saisie, de vente et distribution de deniers, soit par des procès-verbaux de carence.

La dernière difficulté ne peut être élevée que par un créancier capricieux, qui, après avoir discuté le mobilier, n'a pas trouvé de quoi se remplir de ses droits. Irrité par cette circonstance, il voudroit se venger contre les immeubles du mineur, non pour ce qui lui reste dû, mais pour la totalité de sa créance, sous le prétexte qu'on ne peut le contraindre à la recevoir par partie.

A l'appui de sa prétention il pourroit invoquer l'article 1244 du Code Napoléon, ainsi conçu : « Le débiteur ne peut point forcer le

» créancier à recevoir en partie le paiement
» d'une dette, même divisible. » Me contraindre à recevoir ce qui, est provenu de la discussion du mobilier, c'est, pourroit-il dire,
me forcer à diviser la dette ; c'est me contraindre à la recevoir par partie. Or, l'article 1244
m'autorise à refuser ce paiement partiel.

Néanmoins, nous ne craignons pas d'avancer
que son refus ne soit mal fondé. Ordinairement autorisé à refuser un paiement partiel,
le créancier doit toujours le recevoir, lorsque
le débiteur est en état de faillite ou de déconfiture ; c'est ce que fait entendre l'article 1270,
lorsqu'il déclare que la cession de biens ne
libère le débiteur que *jusqu'à concurrence des
biens abandonnés.* Dans ce cas, le créancier
reçoit un paiement partiel, puisque la loi déclare le débiteur libéré d'autant.

Or, la discussion du mobilier annonce une
déconfiture ; elle équivaut à une véritable cession, puisqu'elle donne lieu à la vente de ce
mobilier, à la distribution du prix, et à toutes
les autres suites de la déconfiture ; elle doit donc
aussi libérer le débiteur jusqu'à concurrence
des biens vendus.

§. III.

L'adjudication des immeubles d'un mineur ou d'un interdit, faite avant la discussion du mobilier, prescrite par l'article 2206, est-elle radicalement nulle?

Suivant les principes généraux du droit, l'affirmative devroit être adoptée. On connoît les dispositions des lois romaines, et le sentiment des auteurs en matière de nullité.

La L. 5, au Cod. *de Legib.*, portoit: *Ea quæ lege fieri prohibentur si fuerint facta non solùm inutilia, sed pro infectis etiam habeantur, licet Legislator fieri prohibuerit tantum,* NEC SPECIALITER DIXERIT INUTILE ESSE DEBERE QUOD FACTUM EST.

Domat, dans ses *Lois Civiles,* développant ce texte par un fragment d'Ulpien, ajoutoit: « La » loi seroit trop imparfaite, qui n'annulleroit » pas ce qui seroit fait contre ses défenses, et » qui laisseroit impunie la contravention.

Dumoulin, sur la L. 1, au ff. *de Verb. Oblig.*, s'explique encore d'une manière plus positive. Si la loi, disoit-il, voulant prohiber quelque chose ou quelque acte, se sert de l'expression *ne peut,* elle est censée frapper d'une nullité absolue tout ce qui est l'objet de sa prohibition. *Negativa præposita verbo* potest,

tollit potentiam juris et facti, et inducit neces-
sitatem præcisam, designans actum impossi-
bilem.

Et cette théorie de Dumoulin sembleroit
d'autant plus s'appliquer à notre question, que
l'art. 2206 porte : « que les immeubles d'un mi-
» neur, même émancipé, ou d'un interdit, *ne*
» *peuvent* être mis en vente avant la discussion
» du mobilier. » D'où il faudroit conclure que
l'adjudication faite avant cette discussion seroit
radicalement nulle.

Cependant le Conseil-d'Etat paroît avoir
adopté un sentiment contraire. Dans la séance
du 12 ventose an 12, il avoit admis un article
qui ne laissoit aucun doute ; il étoit ainsi conçu :
« L'adjudication de l'immeuble d'un mineur
» ou d'un interdit, sans discussion de son mo-
» bilier, *ne peut être annullée qu'autant qu'il*
» *seroit prouvé qu'à l'époque des affiches le*
» *mineur ou l'interdit avoit des meubles ou*
» *deniers suffisans pour acquitter la dette.*
» L'action en nullité ne peut pas être exercée
» après l'année révolue, du jour où ils ont
» acquis ou recouvré l'exercice de leurs droits. »

Il résultoit clairement de-là, que l'adjudication seroit annullée toutes les fois qu'il seroit
prouvé que la discussion du mobilier auroit
empêché l'expropriation des immeubles. Mais le

Tribunat trouva cet article inconvenant, et en demanda la suppression.

Le Tribunat, disoit M. Threillard, en rendant compte des conférences tenues avec ce Corps, demande la suppression de l'article 5, qu'il croit inutile et dangereux.

Sa disposition est inutile, parce qu'on ne passe aux immeubles qu'après avoir discuté les meubles, et que la présence du tuteur garantit que cet ordre ne sera pas interverti.

Elle est dangereuse, parce que, si les acquéreurs se voient exposés à une expropriation, ils achèteront à un prix plus bas. La Section adopte cette observation, et l'article est supprimé.

Cette suppression ne permet pas de douter que l'adjudication ne soit valable, encore qu'elle ait été faite avant la discussion du mobilier. La bonne foi des tiers acquéreurs, la confiance que doit leur inspirer la présence de la justice, tout concourt à démontrer la validité de cette adjudication.

Vainement opposeroit-on qu'il peut en résulter une lésion énorme, un préjudice considérable pour le mineur. Ce préjudice est réparé par le recours du mineur ou de l'interdit, soit contre le tuteur, qui n'a pas requis la discus-

sion du mobilier , ou même qui ne s'est pas
fait autoriser à emprunter ou à vendre , afin
d'éviter les frais d'une expropriation ; soit contre
le créancier qui s'est permis de dépouiller le
mineur d'un de ses immeubles, alorsqu'il devoit
d'abord discuter le mobilier ; mais si ce créancier pouvoit prouver que la discussion du mobilier auroit été inutile , parce que le mobilier
étoit insuffisant , le recours du mineur seroit
rejeté. Ainsi jugé par un arrêt du Parlement
de Paris , en date du 30 mai 1656 , rapporté
par Soefve.

SECTION III.

Des Personnes contre lesquelles on peut diriger les poursuites.

§. I.

*Contre qui doit être poursuivie l'expropriation des biens
dont le débiteur a fait cession à ses créanciers ?*

Si la déconfiture pouvoit être assimilée à la
faillite d'un négociant, cette question ne seroit
pas problématique ; car l'article 494 du Code
de Commerce exige que toute action civile
contre la personne ou les biens du failli soit intentée ou suivie contre les agens et les syndics.
Mais nous avons fait remarquer ailleurs que les

dispositions du Code de Commerce, relatives aux faillites, ne pouvoient pas s'appliquer aux débiteurs en déconfiture, à moins que, par une exception particulière, le Législateur s'en fût autrement expliqué. Ainsi, il faut abandonner les dispositions du Code de Commerce pour s'en tenir exclusivement aux règles tracées par le Code Napoléon et celui de Procédure.

D'après l'article 1265 du Code Napoléon, la cession de biens est *l'abandon* qu'un débiteur fait de tous ses biens à ses créanciers, lorsqu'il se trouve hors d'état de payer ses dettes.

Il résulte de cette définition, que le débiteur est dépouillé de la propriété de ses biens aussitôt après la cession ; d'où il suit que ce n'est pas contre lui, et sur sa tête, que la saisie immobilière doit être faite.

Suivant l'article 1269 du même Code, elle ne peut pas non plus être poursuivie contre les créanciers qui ont accepté la cession, puisque l'abandon qui leur est fait ne leur confère pas la propriété des biens du débiteur. Ainsi, ce n'est ni contre le débiteur, ni contre ses créanciers, que ces poursuites peuvent être dirigées, et il faut chercher une autre tête sur laquelle on puisse enter la procédure en expropriation.

Si, comme nous l'avons dit, la propriété

des biens du débiteur cesse de résider sur sa tête dès le moment de la cession ; si elle ne passe pas entre les mains de ses créanciers, elle devient nécessairement vacante, puisque personne ne peut se dire propriétaire des biens abandonnés. Or , si tel est le caractère actuel de ces biens, on doit, comme dans une succession vacante, nommer un curateur, contre lequel toutes les poursuites seront dirigées, et particulièrement la procédure en expropriation.

C'est ce dont ne permet pas de douter l'article 904 du Code de Procédure, puisqu'après avoir décidé que le jugement qui admet au bénéfice de cession , vaut pouvoir aux créanciers à l'effet de faire vendre les biens meubles et immeubles du débiteur , il ajoute, qu'on procédera à cette vente *dans les formes prescrites pour les héritiers sous bénéfice d'inventaire.*

Or, d'après l'article 996 du même Code, lorsque tous les héritiers bénéficiaires ont des actions à intenter contre la succession, ils doivent les diriger contre un curateur au bénéfice d'inventaire, nommé en la même forme que le curateur à la succession vacante.

Ainsi , il résulte de la combinaison de ces divers articles , que la saisie que des créanciers

voudroient faire faire sur les biens abandonnés
par le débiteur, doit être dirigée contre un
curateur nommé à la cession de biens.

§. II.

*Contre qui doit être poursuivie l'expropriation des biens
dépendans d'une succession sous bénéfice d'inventaire ?*

TANT que l'héritier n'a pas renoncé, encore
qu'il ait accepté sous bénéfice d'inventaire, il
est héritier, et c'est contre lui que doit être
poursuivie l'expropriation ; mais s'il abandonne
les biens aux créanciers et légataires, ainsi que
le lui permet l'article 802 du Code Napoléon,
il faut alors faire nommer un curateur, comme
si la succession étoit vacante, et poursuivre
contre lui l'expropriation forcée.

SECTION IV.

Des Biens qu'on peut exproprier.

§. I.

*Peut-on saisir réellement les biens que la loi déclare
immeubles par l'objet auquel ils s'appliquent ?
Et particulièrement peut-on exproprier les servitudes et
les actions qui tendent à revendiquer un immeuble ?*

LA loi reconnoît trois espèces d'immeubles,
savoir : ceux qui sont tels par leur nature,

II.   17

par destination, par l'objet auquel ils s'appliquent.

Les deux premières espèces sont susceptibles d'être expropriées, quoique de diverses manières. Les immeubles par leur nature peuvent être saisis réellement, seuls et sans qu'on ait besoin de les rattacher à quelque autre espèce de biens ; les immeubles par destination, au contraire, ne peuvent jamais être saisis réellement seuls et séparément de l'immeuble auquel ils sont unis ; mais en les saisissant avec cet immeuble, ils peuvent être expropriés en suivant toutes les formes de la saisie immobilière.

La troisième espèce d'immeubles présente quelque difficulté, et c'est pour cela que nous devons l'examiner en particulier.

L'article 526 déclare immeubles par l'objet auquel ils s'appliquent, 1°. l'usufruit des choses immobilières, 2°. les servitudes ou services fonciers, 3°. les actions qui tendent à revendiquer un immeuble.

L'usufruit peut devenir l'objet d'une saisie immobilière ; c'est un bien distinct de la nue propriété : c'est presque un immeuble par sa nature ; et dès-lors ce n'est pas sans raison que l'article 2204 déclare qu'il peut être poursuivi par expropriation.

Il n'en est pas de même des servitudes ou

services fonciers : une servitude n'existe, n'a de valeur que pour le propriétaire du fonds dominant ; considérée isolément, elle ne présente aucun objet, elle est illusoire, et l'aliénation en seroit chimérique ; bien plus, la servitude dégénéreroit en droit personnel, si on pouvoit l'aliéner séparément du fonds ; et contre le texte de l'article 686, elle seroit imposée en faveur d'une personne. Ainsi, il faut convenir qu'elle ne peut être saisie qu'avec le fonds en faveur duquel elle est établie.

Quant aux actions qui tendent à revendiquer un immeuble, telles qu'une action en rescision pour cause de lésion, et l'action en réméré, la question a paru éprouver plus de difficulté. Toutefois la Cour de Cassation a jugé que ces actions ne pouvoient pas être expropriées.

Voici dans quelle espèce :

Un sieur Simoux vend quelques immeubles. Cette vente donne lieu, bientôt après, à une action en rescision. Pendant l'instance un créancier du vendeur poursuit l'expropriation ; mais on demande la nullité de sa procédure, sur le fondement qu'une action en rescision ne peut pas être expropriée.

Le Tribunal civil de Castres, ensuite la Cour d'Appel de Toulouse, déclarent nulles les procédures en expropriation. On se pourvoit en

Cassation ; mais inutilement. L'arrêt est confirmé par deux raisons :

La première , c'est que l'action en rescision pour cause de lésion n'a pour objet final que le supplément du juste prix , sauf la faculté accordée à l'acquéreur d'abandonner l'immeuble , s'il préfère ne pas fournir le supplément du juste prix ; d'où la Cour infère que l'action en rescision est essentiellement mobilière, et que dès-lors elle ne peut pas être poursuivie par expropriation.

La seconde raison est puisée dans cette règle, que les biens susceptibles d'hypothèques sont les seuls qui puissent être expropriés ; que l'action en rescision ne pouvant jamais devenir l'objet de cette affectation , il en résulte encore qu'elle ne peut pas être expropriée.

Quoique nous partagions l'opinion sanctionnée par la Cour dans cette affaire , nous ne pouvons nous dissimuler que les raisons qu'elle invoque ne soient inexactes. En effet, il n'est pas vrai que l'objet final de l'action en rescision soit le supplément du juste prix ; au contraire, l'objet que se propose le vendeur , la seule chose qu'il puisse exiger, c'est la rescision de la vente , c'est la restitution de l'immeuble aliéné ; et s'il s'avisoit de demander le supplément du juste prix , on ne manqueroit pas de le faire déclarer non recevable, précisément parce que ce supplément ne lui est pas dû; voilà pourquoi tous nos anciens auteurs établissent que dans l'action en rescision l'immeuble est *in obligatione*, et le supplément du prix *in facultatè solutionis* de la part de l'acheteur. Ce n'est donc que par un renversement de principe que la Cour a pu dire que c'étoit la restitution de l'immeuble qui étoit *in facultate solutionis.*

Ecoutons Pothier, dans son *Traité du Contrat de Vente*, n°. 331 : « L'action que la loi 2, » *Cod. de Rescind. Vendit.*, accorde au ven- » deur, est une action rescisoire aux fins de » faire rescinder et de déclarer nuls le con- » trat de vente et l'aliénation qu'il a faite de » sa chose, *si mieux n'aime l'acheteur sup-* » *pléer ce qui manque au juste prix ; en* » *conséquence de laquelle rescision, le ven-* » *deur, par cette action, revendique la chose,* » *comme si elle n'avoit jamais cessé de lui* » *appartenir.* »

On trouve les mêmes principes dans les articles 1674 et 1681 du Code Napoléon. Le premier accorde au vendeur qui a souffert une lésion énorme, le droit de demander *la rescision de la vente*; mais il ne lui permet point de demander le supplément du prix. C'est l'art. 1681

qui accorde ce droit à l'acheteur exclusivement ; ce qui prouve que ce droit n'est que *in
facultate solutionis.* [Cependant on juge du
caractère d'une action par ce que peut demander
le créancier: s'il ne peut exiger qu'une chose
mobilière, son action est mobilière ; si, au contraire, il peut prétendre à un immeuble, l'action
est immobilière , *quæ tendit ad mobile est
mobilis, ad immobile immobilis.*

Or , comme la restitution de l'immeuble
aliéné est le seul objet de l'action en rescision ,
comme c'est cet immeuble qui est *in obligatione*, il en résulte que, comme lui, l'action est
immobilière.

Ce n'est donc pas parce que l'action en rescision pour cause de lésion est mobilière,
qu'on ne peut pas l'exproprier ; s'il n'y avoit
pas d'autre raison, nous serions forcés de convenir qu'elle pourroit donner lieu à cette poursuite.

Mais c'est pour une infinité d'autres motifs
que nous allons déduire.

1°. Il ne peut être de l'intérêt des créanciers que l'on puisse exproprier une action
reconnue immobilière ; cette action n'a aucune
existence réelle tant qu'elle n'est pas formée.
Elle peut procurer un gage certain entre les
mains des créanciers ; elle leur devient presque

inutile, quand on veut l'aliéner. Par exemple, si les créanciers commencent par faire rentrer l'immeuble ; s'ils forment eux-mêmes, au nom de leur débiteur, l'action en rescision pour cause de lésion, leur gage pourra s'améliorer de beaucoup. Si, au contraire, l'un d'eux pouvoit exproprier cette action, on ne trouveroit pas d'adjudicataire, ou l'adjudication s'éleveroit à si peu de chose, que le poursuivant pourroit à peine retrouver ses frais. On ne peut pas douter, en effet, que l'incertitude qui accompagne toujours un droit litigieux, ne doive écarter les adjudicataires ; et cette première considération a dû porter le Législateur à interdire l'expropriation d'un droit incorporel.

2°. Si l'on pouvoit saisir réellement une action immobilière, telle que l'action en rescision pour cause de lésion, il pourroit arriver que lorsque la saisie réelle seroit conduite à ses fins, lorsque l'adjudication auroit été prononcée, il fût prouvé qu'elle n'avoit eu aucun objet réel. Ainsi, un créancier se persuade que son débiteur a vendu à vil prix : au lieu de former lui-même l'action en rescision, il le fait exproprier ; sur la foi des affiches il se présente un adjudicataire, qui donne un prix raisonnable de cette action; mais lorsque cet adjudicataire veut mettre cette action en

usage, lorsqu'il demande la rescision de l'aliénation, les tribunaux refusent de l'admettre à
la preuve de la lésion, ou même, après l'avoir
admis, déclarent qu'il n'y a réellement pas
eu de lésion. De-là des recours, des actions en
garantie, qu'il faut éviter, parce que leurs
résultats sont toujours funestes.

3°. Quoique l'objet de l'action en rescision
soit, de la part du demandeur, la revendication
de l'immeuble, néanmoins il peut arriver que ses
résultats soient tous mobiliers. Ainsi, un créancier prétend que son débiteur a été lésé dans
une vente qu'il a faite ; il fait exproprier son
action en rescision ; mais après l'adjudication,
après que l'adjudicataire aura formé l'action, l'acquéreur déclare vouloir conserver l'immeuble
et payer le supplément du juste prix. Dans ce
cas, malgré l'immobilisation bien reconnue de
cette action, il n'en est pas moins vrai qu'on
aura exproprié une simple créance, qu'on
aura adjugé de l'argent pour de l'argent ; ce
que la loi ne peut tolérer, et ce qu'elle ne
tolère pas en effet, ainsi que nous allons le
démontrer.

4°. L'article 2204 détermine les biens dont
on peut poursuivre l'expropriation. Il indique
d'abord les biens immobiliers et leurs accessoires, réputés immeubles, appartenant en

propriété au débiteur ; ce qui comprend tout-à-la-fois les immeubles par leur nature , et ceux qui ne le sont que par leur destination. Ensuite, passant aux immeubles par l'objet auquel ils s'appliquent, cet article ne parle que de l'usu-fruit ; ce qui prouve que parmi cette dernière classe d'immeubles la loi n'a voulu rendre sus-ceptible d'expropriation que le droit d'usu-fruit des choses immobilières. On ne peut pas douter de la vérité de cette assertion, quand on remarque que cet article 2204 est en parfaite harmonie avec l'article 2118, et que , de même que celui-ci interdit l'hypothèque des autres droits incorporels, de même l'article 2204 en interdit l'expropriation.

Ainsi, il résulte de l'esprit de la loi, comme de sa lettre , que les actions immobilières ne peuvent pas être saisies réellement.

Toutefois l'on fait diverses objections que nous ne devons pas laisser sans réponse.

La première est puisée dans les articles 2092 et 2093 du Code Napoléon, qui décident, l'un, que quiconque s'est obligé personnellement, est tenu de remplir son engagement sur tous ses biens mobiliers et immobiliers ; l'autre, que les biens du débiteur sont le gage com-mun de ses créanciers. L'action en rescision faisant partie des biens du débiteur, et celle

action étant immobilière , c'est une conséquence nécessaire qu'elle puisse être expropriée.

La réponse est , qu'il est vrai que le débiteur doit remplir son engagement sur tous ses
biens mobiliers et immobiliers ; mais qu'il ne
résulte pas de-là que les actions immobilières
puissent être saisies réellement ; que cette conséquence ne pourroit présenter quelqu'exactitude que dans le cas où les créanciers n'auroient pas d'autres moyens d'exercer leurs
droits sur ces actions. Alors ils pourroient invoquer le principe que tous les biens du débiteur sont le gage commun de ses créanciers ,
et parvenir à prouver que ces actions faisant
partie du patrimoine du débiteur, elles doivent
être susceptibles de saisie immobilière ; mais
nous reconnoissons que les créanciers peuvent
exercer leurs droits sur ces actions comme sur
les autres biens du débiteur, et nous ne diffé-
rons que par le mode d'exercice. Nous pré-
tendons que ces créanciers doivent d'abord
exercer les actions du débiteur , et ensuite
faire exproprier leurs résultats , et nous ne
voyons pas que ce sentiment soit en opposition
avec les articles 2092 et 2093.

La seconde objection est , qu'on ne peut pas
forcer le créancier qui n'auroit pas les moyens

de soutenir un procès, de commencer par former l'action en rescision, de courir une infinité de chances, pour n'avoir peut-être ensuite qu'un gage insuffisant; que, d'ailleurs, l'article 1166 du Code Napoléon ne fait pas un devoir au créancier d'exercer les droits de son débiteur, mais qu'il lui en laisse simplement la faculté.

La réponse est, que la loi n'examine pas les facultés du créancier pour déterminer ses obligations, et que, de même que d'après l'article 1167 ce créancier est obligé de s'exposer à un procès pour exercer ses droits sur des biens frauduleusement aliénés par son débiteur, que d'après l'article 2205 il est obligé, avant d'exproprier la part indivise d'un cohéritier dans les immeubles d'une succession, d'en faire faire le partage, de même il sera obligé d'exercer son action en rescision avant de passer à l'expropriation.

Il est vrai que la loi ne lui en fait un devoir que lorsqu'il veut profiter des actions appartenant à son débiteur, jusques-là il est maître d'exercer les droits de celui-ci; mais aussitôt qu'il veut en profiter, et que pour cela il veut passer à l'expropriation, c'est un devoir qu'il consent à s'imposer lui-même, et dont il ne sauroit se plaindre.

Enfin, la dernière objection est prise de ce que, malgré l'incertitude d'une créance, rien n'empêche de l'aliéner ; que telle est la décision des articles 1689 et suivans ; que si le débiteur ne l'aliène pas lui-même pour payer ses créanciers, rien n'empêche que la justice ne le fasse exproprier.

La réponse est, qu'il ne suffit pas qu'un bien puisse être aliéné par le débiteur pour qu'on puisse l'exproprier. Cette voie est assujettie à des formalités qui ne conviennent pas à toute espèce de propriété, et particulièrement à une action qui n'a aucune assiette fixe ; ainsi, cette objection est, comme toutes les autres, beaucoup trop faible pour renverser nos principes.

De toutes ces observations nous conclurons que l'action en rescision, comme toutes les autres actions réelles, ne peut pas être saisie réellement ; mais que, si le créancier veut en retirer quelque avantage, il doit commencer par l'exercer au nom de son débiteur : s'il réussit, et que de cette manière il fasse rentrer l'immeuble dans les mains de son débiteur, c'est alors seulement qu'il pourra faire usage de la saisie réelle.

§. II.

Peut-on saisir immobilièrement des bâtimens construits par un usufruitier, un locataire ou un fermier ?

CETTE question ne peut présenter de doute à l'égard de l'usufruit. Les créanciers du propriétaire du fonds peuvent toujours saisir les bâtimens construits par l'usufruitier, soit qu'ils l'aient été comme condition de l'usufruit, soit que l'usufruitier les ait fait construire de son propre mouvement. Dans le premier cas, ils appartiennent nécessairement au propriétaire, ils accèdent au fonds, parce que c'est une des causes qui doit avoir déterminé la concession de l'usufruit. Dans le second, quoiqu'il pût y avoir plus de difficulté, néanmoins ils doivent aussi accéder au fonds, puisque, suivant le §. 2 de l'article 599 du Code Napoléon, l'usufruitier ne peut, à la cessation de l'usufruit, réclamer aucune indemnité pour les améliorations qu'il prétendroit avoir faites, encore que là valeur du fonds en fût augmentée. Ainsi, les créanciers du propriétaire pourront, même dans ce cas, saisir immobilièrement les bâtimens construits par l'usufruitier, puisqu'ils appartiennent à leur débiteur.

A l'égard des créanciers personnels de l'usufruitier, il doit y avoir encore moins de doute.

Tant que celui-ci jouit du fonds, tant que l'usufruit continue, ces bâtimens, ou plutôt la jouissance de ces bâtimens, est une propriété immobilière qu'on doit nécessairement faire saisir.
C'est ce qu'il faut conclure du §. 2 de l'art. 2204
du Code Napoléon, ainsi conçu: « Le créancier
» peut poursuivre l'expropriation. . . . de l'usu-
» fruit appartenant au débiteur, sur les biens
» de même nature » , c'est-à-dire sur les biens
immobiliers.

Cette question ne peut donc présenter de
doute sérieux qu'à l'égard des bâtimens construits
par le locataire ou le fermier ; encore n'est-ce
pas pour ce qui regarde les créanciers personnels
du preneur. Pour ceux-ci, les bâtimens ne tiennent pas à la propriété, ils sont essentiellement
meubles, et dès-lors ne peuvent être saisis que
mobilièrement. C'est sans doute ce qu'auroit
pensé Pothier , puisque, dans son *Traité de la
Communauté*, il donne pour règle fondamen-
tale que ces constructions constituent des effets
mobiliers qui doivent entrer dans la communauté de l'époux qui les a fait faire.

Quant aux créanciers du propriétaire , il y a
plus de difficulté : d'une part, on peut dire que
l'article 518 déclare les bâtimens immeubles
par leur nature , sans aucune distinction ; que
l'article 555, prévoyant le cas où ils auront été

construits par un tiers, avec ses propres matériaux, accorde au propriétaire le droit de les
retenir, en en payant la valeur ; mais que, jusqu'à ce choix, les bâtimens accèdent à la propriété du fonds, suivant la maxime *œdific.
solo cedit*, maxime consacrée par l'art. 552
du Code Napoléon.

D'un autre côté on répond, qu'à la vérité
l'article 518 déclare immeubles les bâtimens,
mais que sa disposition doit se restreindre au
cas où ils ont été construits par le propriétaire
lui-même ; que, lorsque c'est un tiers qui a fourni
ses matériaux et fait les constructions, on ne
peut pas supposer qu'il les ait faites pour rester
à perpétuelle demeure, puisqu'il savoit que
son titre n'étoit que momentané ; que l'art. 555,
accordant au propriétaire le droit de retenir les
bâtimens, ou de les faire enlever, suppose que
dans ce dernier cas les bâtimens sont essentiellement meubles ; que si l'on permettoit de
les saisir immobilièrement, il pourroit arriver
qu'en définitif on n'eût saisi de cette manière
qu'une somme d'argent, puisqu'en retenant
les bâtimens le propriétaire peut en payer la
valeur.

Dans ce conflit d'opinions, nous n'hésitons
pas d'avouer notre embarras. Toutefois, comme
il faut prendre un parti, nous ferons nos efforts

pour n'embrasser que des principes que tout le monde puisse avouer.

Il nous paroît qu'avant le choix autorisé par l'article 555, avant que le propriétaire ait déclaré s'il entendoit ou non retenir les constructions, l'on ne peut pas les saisir immobilièrement ; autrement il arriveroit, ainsi qu'on l'a fait remarquer, qu'on auroit souvent saisi comme immeubles des choses essentiellement mobilières, et qui même n'auroient jamais appartenu au propriétaire du fonds. Cette considération doit donc nous porter à avouer que la saisie immobilière ne pourra comprendre ces objets, qu'autant qu'elle sera précédée de la déclaration qu'on entend retenir les constructions faites sur le fonds.

Mais qu'on ne pense pas qu'il n'y ait que le propriétaire qui puisse faire cette déclaration. D'après l'article 1166 du Code Napoléon, les créanciers peuvent exercer tous les droits et actions de leur débiteur; c'est un droit qu'il leur importe d'exercer, et dont l'omission pourroit sensiblement diminuer leur gage : ainsi ces créanciers, s'ils préfèrent retenir les constructions, ce qui arrivera lorsqu'elles auront augmenté de beaucoup la valeur du fonds, auront le droit de le déclarer, et ensuite de les faire saisir avec le fonds ; mais ils devront

jours commencer pàr-là, puisque c'est la seule manière de les faire regarder comme appartenant au débiteur.

Cette déclaration de la part des créanciers peut précéder l'extinction du bail : d'abord, parce que dans aucun cas le locataire et le fermier ne peuvent l'empêcher ; et ensuite, parce que l'expropriation poursuivie avant l'expiration du bail ne porte aucune atteinte aux droits du preneur, et les laisse subsister dans leur intégrité. Ainsi, avant de procéder à la saisie, ou même après, mais avant la vente, les créanciers, agissant au nom de leur débiteur, déclareront conserver les constructions en en payant la valeur, ensuite ils les saisiront comme une partie intégrante du fonds.

§. III.

Le créancier qui a une hypothèque sur des biens reconnus insuffisans pour le paiement de sa créance, ne peut-il exproprier les biens qui ne lui sont pas hypothéqués, qu'après la discussion des autres ?

L'AFFIRMATIVE sembleroit résulter de l'article 2209, ainsi conçu: « Le créancier ne peut » poursuivre la vente des immeubles qui ne » lui sont pas hypothéqués, que dans le cas d'in- » suffisance des biens qui lui sont hypothéqués. »
D'après cela l'on pourroit croire que l'insuf-

fisance n'étant démontrée d'une manière positive qu'après la discussion des immeubles hypothéqués, le créancier ne peut recourir aux
autres qu'après avoir exproprié les premiers.

Cependant cette opinion nous paraîtroit contraire aux principes de l'équité. Un créancier
n'a exigé une hypothèque que pour améliorer
sa position, pour avoir un gage plus certain.
Toutefois il seroit plus maltraité qu'un simple
créancier chirographaire, puisqu'il ne pourroit
pas, comme celui-ci, exproprier un immeuble
assez considérable pour le remplir de ses droits.

Cette opinion, favorable en apparence au
débiteur et aux autres intéressés, tourneroit nécessairement contre leurs intérêts. Obligé de
discuter l'immeuble hypothéqué, le créancier
feroit les frais d'une première expropriation,
sans pouvoir se dispenser de commencer,
bientôt après, une semblable poursuite; par-
là il diminueroit donc le gage des uns et des
autres, sans leur procurer en définitif aucun
avantage.

En outre, l'esprit de la loi répugne à une
telle interprétation. On a voulu, par l'art. 2209,
que le créancier qui avoit une hypothèque
plus que suffisante, ne pût arbitrairement diminuer la garantie des créanciers chirographaires, et faire vendre un immeuble, alors

qu'il étoit sûr d'être payé sur le produit de celui qui lui étoit spécialement hypothéqué ; mais la loi n'a pu vouloir que le créancier qui avoit été abusé fût forcé de faire les frais d'une expropriation, alors qu'il sauroit d'avance que le produit seroit insuffisant pour acquitter sa créance.

Vainement diroit-on qu'en acceptant cette hypothèque le créancier s'est imposé l'obligation de discuter d'abord l'immeuble qui en est frappé ; c'est comme si l'on soutenoit qu'en prenant cette hypothèque le créancier avoit renoncé à l'obligation des autres biens. L'on sent qu'un pareil raisonnement seroit trop vicieux pour pouvoir sérieusement être proposé.

Ainsi il résulte de-là, qu'aussitôt que le juge aura aperçu l'insuffisance des biens hypothéqués, il pourra permettre de saisir réellement les immeubles non hypothéqués à la dette.

Pour juger de l'insuffisance, il pourra se rattacher aux principes de l'article 2165 ; c'est-à-dire asseoir la valeur de l'immeuble, nou d'après des estimations, mais par quinze fois la valeur du revenu déclaré par la matrice du rôle, pour les immeubles non sujets à dépérissement, et dix fois cette valeur pour ceux qui y sont sujets. Le juge pourra encore s'aider des éclaircissemens qui peuvent résulter des

baux non suspects, des procès-verbaux d'estimation, et autres actes semblables.

§. IV.

Une saisie immobilière peut-elle être déclarée nulle, par
cela seul qu'elle comprend des biens qui n'existent pas
ou qui n'appartiennent pas au saisi?

La négative résulte formellement de quelques
articles du Code de Procédure qu'il suffira
de rappeler.

L'article 727 porte : « La demande en distrac-
» tion de tout ou de partie de l'objet saisi sera
» formée par requête d'avoué, tant contre le
» saisissant que contre la partie saisie, le créan-
» cier premier inscrit et l'avoué adjudicataire
» provisoire. »

L'article 729 : « Si la distraction demandée
» n'est que d'une partie des objets saisis, *il sera*
» *passé outre, nonobstant cette demande, à la*
» *vente du surplus des objets saisis ; pourront*
» *néanmoins, les juges, sur la demande des*
» *parties intéressées, ordonner le sursis pour*
» *le tout.* »

Il résulte de ces articles, que lorsque la saisie
immobilière comprend des biens qui n'appartiennent pas au saisi, on ne peut l'attaquer de
nullité, mais que les tiers-propriétaires de ces
objets peuvent en demander la distraction ;

car, de ce qu'on peut passer outre à la vente
lorsque la distraction est partielle, il suit que
non-seulement on ne peut pas, sous ce prétexte,
demander la nullité de la saisie; mais que,
lorsque la distraction est de la totalité des objets
saisis, il est simplement sursis à l'adjudication :
ce qui prouve que, même dans ce cas, la procédure n'est pas nulle.

C'est ce qu'a jugé la Cour d'Appel de Nîmes,
dans l'espèce qui suit :

Un négociant de Lyon avoit fait saisir les
biens du sieur Calamel, ancien négociant à
Orange.

Celui-ci, indépendamment de quelques autres
moyens de défense, soutenoit que la saisie
devoit être déclarée nulle, parce qu'elle comprenoit des objets qui n'existoient pas ou qui
n'appartenoient pas au saisi.

Le Tribunal de Première Instance rejeta ces
moyens de nullité, et son jugement fut confirmé sur l'appel qu'en interjeta Calamel.

Voici le texte de l'arrêt, tel que nous le
retrace Denevers, dans son *Supplément du
Journal des Audiences.*

La Cour, « considérant qu'aucune disposi-
» tion du Code de Procédure ne prononce la
» nullité d'une saisie qui comprendroit des
» objets autres que ceux qui appartiennent

» réellement au saisi ; qu'il prévoit , au con-
» traire , ce cas, en autorisant les demandes
» en revendication ou distraction ; que les nul-
» lités ne doivent pas être arbitrairement créées;
» que, loin d'être lésé par la mise en vente d'un
» excédent de ses biens, le saisi y trouveroit ,
» au contraire, l'avantage d'un surhaussement
» de prix dans les enchères, qui ne tourneroit
» qu'au préjudice de l'acquéreur.... dit qu'il a
» été bien jugé , etc.... »

SECTION V.

Des Tribunaux devant lesquels doit être portée la Saisie Immobilière.

———————

Lorsque les biens hypothéqués au créancier , et les biens non hypothéqués , sont situés dans divers arrondissemens , sans dépendre d'une même exploitation , et que le débiteur, dont on a saisi les biens hypothéqués , requiert la vente des uns et des autres , devant quel Tribunal doit être portée la saisie des biens non hypothéqués ?

CETTE question est proposée dans la *Procédure des Tribunaux de France*, sous le titre relatif à la saisie immobilière. L'auteur pense que les biens non hypothéqués n'étant saisis qu'accessoirement, et seulement lorsque le débiteur le requiert, la saisie des uns et des autres doit être portée devant le Tribunal des biens hypothéqués. Il confirme ce sentiment par l'article 720 du Code de Procédure qui, dans le cas d'une seconde saisie plus ample que la première, impose l'obligation de les réunir et de les poursuivre simultanément devant le Tribunal de là première saisie.

Avant de nous expliquer sur la régularité de cette opinion, il nous semble qu'il y a une question qu'il faut préalablement résoudre ; c'est celle de savoir si le débiteur peut requérir la vente des biens non hypothéqués lorsqu'ils ne font pas partie d'une seule exploitation? Si nous décidons qu'il n'en a pas le droit, il devient inutile d'examiner devant quel Tribunal doit être poursuivie une saisie que le créancier ne peut pas se permettre, et que le débiteur ne peut pas requérir.

Et telle est, en effet, la force de l'opinion que nous embrassons, qu'elle rend inutile la question proposée en tête de cet article ; car nous pensons que toutes les fois que les biens hypothéqués, et ceux non hypothéqués, sont divisés et ne *dépendent pas d'une même exploitation*, le débiteur ne peut pas requérir l'extension de la saisie sur les biens non hypothéqués.

L'article 2211 du Code Napoléon justifie

cette assertion; il porte : « Si les biens hypothé-
» qués au créancier, et les biens non hypothé-
» qués, ou les biens situés dans divers arron-
» dissemens, *font partie d'une seule et même*
» *exploitation*, la vente des uns et des autres
» est poursuivie ensemble si le débiteur le
» requiert. »

Il résulte de cet article que le droit de requérir
l'extension de la saisie dépend toujours de l'i-
dentité de l'exploitation, et que ce n'est que
dans ce cas particulier qu'on peut en saisir un
même Tribunal.

La même conséquence résulte de l'art. 2210,
qui ne permet de provoquer simultanément
la vente forcée des biens situés dans divers
arrondissemens, que lorsqu'ils font partie d'une
même exploitation.

Et l'on conviendra facilement que rien n'est
plus juste que cette théorie. Si quelquefois les
biens hypothéqués, et ceux qui ne le sont pas,
quoique situés dans divers arrondissemens, sont
néanmoins contigus, il arrive souvent que les
uns sont très-éloignés des autres, et à une distance telle, qu'on ne pourroit obliger le créancier à en poursuivre la vente simultanément
sans lui porter un préjudice notable. Ainsi, je
possède, dans le département de l'Aube, une
pièce de terre que j'ai hypothéquée au paiement

d'une de mes dettes ; j'en possède une autre
dans le département de la Seine-Inférieure, et
celle-ci est quitte de toute affectation : ne seroit-il pas ridicule que, lorsque mon créancier
veut saisir la pièce hypothéquée, je fusse autorisé à le renvoyer dans le département de la
Seine-Inférieure pour réunir à la saisie par lui
faite une pièce de terre absolument indépendante de la première? Non-seulement je ne le
pourrai sans nuire aux droits de ce créancier ;
mais je n'y trouverai moi-même aucune espèce
d'avantage. Car, si l'article 2211 a permis au
débiteur de requérir la vente des biens non
hypothéqués, c'est pour ne pas morceler les exploitations, pour ne pas nuire au débiteur, dont
l'immeuble se vendroit beaucoup moins s'il y
avoit eu déjà des aliénations partielles.

Ainsi nous conclurons de toutes ces réflexions,
que lorsque les biens hypothéqués, et ceux qui
ne le sont pas, ne font pas partie d'une seule
et même exploitation, le débiteur ne peut pas
requérir que la vente des uns et des autres soit
poursuivie ensemble ; et que dès-lors il est inutile d'examiner, dans ce cas particulier, devant
quel Tribunal devroit être portée la saisie.

Sᴄᴛɪᴏɴ VI.

Des Formalités de la Saisie.

Aʀᴛɪᴄʟᴇ I.

Des Formalités qui précèdent.

§. I.

*Peut-on convenir, dans l'acte constitutif de l'obligation
et de l'hypothèque, qu'à défaut de paiement le créancier pourra faire vendre, sans formalité de justice,
l'immeuble hypothéqué ?*

Iʟ paroît, par ce qu'en rapportent quelques-uns
de nos auteurs, que dans l'ancien droit romain
le pacte commissoire s'appliquoit à l'hypothèque
comme à la vente, de manière qu'il étoit permis
de convenir que, faute par le débiteur de se
libérer à l'époque convenue, la propriété du
gage restoit au créancier. Toutefois le vice de
cette législation n'échappa point à Constantin,
et par la *L. ult. au Cod. de Pactis Pignor*, il
prohiba cette convention comme laissant aux
créanciers trop de facilité pour abuser de la
position ou du malheur des débiteurs. (*Voyez*
Voët, *liv.* 20, *tit.* 1, *n°.* 25.)

L'ancien droit français adopta la décision de
Constantin, et l'article 2078 du Code Napoléon
nous la retrace à l'égard du gage seulement ;

mais comme l'hypothèque est une espèce de gage, nul doute qu'on ne doive lui appliquer la décision de cet article 2078.

Ainsi l'on ne pourroit pas convenir qu'à défaut de paiement à l'époque convenue, le créancier deviendroit propriétaire de l'immeuble hypothéqué. On ne pourroit pas plus convenir qu'il pourroit le faire vendre sans formalité de justice, parce que le même article 2078 prononce la nullité de toute clause qui auroit pour objet d'autoriser le créancier ou à s'approprier le gage, ou *à en disposer sans les formalités* prescrites par la loi. S'il en étoit autrement, la disposition qui interdiroit au créancier de s'approprier le gage à défaut de paiement seroit illusoire, parce qu'on arriveroit toujours au même but en se faisant dispenser de l'accomplissement des formalités de justice.

Au reste, la question s'est présentée à la Cour d'Appel de Bourges dans l'espèce suivante :

Après avoir emprunté une somme d'argent au sieur Derlacades, le sieur Duperthuis lui donne hypothèque sur ses biens, et en même temps le pouvoir de les vendre jusqu'à due concurrence, et sur un simple commandement, s'il ne paie pas à l'époque déterminée.

A l'échéance de l'obligation, Duperthuis ne payant pas, on lui fait commandement, et en même temps on le somme de se trouver chez un notaire pour être présent à la vente qu'on entend faire de ses biens.

Il se présente chez le notaire, non pas pour consentir à la vente, mais pour y former opposition ; pour déclarer qu'il entend révoquer le pouvoir contenu dans l'obligation.

Aussitôt on l'assigne devant le Tribunal de Première Instance, et on parvient à le faire condamner : il interjette appel, et, par arrêt en date du 8 février 1810 sa résistance est déclarée légitime, précisément parce que l'article 2078 du Code Napoléon déclare nulle toute clause qui autorise le créancier à s'approprier le gage sans un jugement qui l'ordonne, ou à en disposer autrement que par une vente aux enchères.

Ainsi il résulte de cet arrêt, qu'il faut appliquer, comme nous l'avons déjà fait, l'art. 2078 à l'hypothèque, comme au gage, et exiger toujours l'accomplissement des formalités, qui seules peuvent garantir que l'immeuble sera porté à sa véritable valeur.

§. I I.

*Lorsque le créancier d'un mineur, d'un interdit, d'une
succession vacante, veut poursuivre l'expropriation
d'un immeuble appartenant à son débiteur, doit-il
suivre les formalités de la saisie immobilière, ou celles
prescrites pour la vente des biens des mineurs ?*

Quoique l'article 965 du Code de Procédure,
relatif à la vente des immeubles appartenant
à des mineurs, renvoie aux formalités de la
saisie, pour l'aliénation de ces biens, il existe
néanmoins des différences sensibles entre ces
deux espèces d'aliénations. Par exemple, la
vente des biens des mineurs doit toujours être
précédée d'un avis de parens, homologué par
le Tribunal; elle doit être portée devant le
Tribunal du domicile du mineur; et quoique
faite en justice, elle n'a que le caractère d'une
vente volontaire. Ainsi, elle ne purge pas;
elle est assujettie à la transcription, à la notification, etc.

L'expropriation forcée, au contraire, est
poursuivie sans aucuns préliminaires; elle est
portée devant le Tribunal de la situation des
biens; elle n'est pas assujettie à la transcription, elle purge toutes les hypothèques, parce
qu'elle a été faite en présence de tous les créanciers inscrits.

Ces différences sont assez essentielles pour qu'un créancier dèsire suivre l'une de ces procédures de préférence à l'autre. La question est donc de savoir si l'on pourra s'y opposer.

Nul doute que le créancier ne puisse s'assujettir aux formalités prescrites pour la vente des biens des mineurs, et je ne pense pas que personne s'y oppose ; aussi la difficulté n'est-elle vraiment pas élevée pour ce cas.

Il n'en est pas de même lorsque le créancier veut poursuivre l'expropriation. On lui fait diverses objections ; on soutient qu'il doit obtenir l'autorisation du conseil de famille ; qu'il doit porter son action devant le Tribunal du domicile , etc.

Mais toutes ces objections sont impuissantes. Le créancier a un titre indépendant de toute considération; il peut toujours le faire exécuter : le conseil de famille ne peut arrêter ses démarches qu'en faisant acquitter sa créance.

C'est ce qui résulte de l'article 2206 du Code Napoléon , qui soumet le créancier qui veut exproprier les immeubles d'un mineur, à la discussion préalable de son mobilier : or , ne lé soumettant qu'à cette discussion, en lui accordant ensuite le droit d'exproprier, on le traite, à cette différence près, comme le créancier d'un majeur, on ne l'assujettit à aucune autre formalité.

Les mêmes principes se trouvent encore plus énergiquement consacrés par les art. 747 et 748 du Code de Procédure.

Le premier suppose qu'un immeuble a été saisi réellement, et que les créanciers préfèrent user de mesures moins sévères que celles prescrites pour la saisie immobilière. Dans ce cas, il leur permet de demander que l'adjudication soit faite devant notaire, ou même en justice, mais avec les formes prescrites pour la vente des biens des mineurs. Toutefois il ne leur accorde cette faculté qu'autant qu'ils sont *tous majeurs et maîtres de leurs droits.*

Le second veut faire participer les mineurs à cette faculté ; pour cela il dispose, que si un des créanciers est mineur, le tuteur pourra, sur un avis de parens, se joindre aux autres parties intéressées pour la même demande ; mais que, si c'est le débiteur saisi qui soit mineur, *les autres parties intéressées ne pourront faire cette demande qu'en se soumettant à observer toutes les formalités pour la vente des biens des mineurs.*

Il résulte bien évidemment de ce dernier article, que ce n'est que lorsque les intéressés demandent d'être admis à observer les formalités prescrites pour la vente des biens des mineurs, qu'ils peuvent cesser d'observer celles de la saisie ; mais jusques-là ils doivent suivre celles-ci, comme s'il exproprioit un majeur ; car s'ils eussent été naturellement assujettis aux formalités prescrites pour la vente des biens des mineurs, on ne leur eût point accordé, comme une espèce de privilége, le droit de suivre les autres, on n'eût pas mis en question s'ils pouvoient admettre des formalités auxquelles ils étoient naturellement assujettis.

Ainsi, nous devons persister à penser que le créancier du mineur peut exproprier ses biens, comme il exproprieroit ceux d'un majeur, et sans être assujetti à de nouvelles formes.

§. III.

Lorsque c'est contre l'héritier du débiteur qu'est dirigée la saisie, le commandement doit-il être précédé de la signification prescrite par l'article 877 du Code Napoléon ?

PLUSIEURS coutumes, notamment celle de Paris, interdisoient toutes poursuites contre des héritiers, tant qu'on n'avoit pas fait déclarer exécutoires contr'eux les titres qu'on avoit contre le défunt.

Lorsqu'on s'occupa de la rédaction du Code

Napoléon, on s'aperçut que cette formalité étoit superflue, qu'elle occasionnoit des frais, qu'elle ne servoit qu'à multiplier les procès, et dès cet instant on résolut de la supprimer. Pour ne laisser aucun doute à ce sujet, on déclara, dans la première partie de l'art. 877, que les titres exécutoires contre le défunt seroient pareillement exécutoires contre l'héritier personnellement. Cependant, comme on auroit pu arriver à cette exécution sans que l'héritier eût connoissance du titre, on ajouta cette modification, que les créanciers *ne pourroient poursuivre l'exécution* que huit jours après la signification des titres à la personne ou au domicile de l'héritier.

Toutefois cette disposition, claire pour les actions ordinaires, a paru équivoque pour la saisie immobilière. Quelques personnes ont prétendu que la signification du titre à l'héritier n'avoit pas besoin de précéder le commandement; qu'il suffisoit qu'on la trouvât dans cet acte, pour que le vœu de l'article 877 fût entièrement rempli;

Que cela résultoit de ce que le commandement n'étoit pas un commencement d'exécution, mais une manière de mettre l'héritier en demeure; que l'exécution ne commençoit que lorsque la saisie avoit été faite, puisque l'art. 673

II. 19

du Code de Procédure regarde le commandement comme un acte préliminaire qui doit
précéder la saisie ; que le même article 673
reconnoissoit si bien que le commandement ne
constituoit pas un commencement de saisie ,
qu'il exige cette énonciation, que faute de
paiement *il sera procédé* à la saisie.

D'où il est permis d'inférer qu'en signifiant
à l'héritier le titre exécutoire en même temps
que le commandement à fin de saisie immobilière, on a rempli le vœu de l'article 877.

Cependant nous ne partageons pas cette opinion. Le commandement est un acte hostile
qui se lie intimement à la saisie immobilière
dont il est suivi ; qui en fait tellement partie,
que tout l'édifice de la saisie s'écroule si ce
premier acte est vicieux. Aussi est-il difficile
de ne pas le regarder comme un acte d'exécution ; il en a tous les caractères. Il doit
être fait en vertu d'un *titre exécutoire ;* il ne
pourroit avoir lieu dans la huitaine qui suit la
prononciation d'un jugement ; en un mot, il est
assimilé à tous les autres actes d'exécution.

D'après cela, la signification des titres qu'il
contient ne peut équivaloir à la signification
franche et amicale qu'exige l'article 877. Le
commandement fait en vertu des titres qu'on
ne connoissoit pas encore , irrite les héritiers et

les éloigne de cette bonne foi à laquelle ils se seroient livrés, si, loyalement, on leur eût donné connoissance des titres souscrits par le défunt. Ainsi, la signification que contient le commandement ne remplit pas le vœu de la loi, et il résulte, au contraire, de l'article 877, que la signification de ces titres doit précéder de huit jours le commandement à fin de saisie.

C'est ce qu'a jugé la Cour d'Appel de Bruxelles, le 10 mai 1810, et les motifs de son arrêt sont uniquement pris de ce que le commandement est le *premier acte* de l'exécution.

§. IV.

Le commandement aux fins de saisie immobilière peut-il être signifié au domicile élu dans l'obligation ?

Si la saisie est attaquée, et qu'un jugement prononce sur les nullités, l'appel qui en est interjeté peut il être signifié au domicile élu par le procès-verbal de saisie?

L'ARTICLE 673 du Code de Procédure établit que le commandement à fin de saisie doit être signifié à personne ou *domicile ;* ce qui a fait croire à quelques personnes que c'étoit au domicile réel que la signification devoit en être faite ; car, ont-elles dit, toutes les fois que la loi parle du domicile sans en désigner nommément la nature, elle n'entend pas parler du domicile d'élection, mais bien du domicile réel. Tel est le sentiment de Rousseau de Lacombe, et de Denisart, au mot *Domicile.*

Cette opinion paroîtroit peut-être probable, si l'on ne pouvoit invoquer que l'article 673 du Code de Procédure; mais nous avons dans le Code Napoléon un article qui détermine d'une manière sûre tous les effets du domicile d'élection, et c'est dans cet article que nous trouvons le véritable principe qui nous détermine ; le voici, c'est l'article 111 : « Lorsqu'un acte,
» y est-il dit, contiendra, de la part des
» parties ou de l'une d'elles, élection de do-
» micile pour l'exécution de ce même acte
» dans un autre lieu que celui du domicile
» réel, les significations, demandes et *pour-*
» *suites* relatives à cet acte pourront être
» faites au domicile convenu.... »

Il seroit difficile, d'après cet article, de prononcer la nullité d'un commandement signifié au domicile d'élection ; il permet de faire à ce domicile *les poursuites* relatives à l'acte ; et ne distinguant pas entre le caractère de ces poursuites, il autorise celles en expropriation comme toutes celles qui pourroient avoir un autre objet.

C'est ce qu'a jugé la Cour Impériale de Paris le 12 juin 1809, et après elle la Cour de Cas-

sation, en rejetant, le 5 février 1811, le pourvoi contre un arrêt de la Cour de Dijon, qui
avoit décidé que le commandement pouvoit
être signifié au domicile élu dans l'obligation.

La seconde question proposée en tête de ce
paragraphe doit être résolue dans le même sens;
et de même que le commandement peut être
signifié au domicile élu , de même l'appel du
jugement qui prononce sur les nullités de la
saisie n'a pas besoin d'être notifié au domicile
réel.

A la vérité, de fortes raisons de douter devoient se tirer du rapprochement des art. 584
et 673 ; le premier décidant positivement,
à l'égard du commandement à fin de saisie exécution, que l'élection de domicile qu'il devoit
contenir, donnoit droit de faire à ce domicile
tous actes d'appel, ou devoit conclure que le
second n'accordoit pas une semblable faculté
à l'égard de la saisie immobilière, par cela seul
qu'il ne s'en expliquoit pas aussi formellement.

Néanmoins, cette objection disparoît devant
l'économie de la loi, dont l'ensemble démontre
qu'on peut faire pendant la saisie, et même
après le jugement des difficultés auxquelles
elle a donné lieu, tout ce qu'on pouvoit auparavant. Si la loi exige dans le commandement une élection de domicile, c'est afin de

donner au saisi ou aux autres parties intéressées le
droit de faire toutes notifications à ce domicile ;
et leur interdire la faculté d'y signifier l'acte
d'appel, ce seroit leur ravir le bénéfice de
l'élection de domicile, au moment où elle com-
menceroit à leur être utile.

Ajoutez que le délai de l'appel étant fort
court, on seroit souvent dans l'impossibilité
de l'interjeter, par cela seul qu'on n'auroit pas
le temps de se transporter au domicile réel du
poursuivant.

C'est, au reste, dans ce sens que l'a jugé la
Cour de Poitiers, le 9 juin 1809. L'arrêt est
rapporté par Denevers, vol. de 1810, pag. 82
du Supplément.

§. V.

*Lorsque le débiteur est en état de faillite, le commande-
ment est-il valablement fait en la personne des syndics ?*

La faillite dépouille le débiteur de l'administration de ses biens. Frappé dès cet instant
d'une incapacité absolue, ses droits actifs et
passifs sont exercés par les syndics ou dirigés
contre eux, et jamais rien ne peut être fait au
nom du débiteur ni dirigé directement contre
lui.

D'après cela on ne peut pas mettre en doute

si le commandement peut être fait en la personne des syndics ; représentant le débiteur,
c'est uniquement contre eux que doivent être
exercées les poursuites, et celles qu'on auroit
dirigées postérieurement à la faillite, contre le
débiteur, seroient susceptibles d'être annullées.

C'est ce qu'établit l'article 494 du Code de
Commerce, qui porte que *toute action* qui seroit
intentée après la faillite, ne pourra l'être que
contre les agens et les syndics.

A la vérité on pourroit croire, en lisant le
commencement de cet article, que sa disposition ne s'applique qu'aux actions mobilières
dirigées contre le failli, car on y lit : « A compter
» de l'entrée en fonctions des agens, et ensuite
» des syndics, toute action civile intentée avant
» la faillite, *contre la personne et les biens*
» *mobiliers* du failli, par un créancier privé,
» ne pourra être suivie que contre les agens et
» les syndics, et toute action qui seroit intentée
» *après la faillite* ne pourra l'être que contre
» les agens et les syndics. »

Mais on remarque facilement que cet article
a deux objets en vue : celui où les poursuites
auroient été commencées *avant la faillite*, et
alors il n'applique sa décision qu'aux actions
civiles qui ont en vue la personne et les biens
mobiliers du failli ; et celui où l'action seroit

intentée *postérieurement* à la faillite ; et dans
ce cas il ne distingue plus l'objet de l'action ,
mais il dispose généralement que c'est contre
les agens et les syndics que les actions devront
être dirigées. Ainsi la dernière partie rentre
dans les principes que nous avons exposés , ou
plutôt elle en est la confirmation la plus évidente. Il en résulte , en effet, que le commandement à fin d'expropriation , fait après l'ouverture de la faillite , ne peut être valablement
dirigé que contre les agens ou les syndics.

C'est, au reste, ce qu'à jugé la Cour d'Appel
de Bruxelles , le 12 mai 1810. Les motifs de
son arrêt sont uniquement pris de ce que les
syndics d'une faillite représentent le débiteur
failli tant activement que passivement.

ARTICLE II.

Des Formalités qui accompagnent la saisie.

§. I.

*La saisie immobilière est-elle nulle, si l'huissier qui y
procède n'est pas muni d'un pouvoir spécial ?*

Dans les procédures ordinaires, un huissier
est suffisamment autorisé à exercer son minis-
-tère, lorsqu'il est porteur des titres ou pièces
qu'il va mettre à exécution ; mais dans des

actions extraordinaires, telles que la saisie immobilière et l'emprisonnement, comme elles
tendent à priver le débiteur de ses propriétés
les plus certaines, ou même de sa liberté, il
importe de s'assurer que l'exercice que l'huissier veut en faire tient à un ordre, à une autorisation formelle, et non à un caprice de sa
part. Aussi l'article 556 du Code de Procédure
exige-t-il, dans ce cas, qu'il soit muni d'un
pouvoir spécial. A la vérité, cet article ne
prononce pas la peine de nullité, et plusieurs
personnes ont soutenu qu'il n'étoit pas dans
l'esprit du Code de Procédure que le juge pût
la suppléer.

On peut ajouter, toujours dans le même sens,
que si l'article 556 exige que l'huissier soit
muni d'un pouvoir spécial, c'est dans son
propre intérêt et pour éviter qu'il ne demeure
exposé à un désaveu de la part du créancier ;
que l'article 717 du même Code énumère toutes
les formalités prescrites à peine de nullité, et
sans indiquer celle relative au pouvoir de
l'huissier ; enfin, que d'après l'article 1030
aucun exploit ou acte de procédure ne peut
être déclaré nul, si la nullité n'en est pas formellement prononcée par la loi. On peut confirmer ce sentiment par deux arrêts, l'un de la Cour
d'Appel de Turin, en date du 9 février 1809;

l'autre de la Cour de Caen, sous la date du 12 juillet 1810.

Cependant ces principes, et les arrêts qui les confirment, ne sont-ils pas en opposition avec le texte de l'article 556 ? Nous allons démontrer l'affirmative, et prouver que la nullité de la saisie doit nécessairement être prononcée.

L'article 556 est ainsi conçu : « La remise » de l'acte ou du jugement à l'huissier vaudra » pouvoir pour toutes exécutions autres que *la* » *saisie immobilière* et l'emprisonnement, pour » lesquels *il sera besoin* d'un pouvoir spécial. »

La nécessité d'être muni d'un pouvoir spécial résulte évidemment de cet article ; et ne pas lui trouver une sanction ou une peine en cas d'infraction, c'est faire dégénérer sa disposition en un simple conseil.

En effet, il est de principe en droit, que lorsque la loi prononce d'une manière impérative l'observation de quelque formalité, sans déterminer une peine en cas d'inobservation, c'est la nullité de l'acte qui doit être prononcée. *Ea quæ lege fieri prohibentur, si fuerint facta non solùm inutilia, sed pro infectis etiam habeantur, licet legislator fieri prohibuerit tantùm nec specialiter dixerit inutile esse debere quod factum est.* L. 5, au Cod. De Legib.

Domat, pour développer ce texte, ajoute :
La loi seroit trop imparfaite qui n'annulleroit
pas ce qui seroit fait contre sa défense, et qui
laisseroit impunie la contravention.

Ici la disposition de la loi est impérative,
et ces mots, *il sera besoin* d'un pouvoir,
annoncent suffisamment que le législateur a
entendu imposer cette obligation à l'huissier
d'une manière absolue et indéfinie, en sorte
qu'il fût censé n'avoir pas de caractère si le
créancier n'avoit commencé par lui transmettre
ses pouvoirs.

A la vérité, on a cru prévenir ce moyen en
opposant que c'étoit dans l'intérêt du créancier
ou de l'huissier que le pouvoir spécial étoit
exigé; mais l'inspection seule de l'article 556
prouve que c'est sans restriction et dans l'intérêt
de toutes les parties que cette formalité a été
prescrite; que, s'il y avoit même à choisir entre
celle des parties qui est la plus intéressée, on
se prononceroit nécessairement en faveur du
saisi, parce qu'il lui importe d'avoir sa garantie
contre le saisissant, et de n'être pas repoussé
par un désaveu dirigé contre l'huissier, lorsqu'à
la suite d'une mauvaise procédure il réclame-
roit des dommages-intérêts.

On a opposé encore l'article 1030 du Code
de Procédure, qui porte qu'aucun exploit ou

acte de procédure ne peut être déclaré nul, *si la nullité n'en est pas formellement prononcée par la loi.*

Mais en faisant cette objection, on n'a pas pris garde que le pouvoir spécial n'est ni un exploit ni un acte de procédure ; que, précédant tous les exploits, toutes les procédures, ce n'est autre chose qu'un mandat qui constitue le caractère de l'huissier ; qui lui donne le droit de saisir immobilièrement, qu'il n'avoit pas auparavant. En un mot, le pouvoir spécial est à la capacité de l'hussier ce qu'est le titre par rapport à la validité des poursuites. Si le titre est nul, s'il n'est pas exécutoire, la saisie est frappée de nullité, comme elle doit l'être lorsque l'huissier ne peut pas justifier de ses pouvoirs, ou plutôt de sa capacité de saisir.

Au reste, c'est dans ce sens que l'a jugé la Cour de Cassation, le 6 janvier 1812, en *cassant* l'arrêt de la Cour d'Appel de Caen, que nous avons cité tout-à-l'heure.

Nous croyons inutile de rapporter le texte de son arrêt, parce que tous les motifs qu'elle a sanctionnés se trouvent rappelés dans la discussion à laquelle nous nous sommes livrés. Nous indiquerons seulement la source où l'on pourra le trouver, en cas de besoin. C'est dans le journal de Denevers, 3e. cahier de 1812, pag. 177.

§. II.

Est-ce une simple énonciation de la matrice du rôle de la contribution foncière que doit contenir le procès-verbal de saisie, ou au contraire est-ce l'extrait de cette matrice ?

Comment peut-on exécuter cette disposition de l'article 675, lorsqu'il n'existe pas des matrices de rôles ?

La première question a été jugée diversement par les Cours d'Appel de Rouen et de Nîmes. Celle-ci a pensé qu'une simple énonciation de la matrice du rôle de la contribution foncière remplissoit le vœu de l'article 675 du Code de Procédure, tandis que l'autre se tenant rigoureusement au texte de l'article 675, a exigé un extrait de cette matrice. On trouve les deux arrêts dans le *Journal des Audiences de Denevers*, 1810, pag. 8i du Supplément.

S'il nous est permis de nous prononcer entre ces deux opinions également respectables, nous croyons devoir adopter l'opinion émise par la Cour d'Appel de Rouen. En effet, l'art. 675 du Code de Procédure est formel, et sa disposition ne permet guères de penser qu'on ait voulu se contenter d'une simple énonciation de la matrice du rôle. Voici quelles sont ses expressions :
« Quelle que soit la nature du bien, le procès-

» verbal contiendra en outre *l'extrait* de la
» matrice du rôle. »

Et que l'on ne pense pas que l'énonciation des
objets saisis, tels qu'ils sont indiqués dans la
matrice du rôle, remplisse le même objet. Cette
énonciation peut être inexacte ; ou fût-elle réellement conforme, il suffit que le saisi ou ses
créanciers ne puissent pas s'en convaincre par
l'inspection du procès-verbal de saisie, pour
que la saisie doive être déclarée nulle. Dans cette
matière tout est de rigueur, et la plus légère
omission a toujours des résultats.

La seconde question a été aussi jugée diversement. On m'a assuré que la Cour d'Appel
d'Agen avoit annullé une saisie immobilière,
parce que le procès-verbal de saisie ne contenoit pas l'extrait de la matrice du rôle, alors
toutefois qu'il n'en existoit pas dans le lieu où
étoient situés les biens saisis. En parcourant le
Recueil de Denevers, j'ai trouvé, au Supplément
de l'an 10, pag. 81, un arrêt contraire de la
Cour de Trèves, sous la date du 6 décembre 1809.

Je ne sais si dans la réalité la Cour d'Agen
a rendu un tel arrêt ; mais si le fait est vrai, j'ai
de la peine à concevoir sa sévérité. Il faut toujours exiger des choses possibles, parce que
impossibilium nulla est obligatio. On ne peut

pas faire dépendre les droits du créancier d'un fait qui lui est absolument étranger, ou d'une formalité qu'il n'a pas tenu à lui de remplir ; autrement le débiteur se joueroit de ses engagemens, et la loi seroit souverainement injuste.

Ainsi nous croyons qu'à défaut de matrice du rôle, on peut suppléer à l'extrait exigé par l'article 675 ; en insérant dans le procès-verbal de saisie des énonciations relatives aux objets saisis, à leurs tenans et aboutissans, et même au montant de la contribution à laquelle ils sont imposés.

§. III.

Le procès-verbal de saisie doit-il être déclaré nul, s'il donne aux immeubles saisis une contenance de beaucoup supérieure ou inférieure à la contenance réelle ?

Est-il nul, si, désignant la commune où sont situés les biens, il n'énonce pas l'arrondissement communal ?

LA première question ne me semble pas devoir souffrir de difficulté. L'impossibilité où est l'huissier de juger par lui-même de la contenance des pièces saisies, fait qu'il peut facilement se méprendre et leur donner une contenance plus ou moins forte que la contenance réelle ; aussi l'article 675 du Code de Procédure n'exige-t-il qu'une contenance *approximative* ; c'est-à-dire une contenance plus ou moins exacte, suivant les renseignemens que l'huissier pourra se procurer. S'il en étoit autrement, on tomberoit dans l'arbitraire; et tel tribunal prononceroit la nullité lorsque la contenance différeroit seulement d'un vingtième, tandis que tel autre ne la prononceroit que lorsque la différence seroit d'un quart ou de moitié.

A la vérité, on oppose que l'énonciation exacte de la contenance est nécessaire pour fixer la valeur que les enchérisseurs pourroient attacher à l'immeuble. Mais l'on se trompe, c'est la matrice du rôle qui doit fournir les renseignemens, et ce ne seroit que par une imprudence condamnable qu'un acquéreur pourroit se déterminer par l'énonciation faite par l'huissier. Toujours il doit recourir à la matrice des contributions, comme le guide le plus sûr en cette matière. C'est ce qui a été jugé par un arrêt de la Cour d'Agen, en date du 12 mars 1810. On le trouve dans Denevers, pag. 7 du Supplément de 1811.

La deuxième question a été également soumise à la décision des Tribunaux. Plusieurs personnes ont soutenu que les biens devoient être désignés par leur nature, leur contenance et leur situation, et que relativement à ce dernier objet le vœu de la loi étoit suffisamment rempli lorsqu'on avoit énoncé la commune où les biens étoient situés.

Cependant l'article 675 du Code de Procédure exige, avec l'indication de la commune, l'énonciation de l'arrondissement où elle est située, et ensuite l'article 717 prononce la peine de nullité pour toute contravention à l'article 675. Il seroit donc difficile de se décider pour la validité du procès-verbal de saisie, lorsque des dispositions aussi claires en prononcent la nullité.

Ajoutez que la raison toute seule feroit encore adopter cette sévérité, si elle n'étoit commandée par le texte même de la loi. Il arrive souvent que dans le même département il y a deux communes qui portent le même nom; si l'on n'indiquoit pas l'arrondissement, comment le saisi, les créanciers et les autres intéressés, pourroient-ils connoître ou distinguer la véritable situation des immeubles saisis?

Du reste, cette question a été jugée dans ce sens par les Cours de Trèves et d'Aix, dans le courant de 1808 et 1809. L'arrêt de la Cour d'Aix est d'autant plus à remarquer, qu'il est rendu dans une espèce où l'on ne pouvoit guères se méprendre sur la véritable situation de l'immeuble saisi.

Il s'agissoit, en effet, d'un immeuble qu'on

II.

avoit dit être situé dans le territoire de Mar-
seille. Comme tout le monde sait que cette
ville est le chef-lieu de l'arrondissement, le
débiteur soutenoit, et avec lui les premiers
juges, qu'il devenoit inutile d'énoncer l'arrondissement. On ajoutoit que la disposition de
l'article 675 ne pouvoit avoir pour objet que
les communes qui n'étoient pas chef-lieu d'arrondissement.

Néanmoins la Cour rejeta l'exception qu'on
proposoit, et la saisie fut déclarée nulle.

§. I V.

*Est-ce le procès-verbal de saisie qui doit contenir la date
de la première publication, ou bien est-ce dans l'acte
de dénonciation au saisi que doit être remplie cette
formalité ?*

CETTE question est extrêmement controversée ;
et en parcourant les recueils d'arrêts il est
facile de s'apercevoir qu'on peut toujours
s'étayer d'autorités respectables, quel que soit le
sentiment qu'on embrasse.

Pour soutenir que c'est le procès-verbal de
saisie qui doit contenir la date de la première
publication, on dit que l'article 681 l'exige
formellement; car il porte : *La saisie* immo-
» bilière, enregistrée, comme il est dit aux

» articles 677 et 680 , sera dénoncée au saisi
» dans la quinzaine du jour du dernier enre-
» gistrement, outre un jour pour trois myria-
» mètres de distance entre le domicile du saisi
» et la situation des biens ; *elle* contiendra la
» date de la première publication. L'original
» de cette dénonciation sera visé , etc. »

Il résulte de cet article que c'est le procès-
verbal de saisie qui doit contenir la date de la
première publication ; on peut s'en convaincre
en le réduisant à ses plus simples expressions :
ainsi en substituant à sa rédaction, assez longue,
celle-ci, qui rend le même sens : *La saisie sera
dénoncée au saisi, elle contiendra la date* de
la première publication , il est impossible de ne
pas juger que le pronom *elle* remplace le nomi-
natif de la phrase , qui est *saisie* , et que par
conséquent c'est la saisie elle-même qui doit
contenir la date de la première publication.

On confirme ce sentiment par l'article 682 ,
qui oblige le greffier , dans les trois jours de
l'enregistrement fait au greffe , d'insérer dans
un tableau placé à cet effet dans l'auditoire,
un extrait contenant principalement l'indication du jour de la première publication. Or ,
comment le greffier pourroit-il satisfaire à cette
obligation , si le procès-verbal de saisie ne contenoit pas la date de cette première publication,

et si cette date n'étoit fixée que par l'acte de dénonciation au saisi, acte toujours postérieur à l'insertion au tableau.

Enfin, on peut ajouter que ce sentiment a été embrassé dans le *Répertoire de Jurisprudence*, v°. *Saisie Immobilière*, pag. 653 et suivantes, et qu'il a été sanctionné par plusieurs Cours, et notamment par celle de Poitiers, dont l'arrêt est rapporté par Denevers, pag. 85 du *Supplément* de 1810.

Nous ne dissimulerons pas que malgré le respect que nous portons à toutes ces autorités, malgré la force des raisonnemens qu'on a invoqués, nous n'avons jamais pu nous rendre à cette opinion. Toujours nous avons cru que c'étoit la dénonciation au saisi qui devoit contenir la date de la première publication, et non le procès-verbal de saisie. Voici, au surplus, les raisons qui nous ont déterminé :

L'article 675 énumère avec le plus grand détail toutes les formalités auxquelles est assujetti le procès-verbal de saisi ; les énonciations relatives à l'immeuble, sa désignation, sa contenance, l'indication du Tribunal, une constitution d'avoué, en un mot tout ce qu'il doit contenir, mais sans rien dire de la date de la première publication. Cependant nous ferons remarquer que l'article 675 est le seul qui parle du procès-verbal de saisie ; que tous les autres sont relatifs à des procédures postérieures, même l'article 681, puisque son objet principal est d'obliger le poursuivant à dénoncer le procès-verbal de saisie au débiteur.

Il résulte donc de cette première réflexion, que ce n'est pas le procès-verbal de saisie qui doit contenir la date de la première publication, mais bien l'acte de dénonciation au saisi ; et l'on se confirme dans ce sentiment, lorsqu'on réfléchit qu'il seroit impossible de l'indiquer au moment où l'on procède à la saisie ; des difficultés peuvent survenir, le Conservateur peut refuser l'enregistrement, et dès-lors il devient incertain quand sera faite la première publication.

On peut invoquer par analogie ce qui se pratique à l'égard de la saisie des rentes. La loi exige l'accomplissement de formalités presque analogues à celles relatives à la saisie immobilière ; elle veut un commandement, une espèce de procès-verval de saisie, et la dénonciation au saisi. Dans l'article relatif à cette dénonciation, elle parle de la date de la première publication, mais pour dire qu'elle doit être notifiée postérieurement à la saisie.

« Dans les trois jours de la saisie, porte l'ar-
» ticle 641, outre un jour pour trois myria-
» mètres de distance entre le domicile du débi-

» teur de la rente et celui du saisissant, et pareil
» délai en raison de la distance entre le domi-
» cile de ce dernier et celui de la partie saisie,
» le saisissant sera tenu, à peine de nullité de
» la saisie, de la dénoncer à la partie saisie,
» *et de lui notifier le jour de la première pu-*
» *blication.* »

Comme il y a les mêmes raisons à l'égard de
la saisie immobilière, on ne voit pas pourquoi
on exigeroit pour celle-ci ce que le législateur
n'a pas demandé pour l'autre. Il n'y a pas plus
de possibilité de déclarer, lors de la saisie immobilière, la date de la première publication, qu'il
n'y en a lorsqu'il s'agit de la saisie d'une rente.
La position du saisissant est la même, et, dans
aucun cas, le législateur n'a pu vouloir le ré-
duire à l'impossible.

Mais, nous dit-on, en adoptant cette opinion,
vous substituez votre pensée à celle de la loi; vous
violez l'article 681, qui dit positivement que c'est
le procès-verbal de saisie qui doit contenir la
date de la première publication.

Nous convenons que la construction grammaticale de cet article 681 dit, en effet, que c'est
le procès-verbal de saisie qui doit contenir cette
mention; mais nous soutenons qu'il est démontré
par les autres parties du même article que c'est
véritablement dans l'acte de dénonciation qu'on

a voulu trouver la date de la première publication.

Après avoir dit que la saisie seroit dénoncée, qu'on feroit connoître la date de la première publication, l'article ajoute : « L'original *de* » *cette* dénonciation sera visé. » Le pronom démonstratif *cette* montre que le législateur croyoit avoir déjà parlé de la dénonciation, et indiqué ce qu'elle devoit contenir ; car on ne se sert pas de ce pronom, lorsqu'on n'a pas encore parlé de la chose à laquelle on l'applique.

Ainsi, cette partie de l'article 681 prouve que ce n'est pas dans le procès-verbal de saisie que doit se trouver la date de la première publication, mais bien dans l'acte de dénonciation au saisi.

On oppose encore l'article 682, qui ordonne au greffier d'exposer un extrait contenant l'indication du jour de la première publication, et l'on en conclut que n'ayant d'autres secours que le procès-verbal de saisie, puisque c'est le seul acte enregistré au greffe, c'est dans ce procès-verbal que le greffier doit fixer la date de la première publication.

C'est encore une erreur. Le greffier ne rédige pas le tableau dont l'exposition est prescrite par l'article 682, c'est l'avoué du poursuivant ; c'est celui qui, à cette époque, peut bien déterminer la date précise de la première publication ; et pour qu'on ne doute pas de la vérité de cette assertion, il suffit de citer l'art. 104 du tarif qui détermine les droits accordés à l'avoué pour la rédaction de ce tableau.

Ainsi aucun des articles opposés ne peut détruire l'opinion que nous avons émise, et tout au contraire la justifie, la raison, le texte bien entendu de la loi, et même l'intérêt de toutes les parties : aussi a-t-elle été consacrée par divers arrêts, et notamment par deux décisions des Cours de Bruxelles et de Turin.

§. V.

L'enregistrement de la saisie au greffe du Tribunal doit-il, à peine de nullité, être fait dans la quinzaine de la transcription au bureau des Hypothèques ?

La même peine existe-t-elle lorsque la dénonciation n'a pas été faite au saisi dans le délai fixé par l'article 681 ?

J'ai lu dans un ouvrage sur la procédure, que la nullité prononcée par l'article 717 en cas d'infraction de l'article 680, ne s'appliquoit qu'à la première partie de cet article ; mais que cette peine ne pourroit pas être prononcée, sans injustice, lorsqu'au mépris de la seconde disposition on n'avoit pas fait enre-

gistrer la saisie au greffe dans la quinzaine
de la transcription aux hypothèques.

On se fondoit sur ce que le saisi n'avoit aucun intérêt à ce que cette formalité fût remplie
dans ce délai, et ensuite sur ce que les créanciers pouvant demander la subrogation en cas
de négligence, ils n'avoient pas d'intérêt de
faire prononcer la nullité.

Je ne dissimulerai point que cette opinion
m'a paru contraire au texte de la loi. L'article 680 prescrit l'enregistrement de la saisie
dans la quinzaine de la transcription au bureau des hypothèques, l'article 717 prononce
la nullité en cas d'inobservation des dispositions prescrites par l'article 680, c'est donc
violer le texte de ce dernier acticle, que de
refuser, dans ce cas, la nullité de la saisie.

On dit que la peine prononcée par cet article 717 ne s'applique qu'à la première partie
de l'article 680, c'est-à-dire au défaut absolu
d'enregistrement; mais cela est faux. Si l'article 717 eût voulu ne comprendre que la première partie de l'article 680, il n'eût pas manqué
de le dire, comme il l'a fait à l'égard des articles 703, 704 et suivans; et le soin qu'il a
mis à ne pas faire de distinction entre les formalités prescrites par l'article 680, prouve
qu'il a ordonné l'exécution de toutes, sous

les mêmes peines. On ne peut pas faire de distinction où la loi n'en fait pas, et il suffit qu'elle se soit expliquée d'une manière impérative, qu'elle ait ensuite, dans un nouvel article, déterminé la peine du contrevenant, pour que le juge doive l'appliquer.

On oppose ensuite que le saisi n'a aucun intérêt à ce que la saisie soit enregistrée au greffe dans la quinzaine de sa transcription; je ne sais jusqu'à quel point cela est fondé. Le saisi me semble avoir un grand intérêt à ce que la procédure se termine promptement. Mais enfin, fût-il vrai que nous ne pussions pas apercevoir son intérêt, nous ne serions pas fondé pour cela à substituer notre manière de voir à la volonté de la loi. Son texte est précis : la nullité y est clairement établie ; respectons le motif qui a déterminé le législateur, si tant il est vrai que nous ne sachions pas l'apercevoir.

La seconde question proposée en tête de ce paragraphe se résout par les mêmes principes que la précédente. L'article 681, en effet, prescrit la dénonciation de la saisie immobilière au saisi ; il exige que cette formalité soit remplie *dans la quinzaine* de l'enregistrement fait au greffe, et l'article 717 prononce la nullité des procédures en cas d'inobservation de l'ar-

ticle 68i. Cet article ne faisant pas encore
de distinction entre la première et la seconde
formalité, les ayant, au contraire, réunies sous
une même disposition , il est naturel de conclure que toutes les deux sont prescrites sous
la même peine.

§. VI.

La saisie doit-elle être déclarée nulle , si l'extrait pres-
crit par l'article 682 *n'a pas été inséré au Tableau*
dans les trois jours de l'enregistrement au greffe ?

Je crois l'affirmative incontestable. L'art. 682
exige impérativement que l'extrait soit inséré
au tableau dans les trois jours de l'enregistrement, et ensuite l'article 717 prononce
la nullité en cas d'inobservation. Prétendre
que ce dernier article ne s'applique qu'au défaut absolu d'enregistrement, c'est admettre
des distinctions que la loi rejette. Voyez, au
surplus , ce que nous avons dit dans le §. précédent.

§. VII.

Les second et troisième procès - verbaux d'apposition
d'affiches doivent-ils , comme le premier , être notifiés
au saisi ?

Pour l'affirmative on dit que la notification
du premier procès-verbal d'affiche n'appelle le

saisi que pour être présent aux publications
que la loi exige ; mais qu'ayant le plus grand
intérêt à connoître le jour de l'adjudication
préparatoire, elle se fera néanmoins à son insu,
si l'on n'ordonne que les nouveaux placards
lui soient notifiés. Il en sera de même de toute
la procédure postérieure, et même de l'adjudication définitive, adjudication qu'il importe
d'autant plus de faire connoître au saisi,
que c'est de l'époque où elle a eu lieu qu'il
commence à être dépouillé.

Il est de principe, en procédure, qu'un
jugement ne peut pas être rendu sans avoir
appelé la partie contre laquelle on le sollicite,
et ce principe doit sur-tout recevoir son application en matière d'expropriation. Cependant
si les second et troisième procès-verbaux d'affiches ne sont pas notifiés au saisi, le jugement
d'adjudication sera rendu sans qu'on l'ait
appelé.

Le législateur lui-même ne paroît pas supposer qu'on puisse se dispenser de faire au
saisi cette notification ; car, parlant dans l'article 705 de la manière de justifier les seconde
et troisième annonces, ainsi que l'apposition
des nouveaux placards, il décide qu'ils devront
l'être dans la même forme que les premiers.
Or, l'apposition des premiers placards est

constatée par un acte d'huissier, auquel est annexé un exemplaire ; par le *visa* délivré par le maire, et enfin par la notification faite au saisi. On ne constateroit donc pas de la même manière l'apposition de ces placards, si l'on n'en faisoit pas la notification à la partie saisie. C'est ainsi, peut-on ajouter, que la Cour d'Appel d'Aix l'a jugé le 5 juin 1809.

Pour la négative nous dirons : La loi n'impose nulle part au poursuivant l'obligation de notifier au saisi les second et troisième procès-verbaux d'affiches ; elle n'exige de notification qu'à l'égard des premiers placards : elle dispense par-là de la notification des subséquens. Car, ne seroit-ce pas ajouter à la loi que de créer une formalité qu'elle n'a jamais prescrite ? Ne seroit-ce pas méconnoître son vœu que de faire dépendre de là la validité d'une procédure ?

On oppose l'article 705, pour en conclure que la notification des second et troisième procès-verbaux d'affiches étoit nécessaire ; mais l'on se méprend sur le sens de cet article et sur l'étendue qu'il est possible de lui accorder. L'article 705 détermine, à la vérité, la manière de constater les annonces et l'apposition des placards. Il renvoie aux articles 685 et 687 ; mais il faut distinguer dans le dernier de ces

articles deux dispositions entièrement indépendantes : l'une, qui est relative à la manière
de constater l'apposition des placards , c'est
le visa délivré par le maire ; l'autre , qui
n'a d'autre objet que de faire connoître au
débiteur qu'on donne suite à la saisie déjà
pratiquée contre lui , mais qui est étrangère à
la manière de constater l'apposition ; car ce
n'est pas la notification qu'on auroit faite de
ce placard qui serviroit à établir qu'en effet
l'apposition en a été faite conformément à la
loi. Ainsi cet article 705 n'a aucun rapport
avec la notification des placards , et aucune
de ses dispositions ne peut faire conclure que
les second et troisième doivent être notifiés au
saisi comme le premier.

L'objection tirée de ce que le jugement
d'adjudication seroit rendu à l'insu du saisi
et sans l'avoir appelé, paroîtroit plus forte au
premier coup-d'œil, mais est bientôt écartée
par la réflexion ; en effet , la notification du
premier procès - verbal d'apposition d'affiches
forme une instance commune à toutes les
parties, et dans laquelle le saisi peut intervenir,
constituer un avoué , et faire surveiller toute
la procédure. Appelé pour être présent aux
premières poursuites, il est censé appelé pour
tout ce qui suit , parce que toute la procédure

n'est que *unus et individuus actus.* Le saisi qui n'a point connu la procédure subséquente, l'apposition des nouveaux placards, l'adjudication préparatoire ou définitive, ne doit l'imputer qu'à lui seul ; il en est à son égard comme à celui des créanciers, qui, appelés par la notification des premiers placards, ne doivent plus être avertis.

Ainsi nous concluons de ces réf exions que l'esprit et la lettre de la loi montrent que les second et troisième procès-verbaux d'affiches ne doivent pas être notifiés au saisi. C'est ce que la Cour d'Appel de Nîmes a jugé par arrêt en date du 4 avril 1810.

§. VIII.

Le placard de saisie doit-il être notifié aux créanciers qui ont une hypothèque indépendante de l'inscription?

Les créanciers chirographaires ont-ils droit d'intervenir dans l'instance sur expropriation ?

La première question a été décidée négativement par la Cour de Cassation. Nous allons rapporter le texte de son arrêt, et nous permettre ensuite quelques observations, que nous soumettrons à nos lecteurs, au moins comme raisons de douter.

« Attendu que l'article 695 du Code de Pro-
» cédure ne prescrit la notification du placard
» imprimé *qu'aux créanciers inscrits*, *aux do-*
» *miciles élus par leurs inscriptions* — Que
» l'hypothèque légale de la dame; Lefevre
» n'avoit pas reçu cette formalité; — Que les
» articles 2193, 2194 et suivans, du Code
» Napoléon, et l'avis du Conseil-d'État approuvé
» le 15 juin 1807, ne sont applicables qu'aux
» ventes volontaires; que les formalités qu'ils
» prescrivent pour purger les hypothèques lé-
» gales existantes sur un immeuble vendu
» volontairement, sont *remplacées*, dans le
» cas d'une expropriation forcée, par d'autres
» formalités dont l'exécution donne aux pour-
» suites la publicité nécessaire pour éveiller
» l'attention des créanciers qui ont une hypo-
» thèque légale indépendante de toute inscrip-
» tion; — Que dans le systême contraire, la loi
» seroit imparfaite, à l'égard des créanciers com-
» pris dans l'art. 2101 du Code Napoléon, dont
» le privilége est également excepté de la for-
» malité de l'inscription, suivant l'article 2107
» du même Code. » Par ces motifs, la Cour a
rejeté le pourvoi dirigé contre un arrêt de la
Cour d'Appel de Rouen, qui avoit jugé dans le
même sens. Et le journaliste qui rapporte cet
arrêt, nous annonce que, quelques jours après

la Cour a encore décidé la question dans le
même sens, eu rejetant le pourvoi dirigé contre
un arrêt de la Cour d'Appel de Bordeaux.

Ces décisions, nous ne le dissimulerons pas,
renversent toutes les idées que nous nous étions
faites sur cette matière. Jusqu'alors nous avions
cru que si l'art. 695 ne parloit pas nommément
des créanciers ayant hypothèque indépendante
de l'inscription, ils étoient compris virtuel-
lement dans sa disposition; car, disions-nous,
il y a les mêmes raisons pour les appeler, pour
les admettre à surveiller leurs droits, et à faire
leurs efforts afin que l'immeuble fût porté à
sa véritable valeur.

L'adjudication sur saisie immobilière est la
mise en activité de l'hypothèque, son but final,
si le débiteur ne paie pas ; après elle l'hypothèque doit être éteinte ou purgée, en sorte
que l'adjudicataire puisse jouir paisiblement
après avoir acquiescé aux conditions de l'enchère ; s'il en étoit autrement, si l'adjudication ne purgeant pas définitivement les hypothèques, on avoit toujours à craindre d'être
dépouillé par une nouvelle action hypothécaire ou par une surenchère, on ne trouveroit pas d'adjudicataire qui voulût se soumettre
à cette chance, ou au moins on n'en trouveroit que lorsque l'immeuble seroit aliéné bien

II. 21

au-dessous de sa valeur. Ainsi, cette précaution, contraire au but final de l'hypothèque, tourneroit encore contre l'intérêt des créanciers et de la partie saisie.

D'un autre côté, on ne pouvoit pas sacrifier les droits des créanciers ; si leur hypothèque va s'éteindre par l'adjudication, si leurs droits sur l'immeuble vont s'évanouir pour ne s'exercer que sur la somme en provenant, il falloit les mettre à même de surveiller leurs droits, de faire porter l'immeuble à sa véritable valeur. afin que le dernier trouvât encore de quoi se satisfaire. C'est là le motif qui a fait exiger l'appel des créanciers par la notification des placards; et ce motif s'applique aux créanciers inscrits comme à ceux qui ont une hypothèque indépendante de l'inscription.

Et remarquons que la Cour de Cassation, dans l'arrêt déjà cité, n'a pas décidé le contraire de ce que nous avons avancé jusqu'à présent. Elle a dit, *que les formalités prescrites par les articles* 2193 *et* 2194 *, pour purger les hypothèques légales existantes sur un immeuble vendu volontairement,* étoient remplacées, *dans le cas d'une expropriation forcée, par d'autres formalités, dont l'exécution donne aux poursuites la publicité nécessaire pour* *éveiller l'attention des créanciers qui ont une hypothèque légale indépendante de toute inscription.* Si les formalités relatives à la purgation des hypothèques légales sont *remplacées* par celles de l'expropriation, celles-ci remplissent le même objet, et, comme elles, elles purgent les hypothèques indépendantes de l'inscription. Ainsi, nous avons eu raison de dire qu'après l'expropriation toutes les hypothèques, soit légales, soit conventionnelles ou judiciaires, avoient cessé de grever l'immeuble, lequel étoit parvenu franc et quitte de toute charge entre les mains de l'adjudicataire.

Mais pour maintenir les droits des créanciers, pour leur donner les moyens de veiller à ce que l'immeuble fût porté à sa véritable valeur, il falloit leur faire connoître les poursuites qui devoient purger leur hypothèque; il falloit leur notifier le placard imprimé, et c'est ce qu'ordonne l'article 695 à l'égard des créanciers inscrits. Pour ce qui touche les créanciers ayant une hypothèque indépendante de l'inscription, on veut qu'ils soient suffisamment prévenus par la publicité donnée à la saisie; mais l'on ne remarque pas que cette publicité eût également averti les créanciers inscrits, et que dès-lors il eût été inutile d'exiger qu'on leur notifiât le placard imprimé. Cependant le Législateur veut une mise en demeure particulière : et cette mise en demeure doit, à plus forte raison, avoir lieu à l'égard des hypothécaires non soumis à l'inscription, puisqu'ils sont particulièrement privilégiés, et qu'ils courent le même risque de perdre leur hypothèque.

On oppose ce qui se pratique à l'égard des créanciers compris dans l'article 2101, et l'on en conclut que la loi seroit imparfaite si elle exigeoit la notification à l'égard des hypothécaires non inscrits, et qu'elle ne l'exigeât pas également à l'égard des privilégiés dispensés de l'inscription.

Mais il y a une grande différence entre ces deux classes de créanciers. Ceux qui ont une hypothèque indépendante de l'inscription, sont toujours connus ; le mariage, la tutelle ou l'interdiction, sont des événemens assez publics pour qu'on ne les ignore pas. Il est possible, dans ce cas, et en même temps très-facile, de faire faire la notification du placard. Au contraire, on peut ignorer et l'on ignore presque toujours si un homme a fourni aux frais de dernière maladie, s'il est dû quelque chose au boucher, au boulanger ou aux autres créanciers compris dans l'article 2101 ; et dès-lors il est impossible de leur faire faire des notifications. Il doit en être, dans ce cas, comme dans celui d'une vente volontaire, où l'acquéreur doit notifier aux hypothécaires non soumis à l'inscription, ou faire le dépôt du contrat au greffe, et où cependant il ne doit aucune notification aux créanciers compris dans l'article 2101. C'est à eux de se présenter avant la distribution du prix; et s'ils ne le font pas, ils perdent leur privilége.

Aussi, aucune de ces objections ne nous sembloit renverser notre théorie, et nous avions pensé, 1°. que l'adjudication purgeoit toutes les hypothèques sans distinction, parce que c'est le but final de l'hypothèque; parce qu'autrement l'adjudicataire auroit été obligé de faire transcrire, de faire ensuite notifier; parce qu'enfin il resteroit soumis dans les qnarante jours à une surenchère du dixième, quoique l'article 710 n'en autorise qu'une du quart, et dans la huitaine de l'adjudication.

2°. Que la notification du placard d'affiche, exigée pour prévenir les créanciers dont on va purger les hypothèques, devoit être faite tant aux créanciers inscrits qu'à ceux dispensés de l'inscription, parce que les uns et les autres ont le même intérêt; parce que la loi ne les regarde pas comme suffisamment prévenus par la publicité de la procédure; parce qu'il y a d'autant plus de raison de notifier aux créan-

ciers dispensés d'inscription , que la loi les regarde comme méritant une plus grande faveur, parce que cé seroit faire tourner contre
eux ce privilége ; parce qu'enfin ils pourroient
perdre leur hypothèque sans avoir eu la moindre connoissance de l'expropriation.

Tous ces moyens nous ont paru assez forts
pour mériter d'être rendus publics ; si nous
nous sommes trompés en les appréciant , nous
sommes d'autant plus portés à les rétracter ,
que nous avons déjà annoncé que nous ne les
proposions que comme raison de douter.

La seconde question proposée en tête de ce
paragraphe doit se résoudre par une distinction. Si l'immeuble a été saisi sur la tête et
entre les mains du débiteur , nul doute que ses
créanciers chirographaires ne puissent intervenir. Quoique l'on ne doive pas les avertir
par la notification des placards, ils ont la faculté de se présenter et de veiller à cé que
toutes les opérations se fassent régulièrement.
On n'a pas oublié que tous les biens du débiteur
sont le gage commun de ses créanciers ; qu'a-
près les hypothécaires les créanciers chirographaires se partagent le prix par contribution, et que dès-lors ils ont le plus grand intérêt à ce que l'immeuble soit porté à un taux
très-élevé.

Si l'immeuble est entre les mains d'un tiers, comme si le débiteur l'a aliéné, les créanciers chirographaires qui n'ont pas de droit de suite, ont perdu tout recours, et pour cela n'ont aucun intérêt à intervenir. S'ils le demandoient, ils seroient nécessairement déclarés non recevables.

§. IX.

Si le poursuivant n'avoit pas fait notifier un exemplaire du placard à un des créanciers inscrits, l'hypothèque de celui-ci seroit-elle purgée par l'adjudication ; ou, au contraire, l'immeuble en seroit-il toujours grevé ?

C'EST un principe incontestable, que le créancier qui a rendu publique son hypothèque, qui a fait tout ce que la loi lui commandoit pour la conserver, ne peut être privé de sa garantie sans être mis en demeure, sans être sommé de l'exercer. Ainsi, lorsque l'immeuble hypothéqué est volontairement aliéné, l'acquéreur qui veut purger est obligé de transcrire et de *notifier* son acquisition aux créanciers inscrits ; s'il en omettoit un, s'il négligeoit de le mettre en demeure, ou l'hypothèque continueroit de grever l'immeuble, ou elle ne seroit éteinte que sauf la responsabilité du Conservateur par la faute duquel l'inscription auroit été omise.

Il doit sans doute en être de même en ma-

tière d'adjudication sur saisie immobilière. Le créancier qui a fait inscrire compte sur son hypothèque, et la loi tromperoit son attente, s'il existoit un moyen de l'effacer à son insu et sans qu'il pût l'éviter. La notification du placard remplace la notification de l'aliénation volontaire; et de même que l'omission de celle-ci empêche la purgation à l'égard du créancier omis, de même le défaut de notification du placard d'affiche empêche que l'immeuble passe franc et quitte de cette hypothèque entre les mains de l'adjudicataire.

Ainsi, il faut que le poursuivant notifie à tous les créanciers inscrits, comme à ceux qui ont hypothèque indépendante de l'inscription. S'il ne le fait pas, la saisie immobilière peut être déclarée nulle ; mais si personne ne demande la nullité, et que l'on passe à l'adjudication, l'immeuble reste grevé de l'hypothèque, à moins que ce ne soit par la faute du Conservateur que la notification n'ait pas eu lieu.

S E C T I O N VII.

Des Effets de la Saisie, et des Incidens aux-
quels elle peut donner lieu.

A R T I C L E I.

Effets de la Saisie.

§. I.

L'article 693 , *qui déclare que l'aliénation faite par le*
saisi aura son exécution, si l'acquéreur consigne somme
suffisante pour acquitter les créances inscrites, *com-*
prend-il dans sa disposition la personne du saisissant
qui n'auroit qu'une créance authentique , mais non
hypothécaire , en sorte que la vente faite par le saisi
ne puisse avoir son exécution qu'autant que l'acquéreur
consigne ce qui est dû aux créanciers inscrits et au
poursuivant ?
Quid *des autres créanciers non hypothécaires , porteurs*
d'obligations authentiques ?

DÈS qu'un immeuble est mis par la saisie
sous la main de la justice, et que le débiteur
en a eu connoissance par la notification qui
lui en a été faite , il est dépouillé de la capacité
d'en disposer. Frappé d'interdiction, toute aliénation qu'il en feroit seroit nulle , sans même
qu'il fût besoin d'en faire prononcer la nullité.
Cependant, si, après avoir vendu , son acqué-

reur consignoit une somme égale au montant des créances inscrites, l'aliénation pourroit avoir son exécution.

Voici le texte de l'article 693 , qui accorde à l'acquéreur cette faculté : « Néanmoins l'alié-
» nation ainsi faite aura son exécution , si avant
» l'adjudication l'acquéreur consigne somme
» suffisante pour acquitter , en principal , inté-
» rêts et frais, *les créances inscrites*, et signifie
» l'acte de consignation aux *créanciers ins-*
» *crits.* »

D'après cet article , la consignation à faire par l'acquéreur n'est que des sommes dues aux créanciers inscrits. La répétition de ces mots , *créances inscrites, créanciers inscrits*, ne permet pas de lui donner un autre sens. Ainsi , la créance du poursuivant , qui peut ne pas être hypothécaire , ou, si elle est garantie par une hypothèque , ne pas avoir été inscrite, les répétitions à exercer par les mineurs, les femmes mariées, si elles n'ont pas été rendues publiques par inscription, n'entreront pas en considération pour déterminer la somme à consigner par l'acquéreur.

Cependant il faut convenir que, si tel est le sens que présente le texte de l'article 693 , il est bien éloigné de l'esprit qui paroît l'avoir dicté. En effet, en donnant à l'aliénation faite par la saisie un caractère de validité qu'elle n'avoit pas dans l'origine, le législateur n'a pu le vouloir ainsi que lorsque l'acquéreur auroit désintéressé tous ceux qui avoient acquis des droits sur l'immeuble; or le saisissant, encore qu'il ne fût pas créancier hypothécaire, avoit saisi la justice ; il avoit dépouillé le saisi; il avoit paralysé sa propriété ; il avoit acquis le droit de se faire payer sur l'immeuble, indépendamment de toute aliénation. S'il en étoit autrement, il ne seroit plus vrai de dire que les biens du débiteur sont le gage commun de ses créanciers ; que l'un d'entr'eux peut saisir immobilièrement en vertu d'un titre authentique, quoiqu'il ne soit pas hypothécaire. Dans la réalité il faudroit toujours que le poursuivant eût une hypothèque, puisqu'en aliénant postérieurement à la saisie on rendroit illusoires toutes ses poursuites.

Nous croyons, par conséquent, que l'acquéreur ne pourra jouir de la vente faite par le saisi, qu'en consignant ce qui est dû aux créanciers inscrits et *au poursuivant.*

Nous professons la même doctrine à l'égard de ceux qui ont une hypothèque indépendante de l'inscription, tels que les mineurs et les femmes mariées. Nous avons prouvé ailleurs que la saisie immobilière leur profitoit comme à tous les autres créanciers. On ne peut pas,

sous le prétexte que l'article 693 n'exige que
la consignation de ce qui est dû aux créanciers
inscrits, ne pas y comprendre les créances
indépendantes de l'inscription. Celles - ci
grèvent l'immeuble aussi bien que les autres,
et le débiteur ne peut pas les rendre illusoires
par une aliénation tardive. Ainsi l'acquéreur
devra également consigner ce qui est dû à ces
créanciers ; et, s'il ne le fait pas, on pourra demander qu'il soit procédé à la continuation des
poursuites relatives à la saisie.

Quant aux créanciers qui ont une hypothèque, mais non inscrite au moment de l'aliénation
faite par le saisi, nous ne pensons pas qu'ils
puissent demander la continuation des poursuites à défaut de consignation de ce qui leur
est dû. A leur égard la vente sera valable, et
l'acquéreur valablement saisi.

Mais comme la saisie leur est étrangère,
qu'elle ne peut ni leur profiter ni leur nuire,
il en résulte qu'ils sont dans la même position
que si leur débiteur avoit aliéné un immeuble
avant toute saisie ; dans ce cas l'acquéreur seroit
propriétaire, mais à la charge des inscriptions
qui surviendroient dans la quinzaine de la
transcription.

Il doit en être de même lorsque le tiers n'a
acquis qu'après une saisie. Indépendamment

de ce qu'il est obligé envers les créanciers inscrits ou dispensés d'inscription , l'immeuble reste affecté aux créanciers antérieurs, qui ont droit de requérir inscription dans la quinzaine de la transcription , et même de surenchérir si l'immeuble n'a pas été porté à sa véritable valeur. La raison en est puisée dans l'article 834 du Code de Procédure, qui accorde ce droit à tous créanciers ayant hypothèque antérieure à l'aliénation.

A l'égard des autres créanciers , c'est-à-dire des chirographaires avec ou sans titre authentique, ils n'ont aucun recours à exercer contre l'acquéreur : privés du droit de suite , exclusivement réservé aux hypothécaires ou aux privilégiés, ils ont perdu tout droit sur l'immeuble dès qu'il est sorti des mains du débiteur ; ils peuvent seulement former des oppositions sur le prix, s'il est supérieur aux dettes hypothécaires.

§. II.

Les créanciers hypothécaires , non encore inscrits au mo-
ment de la vente , et à l'égard desquels l'article 693
n'exige aucune consignation, perdent-ils toute garantie,
et conséquemment le droit d'inscrire dans la quinzaine
de la transcription , et ensuite de surenchérir ?
La consignation dont parle cet article 693 doit - elle
également comprendre le montant des créances non
assujetties à l'inscription , telles que celles des femmes
et des mineurs ?

Il faut voir sur ces deux questions ce que nous
venons de dire dans le paragraphe précédent.

§. III.

L'article 693, qui admet l'exécution de l'aliénation faite
par le saisi , lorsqu'avant l'adjudication l'acquéreur
consigne somme suffisante , entend-il parler de l'ad-
judication préparatoire , ou bien de l'adjudication dé-
finitive ?

Quelques personnes avoient cru que c'étoit
de l'adjudication préparatoire que l'art. 693
avoit voulu parler. Elles se fondoient sur ce
que l'adjudicataire préparatoire demeurant
forcément propriétaire si son enchère n'étoit
pas ensuite couverte , il falloit, par réciprocité,
qu'il pût exiger la continuation des poursuites
dès que son enchère avoit été admise.

Mais ces raisons sont détruites par un argument tiré de l'article 743, relatif à la folle-enchère. Lorsque l'adjudicataire n'accomplit pas les conditions de l'adjudication, l'immeuble est revendu à sa folle-enchère : on se livre alors à de nouvelles procédures, on fait des publications, une adjudication préparatoire, et enfin une adjudication définitive. Si le premier adjudicataire justifie de l'acquit des conditions, même après l'adjudication préparatoire faite sur sa folle-enchère, mais avant l'adjudication définitive, on ne procède pas à cette adjudication, et l'adjudicataire préparatoire est déchargé. Cependant on auroit pu dire, comme les sectateurs de l'opinion que nous combattons, que l'adjudicataire étant lié par l'adjudication préparatoire, et pouvant être forcé à garder l'immeuble si son enchère n'est pas couverte, il peut, par réciprocité, exiger la continuation des poursuites.

Ainsi, cet article prouve que l'adjudicataire préparatoire n'a aucun droit à la propriété, aucun moyen de conduire à l'adjudication définitive, lorsque le saisi, avant cette adjudication, ou pour lui son acquéreur, désintéresse le poursuivant et les autres créanciers.

Article II.

Des Incidens élevés par le saisi.

§. I.

Quels sont les incidens que le saisi peut élever ?

Les moyens de nullité invoqués par lui contre la saisie immobilière doivent - ils être proposés par requête d'avoué à avoué ?

Nous avons dit dans notre Introduction à la Saisie Immobilière, sect. VII, §. I, quels étoient les incidens que le saisi pouvoit élever ; nous avons fait remarquer que le principal étoit relatif aux nullités qu'il avoit droit de proposer ; nous n'avons besoin d'examiner ici que la procédure à laquelle il est obligé de se livrer.

Quelques personnes distinguent entre les nullités proposées contre les procédures antérieures à l'adjudication préparatoire et celles élevées contre les actes postérieurs. Dans le premier cas elles pensent que ces nullités ne pourroient pas être proposées par requête d'avoué à avoué, mais par assignation dans la forme ordinaire ; et que ce n'est que dans le second qu'on pourroit adopter cette voie.

Il ne peut pas y avoir de difficulté pour les demandes relatives à la nullité des actes pos-

térieurs à l'adjudication préparatoire ; l'art. 735
décide positivement qu'elles seront proposées
par requête, avec avenir à jour indiqué. Ce
n'est donc qu'à l'égard des procédures antérieures à cette adjudication, qu'on peut élever
des difficultés ; encore est-il possible de les
écarter par le rapprochement de quelques articles du Code de Procédure.

L'article 733 parle des nullités contre la procédure qui précède l'adjudication préparatoire,
mais il n'indique aucun mode particulier pour
les proposer ; en cela, il se réfère à l'art. 406,
qui veut que les demandes incidentes soient
formées par requête d'avoué.

On ne peut pas se dissimuler que la demande
en nullité élevée par le saisi ne soit une demande incidente, qui se rattache à l'instance
principale introduite par le procès-verbal de
saisie ; autrement elle ne pourroit pas être
formée devant les juges de la saisie, mais bien
devant ceux du poursuivant.

On oppose, à la vérité, l'article 718, qui dispense les demandes incidentes relatives à la
saisie seulement, du préliminaire de conciliation.

Mais la réponse se tire de ce que cet article
ne s'applique pas seulement à la demande en
nullité que pourroit élever le saisi, mais à toutes

les réclamations que des créanciers, ou même
des tiers , auroient intérêt à exercer. Ainsi, on
auroit pu douter si celui qui forme une demande en distraction, n'auroit pas dû citer préalablement en conciliation, et c'est pour écarter
ce doute , que l'article 718 a été rédigé.

Au reste, de ce qu'on dispense du préliminaire
de conciliation , il ne s'ensuit pas qu'on entende
exiger une assignation pour proposer la nullité ,
plutôt qu'une requête. Il résulte, au contraire ,
de l'artice 675 , que l'on n'exige dans le procès-
verbal de saisie une constitution d'avóué *chez
lequel domicile est élu de droit*, que pour
donner à la partie saisie la faculté de faire
signifier sa requête en cas de réclamation.

C'est dans ce sens que l'a jugé la Cour
d'Appel de Turin, par arrêt en date du 6 décembre 1809.

§. II.

*Le jugement qui rejette les nullités proposées contre la
saisie, doit-il, à peine de nullité, prononcer l'adjudication préparatoire ?*

*Dans le cas de la négative, de quelle époque court le
délai de l'appel ? est-ce du jour de la signification du
jugement qui rejette la nullité, ou seulement de la signification de celui qui prononce l'adjudication préparatoire ?*

L'ARTICLE 733, entr'autres dispositions,
porte : « Si les moyens de nullité sont rejetés,
» l'adjudication préparatoire *sera* prononcée
» par le même jugement. »

Quoique cet article soit impératif, quoiqu'il
fasse un devoir aux Tribunaux de prononcer
l'adjudication préparatoire immédiatement
après avoir statué sur les nullités et par le
même jugement, on ne peut pas néanmoins
prononcer la nullité de la procédure, si c'est
par un jugement particulier qu'on a statué sur
l'adjudication préparatoire. La raison en est
que, suivant l'article 1030, aucun acte de procédure ne peut être déclaré nul, si la nullité
n'en est pas formellement prononcée par la loi.

Mais, dans ce cas, de quel jour commence à
courir le délai de l'appel ? Est-ce du jour de la
signification du jugement qui statue sur les

nullités , ou de la signification de celui qui prononce l'adjudication préparatoire ? La Cour d'Appel de Bruxelles , par arrêt en date du 10 mai 1810 , a jugé que c'étoit du jour de la signification du dernier jugement que couroit le délai de l'appel , parce que , a-t-elle dit , les jugemens précédens doivent être regardés comme faisant partie du jugement qui ordonne l'adjudication préparatoire.

Je ne dissimulerai pas que ces motifs m'ont paru bien foibles ; ils sont renversés par le texte même de l'article 734 , ainsi conçu :
« L'appel *du jugement qui aura statué sur ces*
» *nullités* ne sera pas reçu s'il n'a été inter-
» jeté , avec intimation, dans la quinzaine de
» la signification *du jugement* à avoué. »

Cet article suppose bien que c'est la signification du jugement qui prononce l'adjudication préparatoire , qui est le point de départ pour l'écoulement du délai d'appel ; mais c'est parce qu'il suppose qu'on a en même-temps statué sur les nullités proposées contre la procédure antérieure ; car , si le législateur eût pu penser qu'on omettroit d'ordonner l'adjudication préparatoire , en prononçant sur les nullités , il n'eût pas manqué de faire courir le délai d'appel du jour de la signification du premier jugement.

En effet, c'est toujours la signification du jugement contre lequel on se pourvoit qui fait courir le délai de l'appel, parce que c'est de cette époque que la partie condamnée est mise en demeure. Or, comme l'appel n'est pas dirigé contre le jugement qui ordonne l'adjudication préparatoire, la signification de ce jugement doit toujours être étrangère au délai de l'appel.

On oppose que le jugement qui prononce sur les nullités est censé faire partie du jugement qui ordonne l'adjudication préparatoire : cela est vrai, lorsque c'est le même jour que le Tribunal a statué sur ces deux demandes, et par un même jugement, ainsi que l'exigeoit l'article 734 ; mais lorsqu'on a laissé écouler un long intervalle entre les jugemens, lorsqu'ils ont été signifiés séparément, je ne conçois pas qu'on puisse dire que le premier fait partie du second. Je trouve toujours deux décisions distinctes. Je vois qu'on peut se pourvoir contre l'une d'elles, et je reviens à ce principe, que c'est la signification du jugement contre lequel on peut se pourvoir, qui seule peut faire courir le délai. S'il en étoit autrement, on n'auroit pas besoin de signifier le jugement qui statue sur les nullités, et la signification du jugement qui ordonne l'adjudication préparatoire seroit toujours suffisante.

Ces réfexions nous conduisent donc à cette proposition, qui est toute dans l'esprit de la loi, que c'est du jour de la signification du jugement qui statue sur les nullités, que commence à courir le délai de l'appel.

§. III.

Les moyens de nullité contre la procédure qui précède l'adjudication préparatoire peuvent-ils être proposés le jour de cette adjudication, pourvu qu'elle ne soit pas encore consommée ?

L'ARTICLE 733 du Code de Procédure exige que les moyens de nullité contre la procédure qui précède l'adjudication préparatoire soient proposés avant cette adjudication ; mais il ne détermine ni le mode à suivre, ni le délai dans lequel elles doivent être proposées ; d'où il faut inférer qu'elles peuvent l'être la veille ou le jour même de l'adjudication préparatoire, pourvu que cette adjudication ne soit pas encore prononcée.

Cela résulte encore de l'article 735 du même Code, qui, parlant des nullités qu'on peut proposer contre les procédures postérieures à l'adjudication préparatoire, exige qu'*elles l'aient été vingt jours, au moins*, avant celui indiqué pour l'adjudication définitive. Or, comme on le dit vulgairement, dès que la loi ne fixe de délai que pour un cas, elle laisse l'autre à la volonté de la partie, ou du moins elle ne lui assigne d'autres limites que l'adjudication préparatoire. Ainsi on ne pourroit pas se faire un moyen de ce que le poursuivant n'auroit pas été averti assez tôt des nullités qu'on se proposoit d'invoquer; il suffit qu'il les connoisse avant le jugement d'adjudication, pour qu'il soit tenu d'y défendre, et qu'il ne puisse proposer, de ce chef, de fin de non-recevoir.

C'est, au surplus, dans ce sens que l'a jugé la Cour d'Appel de Bordeaux, par arrêt en date du 21 janvier 1811.

§. I V.

L'appel du jugement qui rejette les moyens de nullité proposes contre la procédure antérieure à l'adjudication préparatoire, est-il suspensif, en sorte que, quel que soit le résultat de cet appel, l'adjudication définitive à laquelle on auroit procédé dans l'intervalle, soit absolument nulle?

C'est un principe incontestable en matière de procédure, que l'appel d'un jugement est suspensif; et ce principe doit d'autant mieux s'appliquer aux jugemens relatifs à la saisie immobilière, que l'incertitude que l'appel pourroit laisser, si le jugement étoit exécutoire par provision, tourneroit nécessairement au détriment du saisi et de ses créanciers, en écartant les adjudicataires. Aussi trouve-t-on dans le Code Napoléon et dans celui de Procédure divers articles qui établissent clairement cette théorie.

L'article 2215 permet de saisir immobilièrement, en vertu d'un jugement provisoire ou définitif, *exécutoire par provision*, nonobstant appel ; mais l'adjudication ne peut se faire qu'après un jugement définitif, en dernier ressort, ou passé en force de chose jugée.

Cet article a voulu, comme le disoit M. Grenier à la tribune du Corps-Législatif, que l'adjudicataire fût délivré de toute incertitude ; que désormais on ne pût arriver à l'adjudication définitive qu'après avoir fait statuer sur tous les incidens, soit en Première Instance, soit en Appel.

Le Code de Procédure a été nécessairement rédigé dans les mêmes vues ; et quand l'article 734 dit que l'appel du jugement sera interjeté dans la quinzaine, il suppose, sans contredit, qu'on devra statuer sur le mérite de cet appel avant de passer à l'adjudication définitive ; autrement cette adjudication seroit toujours incertaine, et dépendroit de l'arrêt à intervenir : ce qui écarteroit, comme nous l'avons déjà fait remarquer, un grand nombre d'adjudicataires.

Il est vrai qu'on oppose que la partie saisie connoissant le jour où il doit être procédé à l'adjudication définitive, elle est obligée de faire statuer sur son appel avant cette époque; mais je pense que c'est une erreur. Aucune disposition de la loi ne déclare l'appel périmé s'il n'y a été statué avant l'adjudication définitive; et, comme on le sait, on ne peut pas créer arbitrairement des peines ou des déchéances. Si le poursuivant veut qu'on procède à l'adjudication définitive le jour fixé par le jugement d'adjudication préparatoire, c'est à lui de poursuivre l'audience sur l'appel, et de faire ses efforts pour obtenir l'arrêt avant cette époque; s'il ne peut y parvenir, il doit attendre; mais, dans aucun cas, il n'est autorisé à faire procéder à l'adjudication définitive; s'il le fait, s'il trouve un Tribunal assez complaisant pour tolérer ses poursuites, l'adjudication sera nulle, encore bien que la Cour rejette ensuite les nullités proposées par le saisi. La raison en est, comme nous l'avons déja fait remarquer, que l'appel est suspensif, et que, dès-lors, l'adjudication aura eu lieu en vertu d'une procédure qui n'étoit pas en état.

C'est dans ce sens que la Cour de Cassation l'a jugé, le 7 août 1811. Sa décision est d'autant plus à remarquer, qu'elle a *cassé* un arrêt contraire de la Cour d'Appel d'Orléans.

ARTICLE II.

Des Incidens élevés par les Créanciers.

§. I.

Le droit de demander la subrogation d'une saisie immo-
bilière appartient-il indifféremment à tout créancier
du saisi, ou seulement à un créancier second ou ulté-
rieur saisissant?

Le Code de Procédure n'a que deux articles qui aient trait à cette espèce de subrogation. Comme on peut les invoquer pour la solution de la question qui nous occupe, nous allons les rapporter.

« Faute, par le premier saisissant, porte
» l'article 721, d'avoir poursuivi sur la seconde
» saisie à lui dénoncée, conformément à l'arti-
» cle ci-dessus, *le second saisissant* pourra,
» par un simple acte, demander la subroga-
» tion. »

« Elle pourra être *également* demandée,
» ajoute l'article suivant, en cas de collusion,
» fraude ou négligence de la part du pour-
» suivant. »

De ces deux articles réunis, et notamment du dernier, M. Tarrible, dans le *Répertoire de Jurisprudence*, v°. *Saisie Immobilière*, en conclut que le droit de demander la subrogation ne peut appartenir qu'à un créancier qui a déjà fait une saisie.

Quelque défiance que je conçoive de moi-même lorsque je suis en opposition avec ce savant Magistrat, je ne puis cependant pas adopter son sentiment ; je le crois contraire aux vrais principes, et à l'intérêt des créanciers, que le Législateur n'a pu vouloir abandonner.

Je conçois que, lorsque la saisie n'a pas été notifiée aux créanciers, lorsqu'elle est encore la propriété exclusive du saisissant, personne autre qu'un second saisissant n'ait le droit de se faire subroger. Le poursuivant peut abandonner la saisie, il peut consentir à sa radiation, sans qu'aucun créancier soit autorisé à se plaindre.

Mais lorsque le placard d'affiches a été notifié aux créanciers inscrits, que par cet acte la saisie leur est devenue commune, ils ont des droits acquis dont le poursuivant ne peut les priver, soit par sa négligence, soit par son consentement à la radiation de la saisie.

C'est ce qu'établit assez clairement l'art. 696, en décidant que du jour de l'enregistrement de la notification faite aux créanciers, la saisie ne pourra plus être rayée que du consentement des créanciers ou en vertu de jugemens rendus contre eux. Toutefois, si, lorsqu'il n'y a pas d'autre saisie, **un** créancier inscrit ne pouvoit pas se faire subroger dans la poursuite, la négligence du poursuivant, la collusion ou la fraude dont il se rendroit coupable, équivaudroient à la radiation de la saisie, puisqu'il n'y auroit aucun moyen de la conduire à sa fin.

On oppose, à la vérité, que le droit de se faire subroger n'appartient à un second saisissant que parce qu'il a déjà mis le débiteur en demeure, et qu'il lui a notifié ses titres ; que le créancier inscrit ne se trouvant pas dans la même position, il ne doit pas avoir des droits aussi étendus.

Mais d'abord, par la notification du placard aux créanciers inscrits le débiteur est censé en demeure à l'égard de ceux-ci comme à l'égard du poursuivant. Ces créanciers sont appelés à l'instance de saisie, et dès-lors acquièrent le droit de former toutes demandes incidentes. Ensuite on ne peut pas se faire un moyen de ce que les créanciers n'ont pas signifié leurs titres, puisque, d'une part, les titres de leur créance sont reconnus par la notification qu'on leur a faite du placard d'affiches, et que, de l'autre, rien n'empêche que si leurs titres sont sujets à contestation, on ne s'en fasse un moyen pour repousser leur demande en subrogation.

Ainsi, cette objection très-spécieuse sans doute, ne détruit pas ce que nous venons d'établir, que le créancier inscrit conserve le droit de se faire subroger à la saisie immobilière, en cas de négligence, fraude ou collusion de la part du poursuivant. Nous faisons même remarquer que s'il en étoit autrement, ce seroit en vain que le Législateur auroit déclaré dans l'article 692, que l'aliénation faite par le saisi seroit nulle de droit ; et dans l'art. 693, que l'aliénation par lui faite ne pourroit avoir son exécution qu'autant que l'acquéreur consigneroit une somme suffisante pour acquitter, en principal, intérêts et frais, les créances inscrites, puisqu'en payant au poursuivant ce qui lui seroit dû, ou en le désintéressant de toute autre manière, on paralyseroit indéfiniment l'action des créanciers et l'on rendroit valable l'aliénation faite par le saisi.

On oppose encore l'article 725 du même Code, qui, dans le cas où une saisie immobilière aura été rayée, n'accorde le droit de poursuite qu'au plus diligent des saisissans postérieurs. Mais je ne dissimulerai point que je n'ai pas conçu comment cet article pouvoit devenir un moyen dans la bouche de nos antagonistes. Lorsqu'une saisie a été rayée, les créanciers inscrits à qui elle avoit été déjà notifiée, ont perdu les droits qu'elle leur avoit attribués, et dès cet instant sont retombés dans la position où ils étoient auparavant. Ils ne pourroient donc requérir la vente forcée qu'après un commandement et une saisie légalement faits. Au contraire, si les saisissans postérieurs ont perdu, par la radiation de la première saisie, les droits qu'elle leur avoit attribués, ils conservent toujours ceux qui étoient attachés à leurs propres saisies, et rien n'empêche qu'ils ne les poursuivent comme s'il n'y en avoit pas eu de précédentes; et lorsqu'ensuite ils en auront fait faire la notification aux créanciers inscrits, ceux-ci acquerront de nouveau les droits que leur avoit conférés la première saisie, et qui consistent à s'opposer à la radiation, même à demander la subrogation en cas de négligence, fraude ou collusion de la part du nouveau saisissant.

De toutes ces réflexions nous nous croyons autorisés à conclure que la véritable intention du Législateur a été d'accorder aux créanciers inscrits, lorsqu'il n'y a point de seconde ou subséquente saisie, le droit de se faire subroger dans les poursuites.

§. II.

Le jugement par défaut qui prononce sur une subrogation de saisie immobilière , peut-il être attaqué par la voie de l'opposition ?

E n général, tout jugement par défaut peut être attaqué par la voie de l'opposition; mais cette règle souffre exception dans les procédures extraordinaires, telles que celles du divorce, de la séparation de corps , et même dans celles relatives à la saisie immobilière. Ainsi, lorsque après une saisie un tiers forme une demande en distraction, et que l'une des parties fait défaut, il n'y a pas d'autre moyen d'attaquer le jugement que d'interjéter appel. Il en est de même dans les procédures relatives à l'ordre, et dans tous les incidens auxquels elles peuvent donner lieu.

D'après cela on se persuaderoit difficilement qu'on ait voulu adopter un autre principe à l'égard des demandes en subrogation de saisie. Elles sont, on peut le dire, moins importantes que les actions en distraction, et cependant on voudroit qu'on eût plus de moyens pour attaquer le jugement qui y feroit droit!

Il résulte du rapprochement des articles 721, 722 et 723, que l'on n'a d'autre moyen pour attaquer le jugement, que l'appel ; car si le Lé-

gislateur eût voulu accorder à la partie défail-
lante le droit de former opposition, il eût indiqué le délai durant lequel il devoit faire ses
diligences, comme il l'a déterminé à l'égard de
l'appel; et son silence à cet égard est la preuve
la plus énergique qu'on puisse rapporter.

C'est dans ce sens que l'a jugé la Cour Impériale de Paris, par arrêt du 27 septembre 1809.

Section VIII.

De l'Adjudication.

Article I.

*Des Moyens d'arriver à l'Adjudication, et des
Personnes qui peuvent se rendre Adjudicataires.*

§. I.

*Peut-on procéder à l'adjudication définitive avant qu'il
ait été prononcé sur l'appel du jugement qui rejette
les nullités proposées par le saisi contre la procédure
antérieure à l'adjudication préparatoire?*

Voyez ce que nous avons dit, sect. VII,
art. II, §. IV.

§. I I.

Peut-on se rendre adjudicataire pour le saisi, lorsqu'il n'est pas tenu personnellement de la dette, mais seulement à cause des biens qu'il détient ?

La négative sembleroit résulter du texte de l'article 713, qui interdit aux avoués le droit de se rendre adjudicataires *pour le saisi.* La défense contenue dans cet article étant indéfinie, et la loi ne faisant d'ailleurs aucune distinction, on peut dire qu'elle a entendu établir une incapacité dans la personne du saisi, soit qu'il doive personnellement ou qu'il ne soit obligé que comme tiers-détenteur.

Néanmoins nous ne craignons pas d'avancer que telle n'a pas été l'intention du Législateur. Si l'article 713 interdit au saisi le droit de se porter adjudicataire, c'est qu'on doit supposer qu'il ne le feroit que dans de mauvaises intentions, dans la pensée de nuire à ses créanciers, dont il rendroit par là les poursuites illusoires : car, ou le saisi a de l'argent pour acquitter le prix de l'adjudication, et alors il peut éviter la vente en payant ses créanciers ; ou, au contraire, il est dans l'impossibilité d'accomplir les charges et conditions de l'adjudication, et dans ce cas on ne pourroit lui supposer d'autres vues, en

II. 23

se portant adjudicataire, que d'empêcher l'expropriation dont il est menacé.

Au contraire, aucun de ces inconvéniens
n'existe lorsque c'est un tiers-détenteur qui se
rend adjudicataire ; comme il n'est pas obligé
personnellement, il ne doit pas acquitter la
dette, ou, au moins, il ne doit l'acquitter que
parce que l'immeuble hypothéqué est entre ses
mains, et seulement jusqu'à concurrence de sa
valeur. Mais dès que cet immeuble est adjugé
sur expropriation, le tiers-détenteur est habile
à se rendre adjudicataire, parce que, d'une
part, il n'a aucun intérêt personnel à retarder
l'expropriation, et que, de l'autre, en n'acquit-
tant pas les charges de l'adjudication , en n'en
payant pas le prix, il s'obligeroit personnellement, et pourroit être poursuivi comme fol-
enchérisseur.

Au surplus, il est possible de soutenir que
le tiers-détenteur ne se trouve pas compris,
même littéralement, dans la prohibition prononcée par l'art. 713. En effet, on peut assimiler
ce tiers à celui entre les mains duquel on feroit une saisie-arrêt ; dans ce cas, comme dans
celui-ci, la partie saisie seroit toujours celle
qui devroit personnellement, et qui, par le
défaut de paiement, auroit occasionné ces mesures rigoureuses. Ainsi, en défendant aux

avoués de se rendre adjudicataires pour le saisi, l'article 713 n'a pu entendre établir cette prohibition qu'à l'égard du débiteur personnel, qui est la seule partie saisie.

C'est dans ce sens que l'a jugé la Cour d'Appel de Colmar, le 21 juin 1811. L'arrêt est rapporté au *Journal du Palais*, tom. I, pag. 47, de 1812.

§. III.

Un avoué peut-il se rendre adjudicataire pour son compte personnel ?

Le peut-il, pour le compte d'un héritier bénéficiaire et d'un envoyé en possession des biens d'un absent, lorsque ce sont les biens de la succession ou de l'absent qui sont mis en vente ?

L'ARTICLE 1596 du Code Napoléon interdit aux mandataires le droit de se rendre adjudicataires des biens qu'ils sont chargés de faire vendre. L'avoué du poursuivant n'est autre chose qu'un mandataire, il lui est donc interdit de se rendre adjudicataire pour son compte personnel.

Tel est l'argument qu'on peut tirer de cet article du Code Napoléon ; mais il ne faut pas se dissimuler que cet argument est absolument vicieux. L'avoué n'est pas un mandataire ordinaire ; il a un caractère qui écarte tous les soupçons ; et toutes les fois que la loi a voulu le comprendre dans une prohibition , elle ne s'est pas contentée de l'assimiler à un mandataire; elle l'a nommément désigné. Si donc elle ne l'a pas fait dans l'article 1596 , c'est qu'elle n'a pas voulu l'assimiler à un simple mandataire ; c'est qu'elle a voulu le laisser sous l'empire de la règle générale , qui porte que « ceux-là peuvent acheter à qui la loi ne l'in- » terdit pas. »

Et, d'ailleurs, comment le Législateur auroit-il pu comprendre les avoués dans la prohibition de l'article 1596, lorsqu'il déclare positivement, dans l'article 709 du Code de Procédure , que si l'avoué ; dernier enchérisseur, ne nomme pas l'adjudicataire, il le demeurera lui-même en son nom personnel. Certes, on n'a pu adopter une semblable décision , sans supposer que l'avoué pouvoit se rendre adjudicataire pour lui-même.

C'est, au reste , ce qu'a jugé la Cour Impériale de Paris , par arrêt du 7 janvier 1812.

La seconde question proposée en tête de ce paragraphe , est résolue par les principes que nous avons développés dans le paragraphe précédent. Un héritier bénéficiaire , des envoyés en possession , ne sont obligés au paiement de la dette qu'en qualité de détenteurs;

et comme nous avons prouvé que cette qualité de tiers-détenteurs n'interdisoit pas le droit de se rendre adjudicataire, il est inutile de répéter les principes qu'on trouvera sur le paragraphe déja cité.

A r t i c l e II.

Des Droits de l'Adjudicataire et de ses Obligations.

§. I.

De quel jour l'adjudicataire est-il propriétaire ?

Lorsque ce n'est pas l'adjudicataire préparatoire qui devient adjudicataire définitif, ou même lorsque c'est lui, mais après avoir surenchéri sur celui qui avoit couvert la surenchère par lui faite lors de l'adjudication préparatoire, il ne peut pas être difficile de savoir de quel jour la propriété lui est dévolue. Comme il n'y a pas d'autre acte relatif à cette propriété que le jugement d'adjudication définitive, ce n'est que du jour de ce jugement que l'adjudicataire est devenu propriétaire. Ainsi, en supposant que l'adjudicataire préparatoire, dont la surenchère a été d'abord couverte, se marie dans l'intervalle de cette première adjudication à l'adjudication définitive, l'immeuble dont il

se sera rendu adjudicataire définitif tombera
en communauté.

Mais si sa surenchère n'avoit pas été couverte, et qu'il demeurât adjudicataire définitif
pour le prix par lui offert lors de l'adjudication
préparatoire, c'est alors qu'il importeroit d'examiner de quel jour il est propriétaire. Seroit-ce
du jour de l'adjudication préparatoire, ou seulement du jour de l'adjudication définitive ? La
question est d'autant plus importante, que, si
dans l'intervalle l'adjudicataire venoit à se ma-
rier, l'immeuble tomberoit ou ne tomberoit
pas en communauté, suivant que la propriété
en seroit dévolue du jour de la première adjudication ou de celui de la seconde.

Quel que soit le caractère qu'on attribue à
l'adjudication préparatoire, il nous semble
qu'elle a rendu l'adjudicataire propriétaire du
jour où elle a eu lieu. En effet, cette adjudication peut être considérée, ou comme une
condition résolutoire, ou comme une condition
suspensive. Dans le premier cas, elle a rendu
l'adjudicataire propriétaire du jour où le contrat
judiciaire s'est formé, c'est-à-dire du jour du
jugement d'adjudication, parce que, suivant
l'art. 1183 du Code Napoléon, cette condition
ne suspend pas l'obligation, mais qu'elle en opère
seulement la révocation lorsqu'elle s'accomplit.

Si l'on considère cette adjudication , comme faite sous une condition suspensive , et c'est , je crois , le véritable point de vue sous lequel il faut la voir , il en est encore de même , puisque la condition venant à s'accomplir par l'adjudication définitive faite pour le même prix que l'adjudication préparatoire , elle a un effet rétroactif au jour où l'engagement a été contracté (art. 1139). Aussi, sous ces deux rapports, la propriété seroit dévolue du jour de l'adjudication préparatoire, et l'immeuble seroit nécessairement propre de communauté de l'adjudicataire, sauf l'indemnité si le prix en étoit payé par la communauté.

§. I I.

L'adjudicataire qui veut se libérer définitivement, peut-il consigner le prix de son acquisition, ou, au contraire, est-il tenu de le garder en ses mains jusqu'à ce que l'ordre ait été réglé ?

LA raison de douter se tire de ce que l'art. 750 du Code de Procédure autorise l'adjudicataire, à défaut par les créanciers et la partie saisie de s'être réglés entr'eux, de poursuivre l'ordre, et de requérir à cet effet la nomination d'un juge-commissaire. Vous avez un moyen, pourroit-on dire à l'adjudicataire, de vous libérer. Ce moyen est introduit dans l'intérêt des créan-

ciers et de la partie saisie , et vous ne pouvez
pas en prendre un autre qui tourneroit à leur
préjudice , puisque, par les frais multipliés qu'il
exigeroit , vous diminueriez inutilement le
gage des uns et le patrimoine de l'autre.

Néanmoins, nous pensons que l'adjudicataire
seroit autorisé à consigner. L'article 2186 du
Code Napoléon accorde formellement ce droit à
l'acquéreur volontaire, dans le cas où les créanciers hypothécaires n'auroient pas surenchéri,
et nous croyons qu'il y a les mêmes raisons
de décider en faveur de l'adjudicataire , à moins
qu'une clause du cahier des charges ne lui eût
imposé l'obligation de garder entre ses mains
les sommes à distribuer.

La même conséquence doit se tirer de l'article 693 du Code de Procédure , qui permet
à celui qui a acquis l'immeuble depuis la saisie ,
de consigner somme suffisante pour acquitter,
en principal et intérêts, les créances inscrites.
Or, si cet acquéreur, que la loi voit ordinairement d'un mauvais œil, jouit de cette faculté,
pourquoi un adjudicataire légitime ne pourroit-
il pas l'invoquer?

Mais si l'adjudicataire veut consigner , et qu'il
en ait le droit , comme nous le supposons,
pourroit-il également assigner en validité , afin
de faire cesser les intérêts.

Je ne le crois pas. L'adjudicataire n'a qu'un moyen de faire cesser les intérêts , c'est de poursuivre lui-même l'ordre , et de le conduire rapidement à sa fin. Autrement il seroit vrai de dire qu'il auroit le droit de diminuer le gage de ses créanciers en faisant juger la validité de sa consignation ; car l'on ne peut pas se dissimuler qu'obligé d'appeler tous les créanciers pour être présens à la consignation, de les assigner individuellement pour en faire juger la validité , les frais seroient considérables. Si donc un adjudicataire se livroit à cette procédure extraordinaire , je ne balancerois pas à déclarer les frais vexatoires, et à les lui faire supporter en définitif. L'équité, qui est le supplément de toutes les lois, conduit nécessairement à cette décision.

§. I I I.

L'adjudicataire qui veut affranchir l'immeuble , par lui acquis , des privilèges et hypothèques , est-il obligé de faire transcrire le jugement d'adjudication , et de le déposer au greffe ?

Il faut voir sur cette question ce que nous avons dit dans le §. V du Chap. XI , pag. 54 de ce volume.

ARTICLE III.

Des Moyens de faire résoudre la propriété de l'Adjudicataire.

§. I.

Lorsque l'adjudicataire ne paie pas les créanciers utile-
ment colloqués, ceux-ci peuvent-ils poursuivre de nou-
veau l'expropriation de l'immeuble, ou faut-il absolu-
lument poursuivre la vente sur folle enchère?

ON distingue dans le jugement d'adjudication
deux espèces de charges, deux sortes d'obligations imposées à l'adjudicataire : les unes,
qui doivent être exécutées avant la délivrance
du jugement, et, au plus tard, dans les vingt
jours de l'adjudication ; les autres sont relatives
au prix, et doivent avoir lieu aussitôt que les
créanciers et le saisi se sont réglés entr'eux, ou
après la délivrance des bordereaux de collocation, en cas qu'ils ne se soient pas accordés.

Le défaut d'exécution de ces obligations a des
suites différentes. Si l'adjudicataire ne satisfait
pas, dans les vingt jours, aux conditions de
l'enchère, il y est contraint par la voie de la
folle-enchère, mesure qui n'a lieu que dans ce
cas particulier, ainsi que cela résulte du rapprochement des articles 715, 737 et 738, du
Code de Procédure.

L'article 715 oblige l'adjudicataire à rapporter au greffier quittance des frais ordinaires de poursuite, et la preuve qu'il a satisfait aux conditions de l'enchère. « Faute par l'adjudi-
» cataire, ajoute-t-il, de faire lesdites justifi-
» cations dans les vingt jours de l'adjudication,
» il y sera contraint par la voie de la folle-
» enchère, *ainsi qu'il sera dit ci-après.* »

Il résulte bien de cet article que ce n'est qu'en cas d'inexécution des conditions qui doivent précéder la délivrance du jugement d'adjudication, que l'adjudicataire peut être poursuivi par folle-enchère ; mais cela résulte particulièrement des articles 737 et 738, auxquels celui que nous venons de citer renvoie formellement.

L'article 737 décide que, faute par l'adjudicataire d'exécuter les clauses de l'adjudication, le bien sera vendu à sa folle-enchère ; et l'article suivant ajoute que, dans ce cas, le poursuivant se fera délivrer par le greffier un certificat constatant que l'adjudicataire n'a pas justifié de l'acquit des conditions exigibles de l'adjudication.

Les formalités auxquelles cet article assujettit le poursuivant, prouvent bien que ce n'est qu'en cas d'inexécution des charges qui précèdent la délivrance du jugement d'adjudication, que la vente sur folle-enchère peut avoir lieu ; car, s'il exige un certificat du greffier, ce n'est pas pour justifier de l'inexécution des conditions postérieures à la délivrance du jugement, puisque celui-ci ne peut en avoir aucune connoissance.

Ainsi, ce n'est jamais lorsque l'adjudicataire se refuse au paiement du prix, qu'il peut être contraint par folle-enchère, puisque ces articles n'introduisent cette mesure que pour l'inexécution des charges qui doivent être exécutées dans les vingt jours de l'adjudication.

Aussi le Code de Procédure en introduit-il d'autres pour ce cas particulier. Lorsque l'adjudicataire a acquitté toutes les charges, et qu'il a obtenu la délivrance du jugement d'adjudication, il devient débiteur personnel du prix, et peut être contraint par toutes les voies ordinaires, par saisie arrêt, saisie exécution, et même par la saisie immobilière, soit de l'immeuble par lui acquis, soit de ses immeubles particuliers.

C'est ce qu'établit l'article 771 du Code de Procédure, en décidant que les bordereaux de collocation, délivrés par le greffier, seront *exécutoires* contre l'acquéreur. Or, comment peut-on entendre que ces bordereaux soient exécutoires, si on ne peut pas les faire exécuter contre l'acquéreur, et obtenir sur-le-

champ le paiement de sa collocation ? Certes ,
cet article 771 seroit illusoire , et sa disposition
inutile , si , à défaut de paiement , on étoit
obligé de recourir à la folle-enchère.

De tout cela nous concluons , comme nous
l'avons déjà fait , que les créanciers utilement
colloqués , à l'égard desquels l'adjudicataire se
refuse au paiement , ont le droit d'exproprier
de nouveau l'immeuble adjugé , et de le faire
vendre sur la tête de l'adjudicataire , non pas
comme tiers détenteur , mais comme personnellement obligé.

C'est ce qu'a jugé la Cour de Bruxelles , par
arrêt du 14 juillet 1810.

§. II.

L'adjudicataire sur lequel est poursuivie la folle-enchère,
a-t-il droit de demander la restitution des droits de
mutation et de transcription, au nouvel acquéreur ?

LA Cour de Cassation, par arrêt du 6 juin 1811,
a jugé l'affirmative. Elle s'est fondée sur ce que
l'article 69, §. 7, n°. 1 , de la loi du 22 frimaire
an 7 , décidoit que l'adjudication sur folle-enchère et celle qui l'avoit précédée, n'opérant
qu'une seule mutation, il n'étoit dû qu'un seul
droit porportionnel qui devoit être supporté en
totalité par le nouvel adjudicataire.

Cette décision de la Cour de Cassation est en parfaite harmonie avec les principes de la loi du 11 bruamire, et je ne doute pas qu'elle ne doive être adoptée pour toutes les adjudications consommées sous son empire. Je crois même que sous le Code Napoléon elle est applicable au droit de mutation proprement dit ; en sorte que le nouvel adjudicataire seroit tenu de restituer au fol-enchérisseur ses droits d'enregistrement.

Mais en seroit-il de même des droits de transcription? je ne le pense pas. Sous la loi de brumaire la transcription du jugement d'adjudication étoit forcée, et c'est pour cela qu'on a dû contraindre le nouvel adjudicataire à la restitution des droits perçus sur une transcription qui lui profitoit. Mais depuis le Code de Procédure, non-seulement la transcription n'est pas forcée, mais nous avons démontré, pag. 54 de ce volume, qu'elle étoit inutile. On ne peut donc pas contraindre le nouvel adjudicataire à restituer des droits qu'il n'auroit pas payés, et qui ne lui profitent réellement pas. Le fol-enchérisseur doit s'imputer d'avoir fait cette dépense, et, dans aucun cas, il ne peut la rejeter sur l'adjudicataire postérieur.

A la vérité, l'on peut opposer l'article 2183 du Code Napoléon, qui dit formellement que l'adjudicataire est tenu, au-delà de son prix, de restituer à l'acquéreur dépossédé les frais et loyaux coûts de son contrat, et ceux de la transcription.

Mais cet article ne s'applique qu'à un acqué-reur volontaire qui a été dépossédé par une sur-enchère. Cet acquéreur étoit intéressé à faire transcrire, puisque c'étoit la seule manière de connoître les hypothèques qui grevoient l'im-meuble. Au contraire, l'adjudicataire sur saisie immobilière ne peut craindre aucune hypothè-que. En payant son prix aux créanciers utilement colloqués, il reçoit l'immeuble franc et quitte de toute dette ; il n'a donc aucun intérêt à faire transcrire.

Ainsi nous persistons à croire que sous la lé-gislation actuelle le nouvel adjudicataire n'est pas tenu de restituer les frais de transcription ; et cette opinion, comme on le voit, est une suite nécessaire du systême que nous avons suivi sur la transcription des jugemens d'adjudica-tion.

Voyez ci-dessus, chap. XI, §. 5, pag. 54 de ce volume.

§. III.

L'article 710 du Code de Procédure, qui permet à toute personne de surenchérir dans la huitaine de l'adjudication, est-il applicable aux licitations provoquées tant par les copartageans que par leurs créanciers personnels ?

La solution de cette difficulté me semble dépendre de cette distinction : ou la licitation dont il s'agit intéresse des cohéritiers majeurs, tous présens ou dument représentés, ou, elle a lieu entre des cohéritiers mineurs, interdits ou absens.

Dans le premier cas, les cohéritiers pouvoient s'abstenir des formalités judiciaires, ils pouvoient volontairement consentir à la licitation, la faire faire devant notaire, entre eux, sans même appeler des étrangers. Cette licitation n'est qu'une vente ordinaire purement consensuelle, et à laquelle la justice ne fait que donner l'authenticité. Or, comme on ne peut pas appliquer l'article 710 à une vente purement volontaire, on ne conçoit pas comment on pourroit l'appliquer à une aliénation qui conserve le même caractère.

A qui, d'ailleurs, voudroit-on accorder le droit de surenchérir, en vertu de cet art. 710 ? Seroit-ce aux étrangers ? Mais ayant droit de lés écarter ou de ne pas les admettre à l'adjudication, les copropriétaires peuvent bien les écarter de la surenchère, qui ne seroit elle-même qu'une nouvelle adjudication. Seroit-ce aux cohéritiers; mais ils étoient présens à l'adjudication, ils pouvoient enchérir, ils pouvoient alors ajouter à la mise à prix ou à l'enchère subséquente le quart dont ils demandent actuellement à augmenter le prix. Leur présence à l'adjudication, leur consentement qu'ils étoient maîtres de refuser, la liberté de surenchérir à leur gré, tout élève contr'eux une fin de non-recevoir.

Enfin, voudroit-on donner ce droit aux créanciers personnels des cohéritiers? Il ne seroit pas difficile de démontrer qu'ils ne sont, à l'égard des immeubles licités, que de simples étrangers, incapables d'acquérir des hypothèques ou des priviléges sur ces immeubles, avant qu'ils ne soient partagés; ils ne peuvent que demander d'être présens à la licitation, ce qui démontre qu'ils sont encore non-recevables à surenchérir.

Il en seroit de même des créanciers de la succession. Ceux-ci peuvent bien avoir des hypothèques sur les immeubles licités; mais comme la licitation leur est étrangère, qu'elle ne les prive d'aucuns droits et qu'ils ne peuvent perdre leur gage que de la même manière dont ils en seroient privés par une vente volontaire, il suit qu'ils ne peuvent pas invoquer l'article 710 du Code de Procédure, mais seulement l'art. 2185 du Code Napoléon, ainsi que nous l'avons déjà démontré ci-dessus, chap. XI, §.IV, pag. 50 de ce volume.

De tout cela, nous concluons que personne n'étant apte à surenchérir, l'article 710 ne peut s'appliquer aux licitations faites entre copropriétaires majeurs.

Toutefois on a fait quelques objections : on a prétendu que la surenchère étoit de droit commun ; qu'étant permise en cas d'expropriation, elle devoit l'être également dans les licitations ; que cela résultoit, d'ailleurs, de l'article 972 du Code de Procédure, qui renvoyoit, pour les règles sur la licitation, aux principes de la vente des biens saisis immobilièrement ; que parmi ces principes se trouvoit celui de l'article 710, et que dès-lors il falloit nécessairement l'appliquer ; que cette règle étoit sur-tout infaillible lorsque c'étoit un créancier personnel du copropriétaire qui avoit poursuivi la licitation.

Comme toutes ces objections se trouvent combattues par un arrêt de la Cour d'Appel de Douai, en date du 16 août 1810, nous nous contenterons de le rapporter, mais après avoir fait remarquer qu'il n'est pas vrai de dire que la surenchère soit de droit commun. Au contraire, cette voie est exorbitante ; elle renferme une condition résolutoire ; et l'on sait qu'une condition de cette espèce ne se supplée jamais. Elle doit toujours résulter de la loi ou de la convention, et l'on ne peut l'admettre en raisonnant par analogie.

Voici maintenant le texte de l'arrêt :

« Considérant que, suivant l'article 2205 du
» Code Napoléon, les créanciers personnels
» d'un héritier dans les immeubles d'une suc-
» cession doivent provoquer le partage ou la
» licitation de la partie divisée, avant qu'elle
» puisse être mise en vente par eux ; que sui-
» vant le Code Napoléon la licitation peut être
» faite ou en justice, ou pardevant notaires
» (art. 829 et 839) ; que le Code de Procédure
» contient les mêmes dispositions (art. 984
» et 985) ; que le titre concernant la vente
» des immeubles, auquel l'article 972 du Code
» de Procédure renvoie pour suivre les forma-
» lités qui y sont prescrites, distingue aussi les
» ventes des immeubles qui n'appartiennent
» qu'à des majeurs, de celles dans lesquelles
» il y a des mineurs qui ont intérêt ; que dans
» ce titre l'article 953 est le seul qui concerne
» la vente et la licitation des biens n'apparte-

» nant qu'à des majeurs, et que les art. 954
» jusques et compris 965 ne sont relatifs qu'à
» la vente des biens des mineurs ; qu'ainsi ledit
» art. 965 qui renvoie aux dispositions des arti-
» cles 707 et suivans, en tant qu'il admettoit la
» surenchère après l'adjudication en matière
» de licitation, ne seroit applicable qu'aux seuls
» cas où la licitation se feroit entre mineurs et
» majeurs ; que la licitation en vertu de laquelle
» les appelans se sont rendus adjudicataires
» des deux maisons dont il s'agit, a été pour-
» suivie par un créancier de Butterweck fils,
» débiteur, et a été faite entre majeurs ; il en
» résulte que l'article 965 ne leur est point ap-
» plicable ; — Considérant que le créancier
» exerçant le droit de son débiteur, la licita-
» tion provoquée par le créancier est absolu-
» ment de même nature que si elle avoit été
» provoquée par le débiteur lui-même ; que la
» licitation provoquée par un copartageant
» ne peut être assimilée à une expropriation
» forcée, par conséquent écarte toute idée de
» surenchère ; qu'il en est de même d'une lici-
» tation provoquée par un créancier personnel
» du débiteur copartageant ; il en résulte que
» ce créancier n'est point recevable, quant à
» présent, dans sa surenchère. »

Nous n'ajouterons qu'un mot pour completter

cette preuve que l'art. 710 n'est pas applicable aux licitations faites entre majeurs.

La principale objection, et peut-être même la seule qu'on puisse nous faire, c'est le renvoi que fait l'article 972 au titre *de la Vente des Immeubles*, qui, lui-même, se réfère au titre *de la Saisie Immobilière*, dans lequel se trouve l'article 710.

Nous ferons remarquer que le renvoi de l'article 972 n'est pas absolu, car il ne veut pas que toutes les dispositions sur la saisie immobilière soient appliquées aux licitations : si tel étoit son sens, il seroit déraisonnable ; mais il dispose qu'on *se conformera* (ce sont les propres expressions de cet article) *pour la vente, aux formalités prescrites dans le titre* de la Vente des Immeubles.

Or, tout consiste à savoir si la surenchère est une formalité de la vente? La négative est incontestable. La surenchère est plutôt un mode d'extinction qu'une manière de former la vente, car elle résout un contrat déjà formé.

Et qu'on ne croye pas que nous cherchions à jouer sur les mots. La comparaison de cet article 992 avec l'article 965 prouve évidemment que le sens du premier doit être restreint aux formalités qui doivent conduire à l'adjudication.

En effet, lorsque le Législateur veut appliquer à l'aliénation des biens des mineurs les
principes relatifs à la saisie immobilière, ne
croyez pas qu'il se contente de renvoyer au
titre relatif aux formalités ; mais voici comment il s'explique : « Seront observées, au
» surplus, relativement à la réception des en-
» chères, à la forme de l'adjudication *et à ses*
» *suites*, les dispositions contenues dans les
» articles 707 et suivans du titre *de la Saisie*
» *Immobilière.* »

Ces deux manières de s'exprimer prouvent
suffisamment la différence que l'on a voulu
faire dans les deux cas. Dans l'un on a voulu
simplement indiquer les formalités à suivre
pour parvenir à la vente, et l'on n'a pas parlé
des suites de cette vente ; dans l'autre on a eu
l'intention de comprendre et les formalités et
les suites, et l'on s'en est expliqué.

Aussi, sous tous les rapports, nous pouvons
répéter que l'article 710 n'est pas applicable
aux licitations de biens de majeurs, et que la
surenchère du quart devroit toujours être
rejetée.

Mais il n'en seroit pas de même si la licitation avoit lieu entre mineurs ou entre mineurs
et majeurs, ou même entre majeurs dont l'un
deux seroit absent. Nous avons vu, en effet,

en rapportant l'article 965, que la vente des immeubles des mineurs étoit assimilée à l'adjudication sur saisie immobilière pour ses formes *et ses suites*, ce qui comprend nécessairement la surenchère autorisée par l'article 710; et si l'on pouvoit en douter, il suffiroit de remarquer que cet article 965 renvoie aux dispositions contenues dans les articles 707 et *suivans*, du titre de la *Saisie Immobilière :* or, dans ces articles se trouve nécessairement compris l'article 710.

Il faut même convenir que si le Législateur ne s'étoit pas expliqué aussi formellement, on auroit fait des efforts pour faire admettre la surenchère. La loi veille pour les mineurs et les absens, et tout ce qui peut améliorer leur sort doit être saisi avec avidité. Or, rien ne les intéresse plus que la surenchère autorisée par l'article 710, puisqu'elle leur procure un avantage du quart au-dessus du prix de la licitation. — Mais on n'a pas besoin d'invoquer cette considération, la loi est expresse, on doit exécuter sa disposition et admettre la surenchère.

§. IV.

Comment doit-on entendre l'article 711 du Code de Pro-
cédure qui fixe un délai de vingt-quatre heures pour
la notification de la surenchère aux avoués de l'ad-
judicataire, du poursuivant et de la partie saisie ?

La loi veut éviter la fraude; elle craint qu'il
n'existe quelque collusion entre le poursuivant
et l'adjudicataire; elle veut empêcher que celui-ci n'écarte les personnes qui auroient le
projet d'acquérir, et se fasse adjuger la chose
à un vil prix : c'est pourquoi elle permet, par
l'article 710 du Code de Procédure, *à toute*
personne de faire au greffe du tribunal, et
dans la huitaine du jour où l'adjudication aura
été prononcée, une surenchère du quart, au-moins, du prix principal de la vente.

Cette surenchère, pour être valable, doit
être dénoncée *dans les vingt-quatre heures*
aux avoués respectifs de l'adjudicataire, du
poursuivant et de la partie-saisie (art 711).

Ce délai de vingt-quatre heures sembleroit
courir d'heure à heure, de manière que si la
surenchère avoit été faite le premier janvier à
midi, elle deviendroit nulle si elle n'avoit été
notifiée, au plus tard, le lendemain à la même
heure.

Cependant il est de principe que les pres-
criptions ne se comptent pas par heure : elles
doivent toujours, aux termes de l'article 2260
du Code Napoléon, se compter par jour ; et si
dans l'article 711 on s'est servi de la dénomi-
nation d'heures, c'est sans doute parce qu'il est
d'usage de parler de vingt-quatre heures toutes
les fois qu'on veut indiquer un jour plein.

S'il en étoit autrement, on seroit toujours
embarrassé pour faire courir ce délai de vingt-
quatre heures ; on ne sauroit jamais à quelle
époque la surenchère auroit été faite, puisque
l'acte qui la contient ne doit pas énoncer l'heure.
(Art. 710 du Code de Procédure.)

Tout cela prouve que la dénonciation de la
surenchère doit être faite aux avoués de l'adjudicataire, du poursuivant et de la partie saisie,
dans le délai d'un jour plein après la surenchère reçue au greffe ; en sorte que si cette
surenchère a été faite le 1er janvier, la dénonciation pourra en être utilement faite dans
toute la journée du 2.

C'est ce qu'a jugé la Cour d'Appel de Liége,
le 5 janvier 1809, en infirmant un jugement
du Tribunal de Première Instance de la même
ville , qui avoit jugé le contraire.

Voici le texte de son arrêt :

« Attendu que le délai de vingt-quatre heures

» dont parle l'article 711 du Code de Procé-
» dure, doit être entendu *d'un jour utile;*
» que d'ailleurs l'intimé auroit dû prouver que
» la dénonciation avoit été faite après le délai
» de vingt-quatre heures, ce qu'il n'a pas fait;
» qu'ainsi l'on doit présumer que ladite dénon-
» ciation du lendemain a été faite dans le temps
» utile, sur-tout que la loi ne prescrit pas d'é-
» noncer l'heure à laquelle l'on fait et la sur-
» enchère et la dénonciation d'icelle. — Met
» l'appellation et ce dont est appel au néant,
» etc. »

§. V.

*Lorsque la surenchère autorisée par l'article 710 du Code
de Procédure a été faite la veille d'une fête légale, peut-
elle être utilement dénoncée aux avoués de l'adjudicataire, du poursuivant et de la partie saisie, le lendemain de cette fête ?*

L'ARTICLE 711 du Code de Procédure exige,
à peine de nullité, que la surenchère permise
par l'article 710, soit dénoncée dans les vingt-
quatre heures.

Les articles 63 et 1037 du même Code, après
avoir défendu de donner des significations les
jours de fêtes légales, ajoutent qu'elles pourront
néanmoins avoir lieu avec la permission du

Juge, dans le cas où il y auroit péril en la demeure.

Ces dispositions semblent établir que lorsque c'est la veille d'une fête que la surenchère
a eu lieu, la notification ne doit pas moins s'en
faire dans les vingt-quatre heures, parce que,
si, en règle générale, les exploits ne peuvent
pas être signifiés les jours de fêtes, le Président
peut modifier cette règle toutes les fois qu'il
y a péril en la demeure. Or, jamais le péril ne
se fait mieux sentir que lorsqu'à défaut d'un
acte on encourt la déchéance.

Ces motifs avoient porté le Tribunal civil
de Coulommiers à déclarer nulle une surenchère faite la veille d'un dimanche, et notifiée
seulement le lundi.

Mais sa décision étoit-elle conforme aux
principes ? Quand la loi accorde un jour, ou, ce
qui est la même chose, vingt-quatre heures,
pour l'exécution d'un acte, elle entend nécessairement parler d'un jour utile, d'un jour
où il pourra exécuter ce que la loi lui com-
mande ; autrement elle réduiroit cette partie
à l'impossible ; elle l'exposeroit à encourir une
déchéance qu'il ne tiendroit pas à elle d'éviter.

A la vérité on oppose les articles 63 et 1037
du Code de Procédure, qui permettent de
donner un exploit avec la permission du Juge.

Mais pourquoi faire dépendre une formalité aussi essentielle, de la volonté de ce magistrat? Il peut être absent; on peut avoir quelque peine à le trouver, et cependant les droits des créanciers dépendroient de sa présence.

Telle n'a pas été l'intention de la loi. En prescrivant un délai aussi court pour la notification de la surenchère, elle a nécessairement entendu accorder un délai utile, un jour où l'on pourroit, sans recourir à d'autres formalités, faire connaître aux parties intéressées l'existence de la surenchère.

C'est ce qu'a jugé la Cour d'Appel de Paris, en réformant le jugement du Tribunal de Coulommiers.

A la vérité on s'est pourvu en Cassation contre son arrêt; on a prétendu qu'elle avoit violé l'article 711 du Code de Procédure, et ensuite les articles 63 et 1037 du même Code.

Mais par arrêt en date du 28 novembre 1809, le pourvoi a été rejeté en ces termes :

« Attendu que la dénonciation de la sur- » enchère a été légalement faite le lundi 7 mars, » parce que, d'après les articles 63 et 1037 du » Code de Procédure, aucune signification ne » peut être faite un jour de fête légale; qu'ainsi » Fontaine, en remettant au lundi la dénon- » ciation de sa surenchère, n'a fait que se

» conformer au droit commun ; La Cour re-
» jette. »

§. V I.

Qui doit supporter la perte de l'immeuble saisi , lorsqu'il
périt dans la huitaine accordée par l'article 710
pour faire une surenchère du quart ?

L'ADJUDICATION sur saisie immobilière res-
semble beaucoup, pendant la huitaine accordée
pour surenchérir, à ce que les Romains appe-
loient *addictio in diem* , c'est-à-dire à la convention par laquelle l'acquéreur étoit dépouillé
si le vendeur trouvoit un prix plus favorable
pendant un délai donné.

Chez les Romains le caractère de ce pacte
étoit déterminé par l'intention présumée des
parties ; il formoit ou une condition suspensive
qui arrêtoit l'exécution du contrat , ou, au contraire, une condition résolutoire , qui en détrui-
soit les effets. On peut voir sur cela la L. 2 au ff.
de in diem addict. ; et Pothier, dans son *Traité*
du Contrat de Vente , part. 5, chap. II, sect. 4.

Dans notre droit français, je crois que le caractère de cette faculté accordée à toute personne pendant la huitaine, est toujours le même.
C'est une condition résolutoire, une clause tacite
par laquelle le saisi et ses créanciers consentent
que l'immeuble soit adjugé, mais sous la ré-

serve que si dans la huitaine on trouve un prix supérieur d'un quart, la vente sera résolue.

Il en est, dans ce cas, comme dans celui d'une vente volontaire; la faculté que les créanciers hypothécaires ont de surenchérir dans les quarante jours, n'empêche pas l'acquéreur d'être propriétaire, seulement il est censé avoir acquis sous une condition résolutoire dont l'événement peut détruire l'effet; mais jusques-là, jusqu'à ce que les créanciers aient surenchéri, il reste propriétaire.

On en trouve la preuve dans l'article 2177 du Code Napoléon, lequel, après avoir prévu le cas où l'acquéreur seroit exproprié par suite d'une surenchère, ajoute que les servitudes et droits réels que l'acquéreur avoit sur l'immeuble avant sa possession, renaissent après l'adjudication faite sur lui. Or, les servitudes ne peuvent renaître que parce qu'elles se sont éteintes, et elles n'ont pu s'éteindre que parce que l'acquéreur est devenu propriétaire du fonds asservi.

Cela posé, on ne peut plus mettre en question si l'immeuble périt pour l'adjudicataire. Propriétaire absolu, quoique sous une condition résolutoire, c'est sur lui seul que peut tomber la perte si elle survient dans la huitaine accordée pour surenchérir. S'il en étoit autrement, cette surenchère, qui a été introduite en faveur du saisi et de ses créanciers, tourneroit nécessairement contr'eux, puisque ce seroit un moyen de prolonger leur responsabilité.

Telle est, au surplus, l'opinion que professe Pothier à l'égard de l'adjudication sauf quinzaine, dans son *Traité de la Vente*, part. 6, chap. II, et dans l'*Introduction à la Coutume d'Orléans*, tit. 21, n°. 92 et 93.

Section IX.

De la Conversion de la Saisie en Vente volontaire.

§. I.

Lorsque tous les intéressés sont majeurs, et qu'ils ont converti la saisie en vente volontaire, cette vente doit-elle être précédée d'une estimation par experts ?

Voyez sur cette question ce que nous avons dit dans l'*Introduction à la Saisie Immobilière*, sect. IX.

§. II.

L'article 964, qui accorde au Tribunal la faculté de laisser vendre au-dessous de l'estimation, est-il applicable au cas où tous les intéressés étant majeurs, ils conviennent de convertir la saisie en vente volontaire ?

A ne voir que l'article 747 du Code de Procédure, il faudroit décider que lorsque des majeurs ont converti la saisie immobilière en vente volontaire, et qu'ils veulent vendre au-dessous de l'estimation, ils ont besoin d'en obtenir la permission du Tribunal ; car, après avoir consacré le principe relatif à la conversion de la saisie, cet article ajoute que la vente pourra être faite devant notaire ou en justice, sans autres formalités que celles prescrites aux articles 957, 958, 959, 960, 961, 962 et 964.

Mais on ne craint pas d'avancer qu'en citant ce dernier article le Législateur a été entraîné

tion d'appliquer aux majeurs une formalité qui est exclusivement introduite pour les mineurs.

En effet, lorsque la saisie ne concerne que des parties majeures, non-seulement elles peuvent vendre au-dessous de l'estimation, mais il n'est jamais besoin de faire faire cette estimation ; leur consentement suffit pour l'aliénation de l'immeuble , et jamais elles n'ont besoin de la décision des tribunaux.

Ainsi , il faut retrancher l'article 964 de la nomenclature faite par l'article 747 , et tenir que dans aucun cas les parties majeures n'ont besoin de recourir à la justice pour fixer le *minimum* de la somme pour laquelle l'immeuble pourra être adjugé.

Section X.

De l'Ordre.

§. I.

Devant quel Tribunal l'ordre doit-il être ouvert ?
Lorsqu'il s'agit du prix d'immeubles dépendant d'une
  succession , est-ce devant le Tribunal de la situation
  des biens , ou devant celui dans le ressort duquel s'est
  ouverte la succession ?

Régulièrement c'est devant le Tribunal où l'adjudication a été faite, que l'ordre doit être poursuivi. L'article 751 du Code de Procédure le fait suffisamment comprendre , en décidant que la demande à fin d'ordre sera formée sur un registre *des adjudications*, tenu au greffe. La décision de cet article est d'ailleurs en harmonie avec tous les principes sur les actions réelles. L'adjudication doit être poursuivie au

II. 25

Tribunal de la situation de l'immeuble, et il doit en être de même de la procédure relative à l'ordre, puisqu'elle a le même caractère de réalité.

Cependant il arrive quelquefois que l'adjudication n'est pas poursuivie devant le Tribunal de la situation : par exemple, les immeubles d'une succession peuvent être licités devant le Tribunal de l'ouverture de cette succession, et dans ce cas est-ce devant le Tribunal qui a fait la vente que doit être ouvert le procès-verbal d'ordre, ou est-ce toujours devant celui de la situation des biens?

Pour soutenir que c'est devant le Tribunal dans le ressort duquel s'est ouverte la succession, on invoque l'article 59 du Code de Procédure, qui attribue à ce Tribunal la connaissance des actions formées par les créanciers du défunt avant le partage. On l'appuie ensuite de l'article 751, qui suppose que c'est toujours devant le Tribunal qui a autorisé l'adjudication, que doit être ouvert l'ordre; enfin, on invoque un arrêt de la Cour d'Appel de Paris, sous la date du 23 mai 1810, qui l'a jugé formellement.

Pour combattre cette opinion et prouver combien elle est contraire aux principes, il suffit de faire remarquer que si l'article 59 du Code de Procédure attribue au Tribunal de

l'ouverture de la succession la connaissance
des actions formées avant le partage, cet
article n'entend parler que des actions purement personnelles. Comme chaque héritier
est tenu personnellement de la dette pour sa
part et portion, on eût pu croire qu'immédiatement après le décès du débiteur il falloit
assigner les héritiers à leur domicile ; et c'est
pour lever toute espèce de doute à ce sujet
que l'article 59 a été rédigé. Ajoutez que si l'on
pouvoit appliquer cet article 59 aux actions
réelles, on seroit conduit à cette conséquence,
que l'expropriation d'un immeuble de la succession pourroit être portée devant le Tribunal
de l'ouverture , quoiqu'il fût situé dans le
ressort d'un autre Tribunal. Or, on n'a pas
besoin de faire sentir combien cette proposition seroit déplacée.

L'article 751 ne peut pas être non plus invoqué pour établir la compétence des Juges
qui ont autorisé l'adjudication. Si cet article semble reconnoître que le procès-verbal
d'ordre sera ouvert devant le Tribunal devant
lequel la vente a eu lieu , c'est qu'il n'entend
parler que des procès-verbaux d'ordre ouvert à
la suite d'une expropriation forcée; et comme
ordinairement cette expropriation ne peut être
poursuivie que devant les juges de la situation ,

il en résulte que l'ordre ne sera jamais poursuivi que devant le même Tribunal.

Au reste, on est étonné que l'opinion que nous combattons ait pu recevoir le suffrage de magistrats distingués. Indépendamment de ce que nous venons d'établir que les articles 59 et 751 du Code de Procédure ne peuvent pas être cités pour la fortifier, nous invoquons l'article 4 de la loi du 14 novembre 1808, qui dispose formellement que « les procédures re-
» latives tant à l'expropriation forcée qu'à
» *la distribution du prix des immeubles,* seront
» portées devant les Tribunaux respectifs de
» la situation des biens. »

Cet article ne distingue pas. L'ordre doit être ouvert devant le Tribunal de la situation des immeubles, et la circonstance que l'aliénation s'est opérée dans un autre arrondissement est toujours indifférente ; c'est ce qu'a jugé la Cour de Cassation dans l'espèce suivante :

Après le décès de son mari, la dame de Saint-Clair se fait autoriser à vendre à Paris, lieu de l'ouverture de la succession, la terre de Bierres, située dans le département de la Côte-d'Or.

Après l'adjudication l'acquéreur se présente au Tribunal de Semur, dans l'arrondissement duquel l'immeuble étoit situé, et requiert l'ouverture du procès-verbal d'ordre. De leur côté, les créanciers inscrits forment la même demande au Tribunal de la Seine, lieu où la vente avoit été faite.

Dans cet état, on se pourvoit en réglement de juges, et la Cour de Cassation ordonne la continuation des poursuites devant le Tribunal dans l'arrondissement duquel la terre étoit située.

Voici les motifs de son arrêt:

« Attendu que la demande à fin d'ordre et » distribution du prix de l'immeuble dont il » s'agit, *est une action réelle* qui doit être portée » devant le Tribunal de l'arrondissement dans » lequel ledit immeuble est situé; la Cour » ordonne que l'ordre sera continué devant le » Tribunal de Semur. »

§. I I.

Lorsque plusieurs immeubles ont été expropriés devant plusieurs tribunaux, et qu'un ordre particulier a été ouvert devant chacun, peut-on demander la jonction de ces différens ordres, et le renvoi de tous devant un même Tribunal?

Suivant l'article 171 du Code de Procédure, on peut demander le renvoi d'un Tribunal à un autre, et la réunion de deux affaires ori-

ginairement portées à deux Tribunaux différens , lorsqu'elles sont connexes entr'elles.

Mais cette règle ne sauroit s'appliquer à
l'ordre et distribution des sommes provenant
de différens immeubles expropriés dans leurs
arrondissemens respectifs ; d'abord, parce qu'il
ne peut pas y avoir de connexité , et que toujours il y a , dans l'ordre du prix de tel immeuble , des créanciers qui ne peuvent pas
figurer dans la distribution introduite pour le
prix d'un autre ; en second lieu, parce que
l'article 4 de la loi du 14 novembre 1808 ,
prévoyant le cas où l'expropriation de plusieurs
immeubles seroit poursuivie simultanément ,
décide que l'ordre et distribution seront portés
devant *les Tribunaux respectifs* de la situation
des biens.

C'est, au reste , ce qu'a jugé la Cour de
Cassation , le 13 janvier 1810 , sur la demande
en réglement de juges des créanciers Hecquet.

§. III.

Lorsque, en vertu des articles 2210 et 2211 , l'expropria-
tion a été portée devant un autre Tribunal que celui
de la situation , où doivent être poursuivis l'ordre et la
radiation des inscriptions ?

Cette question peut se présenter dans l'espèce
suivante : *Titius* a hypothéqué au paiement

de ses créances un domaine situé dans divers arrondissemens. A défaut de paiement de sa part, on a poursuivi l'expropriation devant le Tribunal dans le ressort duquel se trouve le chef-lieu de l'exploitation : est-ce devant ce Tribunal que doit être poursuivi l'ordre du prix des immeubles situés dans d'autres arrondissemens?

Régulièrement, l'ordre et ensuite la radiation des inscriptions doivent être poursuivis devant le Tribunal de la situation des immeubles expropriés, c'est-à-dire devant celui dans le ressort duquel les inscriptions ont été faites; d'où il faudroit conclure que dans l'hypothèse actuelle le prix de la partie du domaine situé dans divers arrondissemens, devroit être distingué de manière à ce que chaque partie fût distribuée devant le Tribunal où étoient situés les biens.

Il en seroit de même de la radiation des inscriptions. Aux termes de l'article 2159 du Code Napoléon, la radiation doit toujours être demandée au Tribunal dans le ressort duquel l'inscription a été faite.

Mais tous ces principes, vrais en thèse générale, doivent être modifiés dans l'hypothèse actuelle. L'expropriation, qui doit aussi être portée devant le Tribunal de la situation, souffre une exception dans le cas où les dépendances d'un même domaine seroient situées dans divers

arrondissemens : dans ce cas l'adjudication se
poursuit devant le Tribunal dans l'arrondissement duquel le chef-lieu d'exploitation est situé ; et cette exception doit, par la nature même
des choses, être étendue à la distribution du
prix et à la demande en radiation. Ces demandes sont une suite nécessaire de la saisie
immobilière, et comme le mode d'exécution
du jugement qui prononce l'adjudication. Or,
d'après le Code de Procédure, c'est au Tribunal
qui a rendu le jugement à connaître des difficultés qui peuvent s'élever sur son exécution.

Ajoutez que d'après l'ensemble des dispositions du Code relatives à l'ordre, il paroît
incontestable que toutes les suites de la saisie
immobilière doivent être portées devant le
Tribunal qui a admis l'adjudication.

On opposera peut-être l'article IV de la loi
du 14 novembre 1808, qui veut impérieusement que les procédures relatives à l'ordre
soient portées devant le Tribunal de la situation de chaque immeuble ; mais pour écarter
cette objection il suffira de remarquer que cette
loi suppose des immeubles indépendans, et tous
vendus dans leurs arrondissemens respectifs.
Dans ce cas, sans doute, l'ordre ne peut être
poursuivi que devant le Tribunal de la situation de chaque immeuble ; mais lorsqu'il s'agit,

comme dans l'espèce , d'immeubles dépendans d'une même exploitation , et adjugés devant le même Tribunal, l'exception que la loi prononce pour la vente s'étend nécessairement à l'ordre, et rend compétent pour cette procédure le Tribunal devant lequel on a procédé à l'expropriation.

§. I V.

L'acquéreur d'un immeuble appartenant à un mari ou à un tuteur , peut-il s'opposer à l'ordre et y faire surseoir jusqu'à l'expiration du délai accordé par l'art. 2194 pour l'inscription des hypothèques légales ?

J'ai déjà eu occasion de remarquer plusieurs fois que , lorsqu'un immeuble pouvoit être grevé d'hypothèques ou de priviléges soumis à l'inscription, et d'hypothèques indépendantes de cette formalité, l'acquéreur pouvoit remplir simultanément les formalités prescrites pour purger l'une et l'autre espèce d'hypothèques, c'est-à-dire requérir la transcription pour libérer l'immeuble des hypothèques conventionnelles et judiciaires , et déposer son contrat au greffe pour le dégager des hypothèques légales non assujetties à l'inscription. C'est même ainsi que se comporte un acquéreur prudent, car il doit savoir qu'en faisant transcrire son contrat , et le signifiant ensuite aux créanciers inscrits , il purge à la vérité contre ceux-ci , mais non contre la femme de son vendeur , si c'est à un mari qu'il a acquis et s'il n'a pas été pris d'inscription du chef de sa femme ; mais non contre des mineurs ou des interdits , si c'est d'un tuteur qu'il a acheté.

Si donc l'acquéreur peut cumulativement employer ces deux voies , si son intérêt exige qu'il les suive , s'il ne peut même payer avec sûreté avant d'avoir mis la femme ou les mineurs en demeure de prendre inscription , comment supposer que l'ordre puisse être ouvert avant l'expiration des délais que la loi leur accorde ?

Sans doute que si l'acquéreur se tait , s'il consent à l'ordre , s'il néglige les mesures de sûreté que la prudence lui suggère , le procès-verbal d'ordre sera clos même avant l'expiration des délais , les bordereaux de collocation seront délivrés , etc. ; mais aussitôt que l'acquéreur proposera son exception , aussitôt qu'il aura fait connoître l'intention de purger à l'égard des femmes et des mineurs , tout sera suspendu , jusqu'à ce qu'on sache s'il y a des inscriptions du chef de ces derniers , ou s'il n'en a été pris aucune; ce qu'on ne peut irrévocablement connoître jusqu'à l'expiration des deux mois accordés par l'article 2194.

Autrement l'acquéreur ne paieroit jamais avec sûreté. Obligé de se libérer envers les créanciers utilement colloqués, il pourroit se trouver dans la nécessité de payer une seconde fois, parce qu'il pourroit arriver que les créanciers qui sont colloqués, eussent été primés par les créances de la femme ou des mineurs, qu'on ne connoissoit pas encore.

Il est vrai qu'on oppose que de cette manière l'acquéreur pourra retarder de beaucoup la clôture du procès-verbal d'ordre ; car ne faisant le dépôt au greffe que lorsque le procès-verbal d'ordre est à la veille d'être arrêté, il en suspendra la clôture encore pendant deux mois.

En effet, l'acquéreur a cette faculté ; car la loi ne fixant aucun délai, il peut faire le dépôt quand bon lui semble ; mais ce retard ne tourne pas au préjudice des créanciers, puisque leurs créances continuent de produire intérêt.

En deux mots, l'acquéreur est obligé de payer aux créanciers hypothécaires jusqu'à concurrence de son prix. L'ordre à établir entre ces créanciers ne doit avoir lieu que lorsqu'ils peuvent légalement être connus : les droits des femmes et des mineurs sont incertains jusqu'à ce qu'ils aient requis des inscriptions ou que le délai pour les requérir soit définitivement échu ; jusques-là le juge commis pour la rédaction du procès-verbal d'ordre, et après lui le Tribunal, ne peuvent donc établir l'ordre, puisque tous les créanciers ne sont pas encore connus.

Au reste , c'est ce qu'a jugé la Cour d'Appel d'Angers, le 16 juillet 1809. On trouvera son arrêt dans le Supplément du *Journal des Audiences* de Denevers, année 1810, pag. 60.

§. V.

Le procès-verbal d'ordre est-il régulièrement ouvert, lorsque le poursuivant , par la nullité de son inscription hypothécaire, se trouve au rang des créanciers chirographaires ?

L'affirmative ne peut pas faire l'objet d'un doute sérieux. Il suffit que le poursuivant ait une hypothèque rendue publique par inscription , pour qu'il ait droit de requérir l'ouverture du procès-verbal d'ordre ; et la circonstance que son inscription seroit ensuite annullée, ne pourroit jamais vicier la procédure , parce qu'au moment où il a introduit l'instance son inscription existoit et étoit réputée valable ; car les nullités n'ayant pas lieu de plein droit , c'est une conséquence forcée, que la nullité ne soit censée exister que lorsqu'un jugement l'a prononcée.

Au reste, qui auroît intérêt de relever cette nullité? ce ne seroit ni le débiteur, à qui il importe de se libérer au plutôt ; ni les créanciers, qui doivent aspirer à recevoir ce qui leur est dû ; ni l'adjudicataire, parce qu'on le soupçonneroit de chercher des moyens de conserver plus long-temps le prix de son acquisition.

Ainsi, quand il seroit vrai que la nullité de l'inscription produite par le poursuivant pourroit vicier la procédure, personne ne pourroit relever le vice et demander la nullité des poursuites.

Mais , nous le répétons, la nullité de l'inscription ne feroit pas que le procès-verbal d'ordre eût été illégalement ouvert, puisqu'au moment des premières poursuites le requérant avoit une hypothèque apparente , ce qui étoit suffisant. C'est ce qu'a jugé la Cour d'Appel de Paris le 15 avril 1809, en infirmant un jugement du Tribunal de Versailles, qui avoit jugé le contraire.

§. V I.

Doit-on appeler à l'ordre les créanciers inscrits tant sur le dernier propriétaire que sur les précédens ?

Je n'ai jamais conçu comment on avoit pu élever cette difficulté, et j'avoue qu'elle ne me fût jamais venue à la pensée, si je n'avois trouvé dans le *Journal du Palais* un arrêt qui la décidoit formellement.

Quoi qu'il en soit, voici les principes que je trouve dans le texte même du Code de Procédure :

L'article 752 exige qu'après avoir ouvert le procès-verbal d'ordre on y annexe un extrait, délivré par le Conservateur, *de toutes les inscriptions.* Cet article ne distingue pas entre les inscriptions prises sur le dernier propriétaire, partie saisie, et celles requises sur les précédens détenteurs. Au contraire, il indique, par la généralité de ses expessions, qu'il entend parler des inscriptions qui grèvent l'immeuble, quel que soit, d'ailleurs, le détenteur sur lequel elles aient été requises.

L'article suivant est conçu dans les mêmes vues : il exige que les créanciers soient sommés de produire, par acte signifié *aux domiciles élus par leurs inscriptions ;* et ne désignant

pas plutôt les créanciers inscrits sur le saisi,
que ceux qui peuvent avoir acquis hypothèque
sur les précédens propriétaires, on est bien
obligé de se référer à l'article précédent, et de
décider que la sommation doit être faite à tous
les créanciers compris dans l'état des inscriptions annexé au procès-verbal.

Au surplus, pourquoi n'appelleroit-on pas
à l'ordre les créanciers inscrits sur les précédens propriétaires ? Les aliénations faites depuis leurs inscriptions n'ont pas porté atteinte
à leur hypothèque, et toujours ils ont conservé
le droit de suite ; ensorte que l'immeuble n'est
arrivé entre les mains de la partie saisie qu'avec
la charge des hypothèques existantes.

D'après cela, l'adjudicataire est obligé, si
c'est lui qui poursuit l'ordre, d'appeler tous les
créanciers indistinctement ; et s'il ne le fait pas,
l'immeuble par lui acquis demeure grevé en
faveur des hypothécaires non appelés, car
ceux-ci ne pouvant perdre l'hypothèque sans
leur participation, conservent nécessairement
un recours sur l'immeuble exproprié.

Si c'est un créancier qui poursuit l'ordre
et distribution du prix, et qu'il n'appelle pas
tous les créanciers, même ceux inscrits sur les
précédens propriétaires, l'adjudicataire a le
plus grand intérêt à s'opposer à l'ordre jusqu'à

ce que les créanciers non appelés soient mis
en cause. S'il négligeoit de prendre cette précaution, l'immeuble pourroit demeurer grevé
de ces hypothèques.

C'est ainsi que l'a jugé la Cour d'Appel de
Riom, le 8 juin 1811, en infirmant un jugement rendu par le Tribunal de la même ville.

§. VII.

Le tiers-acquéreur qui a consigné en vertu de l'art. 2186,
peut-il demander la radiation des inscriptions, avant
la confection et l'homologation du procès-verbal d'or-
dre, et avant la délivrance des bordereaux de collo-
cation ?

On pourroit conclure des articles 773 et 774
du Code de Procédure, que le Conservateur
ne pourroit radier les inscriptions existantes
sur l'immeuble aliéné, que sur la représentation
du bordereau de collocation et de la quittance
du créancier, ou de l'ordonnance du juge-commissaire qui prononce la radiation des inscriptions des créanciers non colloqués. Mais il
faut prendre garde que ces articles du Code de
Procédure supposent que l'acquéreur est resté
nanti du prix, et a tacitement consenti à le
garder jusqu'après la distribution qui en seroit
faite aux créanciers.

Mais, dans notre hypothèse, l'acquéreur n'est plus débiteur du prix. Il a profité de la faculté que lui donnoit l'article 2186, et il a consigné.

Cette consignation doit sans doute avoir quelque effet. Elle doit, sur-tout, libérer l'acquéreur, rendre libre l'immeuble par lui acquis, et équivaloir au paiement fait aux créanciers eux-mêmes. On peut l'assimiler à la consignation dont parle l'article 1257, et dire avec cet article, qu'elle tient lieu du paiement lorsqu'elle est valablement faite.

Ce n'est pas, toutefois, que le Conservateur doive rayer les inscriptions à la vue du procès-verbal qui constate que la consignation a eu lieu. Ce procès-verbal ne dessaisit pas, à proprement parler, l'acquéreur, qui peut toujours retirer les sommes déposées, tant qu'il n'y a pas eu de jugement passé en force de chose jugée qui ait déclaré la consignation valable. Mais aussi, lorsque l'acquéreur a obtenu un semblable jugement, il peut d'autant plus demander la radiation, qu'en jugeant la consignation bonne et valable le tribunal ordonnera nécessairement la radiation des inscriptions.

FIN.

TABLE

CHAPITRE II.

Des Moyens de purger les Propriétés des Priviléges et Hypothèques, et particulièrement de la Transcription.

CHAPITRE XIII.

Des Certificats d'Inscription délivrés par les Conservateurs.

LIVRE TROISIEME.

DE LA SAISIE IMMOBILIÈRE.

QUESTIONS.

II.   27

Fin de la Table du Second Volume.

TABLE

ALPHABÉTQUE

DES MATIÈRES

Contenues dans le Régime Hypothécaire *et dans les* Questions sur les Priviléges et Hypothèques, Saisies Immobilières et Ordres.

Les Lettres *R. H.* indiquent le *Régime Hypothécaire*, et la Lettre *Q.*, les *Questions*,

---

A.

Accessoires. Comment doivent être énoncés dans l'inscription, *R. H.*, p. 269.

Acte administratif. Emporte hypothèque, *R. H.*, p. 165.

Action. Celle en rescision pour cause de lésion ne peut être hypothéquée ni devenir l'objet d'un privilége, *R. H.*, p. 129; *Q*, t. I, p. 6. = Ni être saisie, *Q.*, t. II, p. 167 et 257.

Adjudicataire préparatoire. Reste adjudicataire définitif s'il ne se présente personne, *Q.*, t. II, p. 211. = Qui peut se rendre adjudicataire, *ibid.*, p. 212. = Le saisi le peut-il? *Ibid.*, p. 353. = Un avoué, pour son compte personnel? *Ibid.*, p. 355.

Adjudicataire définitif. Ses obligations, *ibid.*, p 215. (*Voy. Folle-enchère.*) = Ses droits, *ibid.*, p. 216 et suiv. (*Voy Garantie.*) = De quel jour il est propriétaire, *ibid.*, p. 357 Peut-il consigner, *ibid.*, p. 359. = Est-il obligé de faire transcrire le jugement d'adjudication? *Ibid.*, p. 361. = Comment se résout sa propriété, *ibid.*, p. 219. (*Voy. Folle-enchère.*)

B.

C.

p. 69 = Ce cautionnement est également affecte'à ceux qui en ont fourni les fonds, *ibid*, p. 70.

Certificat d'inscription. Doit être délivré par le Conservateur, *R. H.*, p. 402 et suiv. = *Quid*, lorsque c'est lui-même qui est vendeur, *O.*, t. II, p. 113. = Celui délivré après deux mois de l'exposition du contrat affranchit-il l'immeuble, *ibid*, p. 134. = Qui doit prouver que les inscriptions comprises dans le certificat grèvent le vendeur, *ibid.*, p. 138. (Voy. *Responsabilité*.)

Cessionnaires. Jouissent du même privilége que le cédant, *R. H.*, p. 108. = Peuvent requérir inscription au nom du cédant, *Q.*, p. 3. = Saisir immobilièrement, p 149 et 150. (Voy. *Inscription*.) = S'il y en a plusieurs, comme si un vendeur a successivement cédé ses droits à plusieurs, viennent-ils tous par concurrence, *Q.*, t. I, p. 96.

Chirographaires (créanciers) Peuvent poursuivre indistinctement la vente des immeubles hypothéqués ou non, pourvu qu'ils soient encore en la possession du débiteur, *R. H.*, p 2. = Ils perdent leurs droits si les immeubles sont ssortis des mains du débiteur, même à titre gratuit, *R. H.*, p. 4. — Différence de leurs droits avec ceux des hypothécaires, *ibid.*, p. 123.

Cohéritiers. Leur privilége, *R. H*, p. 80, = La manière de le conserver, *ibid.*, p. 106. = Les biens sur lesquels frappe l'inscription prise par le cohéritier, *ibid.*, p. 108, *Q.*, t. I, p. 83 = Le délai dans lequel elle doit être prise, *ibid.*, p. 108 = Ce delai peut être restreint par l'aliénation, *ibid.*, p. 109. = Ce privilége est également attaché aux licitations, *ibid.*

Commandement à fin de saisie immobilière. Ses formalités, *Q.*. t. II, p. 173. = A qui il doit être signifié, *ibid.*, p. 174. = Peut-il l'être au domicile élu? p 174 et 291. = A la personne du débiteur trouvé hors de son domicile? *ibid*, p. 174 = Peut-il être fait aux syndics d'un failli, *ibid.*, p. 294. = Doit contenir copie des titres, *ibid.*, p. 175 = Il doit même être précédé de cette signification lorsqu'il est fait à l'héritier du débiteur, *ibid.*, p. 288. = Doit contenir élection de domicile, *ibid.*, p. 176. = Exception, *ibid.*, p. 177. = Indiquer l'intention de saisir à défaut de paiement, *ibid.* = Doit être visé, *ibid.* (Voy. *Saisie Immobilière*.)

Commis-voyageurs. Jouissent-ils d'un privilége, *Q*, t. I, p. 18.

Comptables. (Voy. *Trésor public*.)

Conquêts. Le mari a-t-il privilége sur les conquêts échus à sa femme, pour l'indemniser des dettes qu'il a payées pour elle, *Q*, t. I, p. 83.

Conservateur des hypothèques. Ses devoirs, *R. H.*, p. 402. = Comment il doit procéder à l'inscription, *ibid.*, p. 276 = Sa responsabilité, *ibid.*, p. 403 et suiv. = Quelques questions à ce sujet, *ibid.* = Est-il responsable lorsque dans l'inscription d'office il a omis quelques formalités essentielles? *Q.*, t. I, p. 94. = Ne peut retarder ni refuser l'inscription, *R. H.*, p. 409 (Voy. *Responsabilité*.)

Consignation. L'acquéreur peut consigner, lorsque les créanciers n'ayant pas requis la mise aux enchères, la valeur de l'immeuble

D.

de ceux qui sont immeubles par l'objet auquel ils s'appliquent, *ib* , p. 166 et 257. = *Quid*, des bâtimens construits par un usufruitier ou locataire, *ibid.* 267. = *Quid* , des immeubles possédés par indivis, *ibid.* , p 168. = On ne peut exproprier les immeubles non hypothéqués qu'après les autres, *ibid.* , p. 169 = Mais *Quid* , si ceux-ci sont reconnus insuffisans, *ibid* , p. 273 = Exception à cette règle, *ibid.*, p. 169. = La saisie seroit elle nulle si on y comprenoit des biens qui n'existoient pas ou qui n'appartenoient pas au saisi? *ibid* , p. 276. = Peut-on exproprier simultanément des biens situés dans divers arrondissemens, *ibid.*, p. 170 et suiv. (Voy. *Saisie Immobilière*)

Extinction des privilèges et hypothèques. De combien de manières elle a lieu , *R H.* , p. 347. = Par l'extinction de l'obligation principale , c'est-à-dire , le paiement, la consignation , etc. , *ibid.* et suiv. = Par la renonciation du créancier à l'hypothèque, *ibid.*, p. 351. = Quelques questions à ce sujet, *ibid.*, p. 352 et suiv. == Par la prescription, *ibid.*, p. 355. = Quelques distinctions sur la durée de la possession , *ibid.* = La prescription a-t-elle lieu par dix ans , encore que le créancier soit absent, *Q.*, t. II, p. 1. = La minorité de l'un des créanciers empêche-t-elle la prescription à l'égard des autres? *Q.* , t. II, p. 6. = Comment cette prescription peut-elle être interrompue? *ibid.* , p 10. = Le peut-elle par l'action en déclaration d'hypothèque? *ibid.*

F.

Faculté de rachat. (Voy. *Vendeur.*)

Failli Ne peut consentir hypothèque dans les dix jours qui précèdent la faillite, *R H* , p 250, *Q* , t. I , p. 249. = Ni laisser acquérir des privilèges , *ibid.*

Fol e-enchère. Quand l'adjudicataire peut être contraint par folle-enchère, *Q.*, t II , p 216 et 220 = Le peut-il lorsqu'il ne paye pas le prix? *ibid.* , p 362. = lorsqu'on l'a dépouillé par la folle-enchère peut-il demander la restitution des droits de mutation et ceux de transcription, *ibid.*, p. 365 = Formalités de la folle-enchère, *ibid* , p 221 et suiv. = Comment l'adjudicataire peut arrêter la folle-enchère, *ibid.*, p. 223 et 224.

Formalités hypothécaires. (Voy. *Hypothèque, Inscription.*)

Formalités de la saisie. Celles qui précèdent. (Voy. *Commandement.*) = Peut-on convenir qu'à défaut de paiement on pourra faire vendre sans formalités de justice, *Q.*, t. II , p. 282. = Quelles formalités à suivre lorsque le débiteur est mineur, interdit, *ibid.* , p. 285.

Fournitures de subsistances. Ce qu'on entend par-là , *R H* , p. 42. = Privilège dont elles jouissent, *ibid.* (Voy. *Aubergistes.*)

Frais. Ceux d'inscription sont à la charge du débiteur , *R. H.* , p. 293. == Ceux de transcription à la charge de l'acquéreur , *ibid* = Le créancier qui en a fait les avances a-t il hypothèque pour ces frais

G.

H.

ment est rendu contre le mari, l'hypothèque frappe-t-elle sur les conquêts, Q., t. I, p. 230. = S'il est rendu contre la femme, produit-il hypothèque sur ses immeubles dotaux, Q., t. I, p. 233.

Hypothèque légale. Ce que c'est, *R. H*, p. 137. = A qui la loi l'accorde-t-elle, *ibid.* et suiv. = La femme en jouit pour sa dot, les conventions matrimoniales, etc, *R H*, p. 221 et suiv. = En jouit-elle pour la restitution de ses créances paraphernales, Q., t. I, p. 179 = Son hypothèque frappe-t-elle sur les conquêts aliénés par le mari, soit pendant la communauté, soit après sa dissolution, Q., t I, p. 186. = Dans le cas où le mari est membre d'une société de commerce, l'hypothèque de la femme frappe-t-elle les immeubles de la société, Q., t. I, p 192 et suiv. = S'étend-elle sur des biens qui n'appartiennent pas au mari, *R H.*, p. 142. = A quelle époque remonte-t-elle, *ibid.*, p 221 et suiv. = Surtout pour l'indemniser des dettes, alors que le mariage avoit été contracté avant le Code Napoléon, Q., t. I, p. 194.=L'hypoth'que de la femme est indépendante de l'inscription, *R. H*, p 214.=En est-il de même lorsque le mari est mort avant la publication du Code Napoléon, Q., t. I, p.201.=La femme peut-elle céder son hypothèque ou y renoncer, Q., t. I, p. 203.=*Quid* si elle garantit l'aliénation faite par son mari, *ibid.*=Le mari a-t-il hypothèque légale sur les conquêts de la communauté échus à sa femme, pour les indemnités que celle-ci lui doit, Q., t. I, p. 217.=Les mineurs et les interdits jouissent de cette hypothèque, *R. H.*, p. 143. = Même pour les sommes dont le tuteur étoit débiteur avant la tutelle, Q., t I, p. 215. = Elle frappe les biens du tuteur et non ceux du subrogé-tuteur. *R. H.*, p. 143. = Ni ceux des curateurs, *ibid.*, p. 146. = Ni ceux des conseils judiciaires, *ibid.*, p. 147. = Mais bien ceux des pro uteurs, *ibid.* = Ceux des tuteurs officieux, Q, t I, p. 215. = Ceux du père qui, sans être tuteur, régit les biens personnels, *ibid.*, p. 150. = L'État jouit aussi d'une hypothèque légale, *ibid*, p 152 et suiv. = A quel jour remonte l'hypothèque des mineurs, *ibid*, p. 216. = Elle se conserve sans inscription, même après que la tutelle est finie, *ibid.*, p. 218 = Elle peut être réduite par l'acte de nomination, *ibid.*, p. 238. = A défaut, la réduction peut être demandée, *ibid.*, p. 248.

I.

Incidens. Quels sont ceux que peut élever le saisi, Q., t. II, p. 198. (Voy. *Nullité.*) Les créanciers peuvent aussi en élever, *ibid.*, p. 205 et 346. (Voy. *Jonction, Subrogation.*)=Les tiers peuvent également élever des incidens, *ibid.*, p. 207. (Voy. *Distraction*)

Indemnité. Celle due à la partie civile est-elle primée par le privilège du Trésor, *R. H.*, p. 25.

Indivisibilité. (Voy. *Hypothèque.*)

Inscription. L'hypothèque ne prend de rang que par l'inscription, *R. H.*, p. 212. = Exceptions en faveur des femmes et des mineurs, *ibid.*, p. 214 et suiv. = Cependant les maris et tuteurs sont

ibid, p. 360. = Lorsqu'une inscription est annullée par jugement, quel est l'effet de l'arrêt qui casse ce jugement, *R. H.*, p. 215 = Point de différence à établir pour le rang entre les inscriptions prises le même jour, *ibid.*, p. 256 et suiv. = Conservent les hypothèques pendant dix ans, *ibid.*, p. 283. = Comment le Conservateur fait l'inscription, *ibid.*, p. 276.

Inscription de l'hypothèque légale. Ce qu'elle doit contenir, *R. H.*, p. 273 et 283.

Inscription d'office. Doit être faite par le Conservateur, toutes les fois qu'il résulte de la vente qu'il est encore dû quelque chose au vendeur, *R. H.*, p. 97. = Encore que les parties l'en eussent formellement dispensé, *ibid.* = Cette inscription ne doit pas avoir lieu pour les autres droits qui peuvent compéter au vendeur ; aussi elle n'est pas faite pour les réserves d'usufruit, la faculté de rachat, etc., *ibid.*, p. 98. = Elle n'a pas lieu non plus pour la conservation des droits des créanciers indiqués, *ibid.*, p. 99. = Ni pour ceux subrogés aux droits du vendeur, *ibid.* = Dans quel délai cette inscription doit-elle être requise, *R. H.*, p. 101. = *Quid*, s'il y a erreur dans cette inscription, et qu'en réalité il reste dû au vendeur une somme plus forte? *Q.*, t. I, p. 93.

Interdit. (Voy. *Hypothèque légale.*)

Intérêts Le créancier colloqué pour le capital doit-il l'être pour les intérêts courus depuis l'adjudication ? *Q.*, t. I, p. 285. = Toujours pour deux années d'intérêts conservées par l'inscription, *R. H.*, p. 279. = Cette disposition s'applique à l'hypothèque légale des communes, des établissemens publics, *ibid.*, p. 281.

J.

Jonction. Quand elle peut être demandée, *Q.*, t. II, p. 205.

Journaux. On doit insérer dans les journaux un extrait semblable à celui exposé au greffe, *Q.*, t. II, p. 190. = Comment on constate l'insertion dans les journaux, *ibid.* = Ces journaux doivent-ils être enregistrés, *ibid.* = Dans quel délai cette insertion doit-elle avoir lieu, *ibid.*, p. 193. = Quand doit être répétée, *ibid.*, p. 196.

Jugement. (Voy. *Hypothèque judiciaire.*) = Comment est rendu exécutoire, lorsqu'il est rendu en pays étranger, *R. H.*, p. 169.

L.

Légataires. Leur privilége, *R. H.*, p. 112. = La manière de le conserver, *ibid.* = Délai de l'inscription ; époque de laquelle il commence à courir, *R. H.*, p. 115. = Pour les successions ouvertes sous la loi de brumaire, a-t-on dû, depuis le Code Napoléon, requérir des inscriptions? *R. H*, p. 116; *Q.*, t. I, p. 101.

Licitation. (Voy. *Cohéritier. Surenchère.*)

Loyers. (Voy. *Propriétaire.*)

M.

Maçons. (Voy. *Architectes.*)

Marchands en gros ou en détail. Leur privilége. (Voy. *Fournitures.*)

Mari. A-t-il hypothèque légale? *Q.* , t. I , p. 211.

Mineur. (Voy. *Hypothèque légale.*)

Modèles d'inscriptions, *R. H.* , p. 413 et suiv.

N.

Navire. Qui a privilége sur les navires, *R. H.* , p 71. == Comment ceux qui ont successivement fait des prêts à la grosse sur le même navire, exercent-ils leur privilége, *Q.* , t. I , p. 54. == En jouissent-ils lorsque le voyage du navire est rompu, *ibid.* , p. 57 == Ce privilége a-t-il lieu pour le profit maritime, *ibid.* == Quand il y a tout-à-la-fois des prêts à la grosse et des contrats d'assurance, à qui est due la préférence? *Q* , t. I. , p. 59. == Les ouvriers qui n'ont travaillé à la construction d'un navire qu'en sous-ordre, jouissent-ils d'un privilége. *ibid.* , p. 62. == Quel est l'effet de la vente du navire, *R. H.* , p. 135.

Notification. Doit être faite aux créanciers inscrits, au domicile élu, *R. H.* , p. 377 et suiv. == Délai dans lequel elle doit avoir lieu, *ibid.* , p. 378. == Par qui elle doit être faite, *ibid.* == Ce qu'elle doit contenir, *ibid.* , p. 379. == Obligation de payer toutes les dettes et charges, *ibid* == Non le capital de la rente. == Mais jusqu'à concurrence du prix. *Quid* , s'il étoit donataire, *ibid* , p 380. == *Quid* , s'il y avoit deux ventes successives et que le prix de la dernière fût plus considérable que celui de la première, *ibid.* == La notification est-elle nulle si le prix déclaré n'est pas le même que le prix convenu dans le contrat, *Q.* , t. II , p. 65. == Si au lieu de déclarer qu'on est prêt à acquitter toutes les dettes et charges, l'acquéreur se contentoit de dire qu'il est prêt à se conformer à la loi? *ibid.* , p. 68. (Voy. *Surenchère sur aliénation volontaire.*)

Nullités. A quelle époque elles doivent être proposées, *Q.* , t. II , p. 193 et 342. == Par quel acte, *ibid.* , p. 204 et 336. == Si elles sont rejetées, le jugement doit-il prononcer l'adjudication préparatoire, *ibid* , p. 339. == *Quid* , s'il ne le fait pas, *ibid* == Dans ce cas, de quelle époque commence à courir le délai de l'appel, *ibid.* == Quel est ce délai, *ibid.* , p. 204. == L'appel est-il suspensif, *ibid.* , p. 343.

O.

Ordre. Ce que c'est, *Q.* , t. II , p. 229. == Ne peut avoir lieu pour ventes purement volontaires, lorsqu'il n'y a que deux créanciers, *ibid* == Formalités, *ibid.* , p 230 et suiv. == Devant quel Tribunal

II.

doit être porté l'ordre, sur-tout lorsqu'il s'agit du prix d'un im
meuble dépendant d'une succession, *ibid.*, p. 385. = Lorsqu'i
y a deux ou plusieurs ordres pendans devant deux Tribunaux
peut-on demander la jonction et le renvoi, *ibid.*, p. 389 = *Quid*
lorsque l'exp opriation a été portée devant un autre Tribunal qu
celui de la situation, *ibid.*, p. 390. = L'acquéreur d'un immeubl
appartenant à un mari peut-il s'opposer à l'ordre pendant le temp
durant lequel son contrat reste déposé? *ibid.*, p 393. = Autre
questions relatives à cette matière, etc., p. 396, 398, 400 et suiv

Ouvriers. Jouissent-ils d'un privilége pour le paiement de leurs jour
nées? Q., t. I, p. 18. = *Quid*, de ceux employés à la construc
tion d'un navire? *ibid*, p. 62. = *Quid*, s'ils font saisir entre le
mains de l'armateur ce qui est dû à l'entrepreneur? *ibid.*

P.

Placards d'affiches. Ce que c'est, Q., t. II, p. 191. = Ce qu'il
doivent contenir, *ibid.* = Où ils doivent être affichés, *ibid.* =Com
ment l'affiche doit être constatée, *Ibid.*, p. 192. = Par qui visée
ibid. = Le procès-verbal d'apposition doit-il être notifié au saisi.
ibid., p. 192 et 193. = Doit-on lui notifier également les second e
troisième procès-verbaux, *ibid.*, p. 315. = Le premier procès-ver
bal doit aussi être notifié aux créanciers inscrits, *ibid.*, p. 194 et
suiv. = *Quid*, des créanciers indépendans de l'inscription, *ibid.*
p. 319. = Des créanciers chirographaires, *ibid.* = Si dans cett
notification on avoit omis un créancier inscrit, son hypothèque seroit-elle purgée, *ibid.*, p. 327. = Enregistrement de cette notification; ses effets à l'égard de la radiation de la saisie, *ibid.*, p. 194
et suiv. = Quand doit-on répéter l'apposition des placards, *ibid.*,
p. 196. = Ce qu'ils doivent alors contenir de plus, *ibid.*

Prêt à la grosse. (Voy. *Navire.*)

Privilége Ce que c'est, R. H., p 6. = La qualité de la créance est
son fondement, *ibid.* =Il s'établit sans le consentement des parties,
ibid. = Exception pour le privilége résultant du gage, *ibid.* =
Comment se règle la préférence entre privilégiés, *ibid.*, p. 9. =
Comment ils se divisent, *ibid.*, p. 33. = Quels biens peuvent être
grevés d'un privilége, Q., t. I, p. 1.

Privilége sur les immeubles, Q., t. I, p. 74 et suiv.=Les immeubles
par destination et ceux qui ne sont tels que par l'objet auquel ils
s'appliquent, peuvent-ils être soumis à cette affectation, Q., t. I,
p. 1. = Dans quel ordre s'exercent les priviléges sur les immeubles,
Q, t. I, p. 103. = Celui des architectes. (Voy. *Architecte.*) =
Celui des cohéritiers. (Voy. *Cohéritier.*) = Celui des créanciers et
légataires. (Voy. *Créancier, Légataire.*) = Celui des prêteurs.
(Voy. *Bailleurs de fonds.*) = Celui du vendeur. (Voy. *Vendeur.*)
= Quand dégénère en simple hypothèque, *ibid.*, p. 119.

Priviléges généraux sur les meubles, R. H., p. 35. = S'exercent
dans l'ordre des numéros, *ibid.*, p. 36; Q., t. I, p. 42. (Voy.

Publication. (Voy. *Saisie*, *Procés-verbal de saisie*, *Dénonciation*, *Cahier des charges.*)

Publicité. (Voy. *Inscription.*)

Purgation des priviléges et hypothèques, R. H., p 358, et suiv.; Q., t. II, p 26, et suiv. = De l'hypothèque légale des femmes et mineurs, R H., p 393 et suiv. (Voy. *Transcription et Notification*; *Dépôt au greffe.*)

R.

Radiation des inscriptions. Quand peut être opérée, R. H., p. 295. = En vertu d'actes portant consentement, ou de jugemens, *ibid.* = Qui peut consentir à la radiation, *ibid.*, et suiv. = Quelles formalités pour les inscriptions de l'Etat, des Communes, *ibid.*, p. 298. = En vertu de quels jugemens, *ibid.*, p. 299. = Faut-il qu'ils soient en dernier ressort et passés en force de chose jugée, ou suffit-il qu'on ne se soit pas encore pourvu, R. H., p 299; Q., t. II, p. 11. = *Quid*, à l'égard des jugemens par défaut, R. H., p. 300. = Quand est-ce qu'ils passent en force de chose jugée, *ibid.*, p. 301. = Pour rayer en vertu d'un jugement, il faut produire un certificat de l'avoué, et une attestation du greffier, *ibid.*, p 303. = Le jugement doit être signifié; mais à quel domicile? *ibid.*, p. 304. = Le jugement qui ordonne la radiation, doit être exécuté, même avant l'expiration des délais de l'appel, s'il est exécutoire par provision, *ibid.*, p. 306. = Comment se fait la radiation en vertu de jugement d'ordre? *ibid.*, p. 306. = Soit pour les créanciers utilement colloqués, *ibid.*, et 308. = Soit pour les non colloqués, *ibid.*, p. 309. = Dans ce dernier cas, où doit être signifié le jugement? est-ce à l'avoué ou à la partie? Q., t. II, p. 20. = Faut-il représenter dans ce dernier cas le certificat de l'avoué, et l'attestation du greffier? *ibid.*, p. 22. = Comment procède-t-on à la radiation de l'hypothèque du Trésor sur un comptable, lorsque le certificat de situation n'a pas été déposé au greffe? Q., t. II, p. 23. = *Quid*, à l'égard de l'hypothèque consentie sur le fonds donné, lorsque la donation est révoquée, soit par inexécution des donations, soit pour survenance d'enfans? R. H, p. 310. = *Quid*, à l'égard du fonds aliéné avec charge de rachat, *ibid.* = Lorsque l'aliénation est rescindée, comment procède-t-on à la radiation des inscriptions consenties par l'acquéreur? *ibid.*, p. 311. = Devoirs de ceux qui requièrent la radiation, *ibid*, p. 313. = Tribunal auquel elle est demandée, *ibid.*, p 314. = Cas dans lesquels elle doit être ordonnée, *ibid*, p. 317.

Rang des hypothèques. Le créancier n'a de rang que du jour de l'inscription, R. H., p. 212. = Il ne prime même pas les chirographes, s'il ne s'est assujetti à cette formalité, *ibid.*, p. 212; Q., t. I, p. 243. = *Quid*, à l'égard des créanciers antérieurs à la loi de brumaire? *ibid.* (Voy. *Inscription*, *Hypothèque légale.*)

Revenu. Si le revenu net et libre , pendant une année , suffit pour le paiement de la dette, le juge peut suspendre les poursuites *R. H.*, p. 3.

S.

Saisie immobilière. Ce que c'est , *Q.* , t. II , p. 143. = Titres e vertu desquels peut avoir lieu , *ibid* , p. 144 = Titres authenti ques, mais signifiés aux héritiers, si le débiteur étoit mort, *ibid.* et p. 288. = *Quid* du cessionnaire d'un titre authentique, *ibid.* p. 149 et 150. = En vertu de jugemens, mais de quels, *ibid.* p. 146. = Le peut-on en vertu d'un jugement par défaut, lorsqu'o est encore dans les délais de l'opposition , *ibid* , p. 148 et 237. En vertu de jugemens definitifs, en dernier ressort ou susceptible d'appel, *ibid.*, p. 146 = De jugemens provisoires, *ibid* , p. 147 = Pour quelles créances, *ibid.* , p. 145 = Personnes dont on peu saisir les propriétés, *ibid* , p. 152. = Celles des mineurs, mai après discussion du mobilier, p. 153. = Toutefois peut-on saisi avant la discussion , en différant la vente, *ibid* , p. 245 = L créancier peut-il se soustraire à cette discussion sous le prétext que le mobilier est insuffisant, *ibid.* = Si la discussion est faite mais que le produit soit insuffisant , le créancier peut-il refuser u paiement partiel, *ibid.* = Si l'adjudication étoit faite avant cett discussion , seroit-elle nulle, *ibid.*, p. 251. = Exceptions rel tives à cette discussion, *ibid.*, p 153. = Peut-on saisir les immeu bles d'un militaire et ceux de sa femme , *ibid.* , p. 240. = La saisi peut avoir lieu pour toute somme, *ibid* , p. 155. = Mais peut êtr arrêtée en offrant la délégation du revenu, *ibid.* = Difficulté su cette délégation, *ibid.* et suiv. = Personnes contre lesquelles peu être dirigée la saisie, *ibid.*, p. 159. = Distinction entre le cas o l'immeuble est entre les mains du débiteur ou d'un tiers, *ibid* *Quid* , lorsque le saisi est mineur, *ibid.* , p. 160. = Si c'est un femme , *ibid.*, p. 161. = Si le débiteur est absent, *ibid*, p. 168 = Si les biens sont substitués, *ibid.* , p 164.=Si le débiteur a fai cession de biens, *ibid.* , p. 254. = Si les biens dependent d'un succession vacante, *ibid.*, p. 257. Quels biens on peut exproprier p. 165. (V. *Expropriation.*)=La saisie est portée au tribunal de l situation ; *ibid.*, p. 172. = *Quid* , lorsqu'ils dépendent d'un même exploitation, mais qu'ils sont situés dans divers arrondisse mens , *ibid.* = *Quid* , s'ils ne dépendent pas d'une même exploi tation, *ibid.* , p. 278. = Formalités de la saisie, *ibid.*, p. 173 (Voy. *Formalités.*) = Pour saisir , l'huissier doit-il avoir u pouvoir? *Ibid.*, p. 296. (Voy. *Procès-verbal de saisie.*)=La saisi doit être dénoncée au saisi , *ibid* , p 187. = Ce que la dénonciatio doit contenir , *ibid.* = Dans quel délai elle doit être visée et enre gistrée , *ibid.*, p. 187 et 188. (Voy. *Tableau, Dénonciation Journaux , Placards.*)= Effets de la saisie , *ibid* , p. 198 et 329 = Capacité du saisi, *ibid.*, p. 198 et suiv. = Comment peuven être arrêtés par l'acquéreur en consignant, *ibid.* = Ce qu'il doi consigner, *ibid.* et p. 334. = A quelle époque doit être faite l consignation, *ibid*, p. 334. (Voy. *Incidens*) = Conversion de l saisie en vente volontaire , *ibid.*, p. 226 et 384.

T.

Fin de la Table.

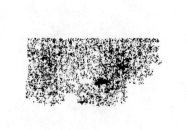

Lightning Source UK Ltd.
Milton Keynes UK
UKHW02n2011090818
327018UK00003B/44/P

9 780483 717060